曾国藩给孩子的117封信

曾国藩／著

毕磊／译注

生活·讀書·新知 三联书店

图书在版编目（CIP）数据

曾国藩给孩子的117封信 /（清）曾国藩著；毕磊译注. -- 北京：生活·读书·新知三联书店，2023.7（2025.12重印）
ISBN 978-7-108-07648-9

Ⅰ. ①曾… Ⅱ. ①曾… ②毕… Ⅲ. ①曾国藩（1811–1872）—书信集 Ⅳ. ① K827=52

中国国家版本馆CIP数据核字（2023）第100922号

责任编辑　王海燕
特约编辑　徐　昕
装帧设计　page11
责任校对　曹秋月
责任印制　卢　岳
出版发行　生活·讀書·新知 三联书店
（北京市东城区美术馆东街22号 100010）
网　　址　www.sdxjpc.com
经　　销　新华书店
印　　刷　北京隆昌伟业印刷有限公司
版　　次　2023年7月北京第1版
2025年12月北京第5次印刷
开　　本　660毫米×960毫米　1/16　印张25
字　　数　280千字
印　　数　25,001–28,000册
定　　价　49.80元
（印装查询：01064002715；邮购查询：01084010542）

目录

前言

曾国藩，初名子城，字伯涵，号涤生，晚清时期政治家、军事家、文学家。他于嘉庆十六年（1811 年）出生在湖南湘乡一个普通耕读家庭，道光十八年（1838 年）中进士，累迁内阁学士、礼部侍郎等职。后奉旨筹组湘军，经过多年鏖战，平定太平天国，因功加太子太保衔、封一等勇毅侯。后又历任两江总督、直隶总督。同治十一年（1872 年），卒于两江总督任上，清廷辍朝三日，追赠太傅，谥号“文正”。在其身后，其门生编校出版了鸿篇巨制《曾文正公全集》。

以世俗的眼光来看，曾国藩一生是极其成功的。他“自拔于流俗”[①]，“正直、廉洁、忠诚诸德，皆足为后人模范”，“可称完全之真君子而为清代第一流人物”[②]；他平定太平天国，开创洋务运动先河，推动幼童出洋留学，号称“中兴第一名臣”；他学贯古今、治学严谨，精于音韵、训诂、考据之学，诗歌、古文、书法俱佳，独领一时风骚，堪称一代儒家宗师。也正因此，后人用“立德、立功、立言三不朽，为师、为将、为相一完人”概括他的一生。1917 年 8 月，毛泽东在给语言学家黎锦熙的信中也写道，“愚于近人，

① 梁启超语。

② 容闳语。

独服曾文正”。

在曾国藩“三不朽”的成就中，他的教育思想是不容忽视的重要方面。他两个儿子皆成大器，曾纪泽是著名外交家，曾纪鸿是著名数学家。曾氏家族后人在各行各业卓有成就者有几百位之多。曾国藩子孙的成就，当然有时代机遇的因素，也离不开他们自身的努力，但不容忽视的一个原因是，他们都深受曾国藩教育思想的熏陶。

曾国藩生前并未专门写作家训，承载他教育思想的，主要是他写给儿子的几百封书信。这些书信很早就引起了世人的关注，《曾文正公全集》刊刻后不久，长沙传忠书局即择选曾国藩 121 封教子书信刊印于世，此即《曾文正公家训》。这些书信“举先世耕读之训，教诫其家”①，内容涵盖修身、齐家、治学、经世各个方面，是他教育思想的集中体现。

尽管时空流转，但是仔细品读《曾文正公家训》，我们仍然会感叹于先贤的智慧。与古为徒，对比自身，我们仍然会自惭形秽。

曾国藩教子，目标上追求孩子的全面发展。他看重孩子德业的进步，对“孝友”“敬恕”“有恒”“持重”“崇俭”等要求几乎逢信必讲。他辅导孩子的学业尽心尽力，悉心引导孩子探求知识本源，讲解知识内涵，督促考核学习进展，帮助孩子诗文、书法等课业不断进步。尤其难能可贵的是，他还非常看重孩子身体素质的提高，常常分享饭后步走、多食鲜蔬等养生之道。可以说，早在 150 多年前的晚清，他就已经开始提倡孩子“德、智、体”全面发展。

---

①《清史稿》语。

曾国藩教子，理念上尤其看重学以致用。他勉励孩子知荣辱、懂进退，把人生目标落实到“有恒”“有常”的努力上，并数十年如一日地躬行实践。他指导孩子把所学所得应用到学习生活之中，放手让他们代行家长之责，帮办主帅公务，给他们实践锻炼的机会。他劝勉孩子时刻不忘“困知勉行”的祖训，时刻牢记知行合一的信念。

曾国藩教子，方法上特别讲求言传身教。他勤勉一生，读书、写作、书法等常年不辍，批阅公文、衣食起居极少假手于人，凡事亲力亲为，注重以身垂范。他平易近人，不摆父亲大人的架子，教导孩子时注意方式方法，循序渐进，娓娓道来。他注意换位思考，懂得因材施教，不把意志强加于人，理解孩子淡泊宁静的志向，接受孩子乐天知命的心态。即使是 150 多年后的今天，他的做法仍然具有很强的示范意义。

先贤令人敬佩，好书值得分享。鉴于此，我们摘编了《曾文正公家训》中的 117 封信，复核、校正了过往版本中的疏漏，翻译了白话译文供读者参阅，撰写了简评用以启发读者思考。希望通过这本书，能帮所有爱书人提升自身学养，能为天下父母教育孩子提供指引和启示。

本书以光绪己卯年（1879 年）传忠书局刊刻的《曾文正公家训》为底本（收信人为他人的 4 封书信未选录），以 1999 年岳麓书社《曾国藩家训》等书校补。译注过程中，对于原文中出现的人物，为便于读者了解彼此间关系，一般在原文下予以简注。人物在后文再次出现时，一般不再重复作注。对于原文中出现的地名，因对理解内容影响不大，为提高阅读流畅性，一般不予作注。对于原文中的引文，一般在原文下予以简注。译注过程中，笔者反复查考资料，力求译文精确、行文流畅、易于理解，但是囿于学力之限，相信仍难免疏漏。不当之处，尚祈读者指正。

毕 磊

辛丑年仲春于北京

扫码免费查看
曾国藩从“笨人”到
“完人”的逆袭人生

1.

不要立志做大官，而要立志做大事

原文

字谕纪鸿儿:

家中人来营者，多称尔举止大方，余为少慰。凡人多望子孙为大官，余不愿为大官，但愿为读书明理之君子。勤俭自持，习劳习苦，可以处乐，可以处约，此君子也。余服官二十年，不敢稍染官宦气习，饮食起居，尚守寒素家风，极俭也可，略丰也可，太丰则吾不敢也。

凡仕宦之家，由俭入奢易，由奢返俭难。尔年尚幼，切不可贪爱奢华，不可惯习懒惰。无论大家小家、士农工商，勤苦俭约，未有不兴，骄奢倦怠，未有不败。尔读书写字不可间断，早晨要早起，莫坠高曾祖考以来相传之家风。吾父吾叔，皆黎明即起，尔之所知也。

凡富贵功名，皆有命定，半由人力，半由天事。惟学作圣贤，全由自己作主，不与天命相干涉。吾有志学为圣贤，少时欠居敬工夫，至今犹不免偶有戏言戏动。尔宜举止端庄，言不妄发，则入德之基也。

咸丰六年九月二十九夜

时在江西抚州门外

译文

写给我儿纪鸿：

家中到军营来的人，大多称赞你举止大方，这令我稍感欣慰。人们大多希望子孙可以做大官，我却不愿意你做什么大官，只愿你做一个读圣贤之书、明是非之理的君子。勤劳俭朴、自我约束，能够惯习劳苦，可以身处安乐，也可以安守穷困，这才是君子。我投身官场二十年，不敢沾染一点官宦习气。饮食起居，一直坚守过去清寒朴素之时的家风。非常俭朴可以，稍微丰余也可以，太过丰盈我就不敢了。

大凡官宦家庭，由俭朴到奢靡容易，再从奢靡回到俭朴就难了。你还很年幼，一定不要贪恋奢华，一定不要习惯懒惰。无论家业大小、身处士农工商哪个阶层，保持勤苦俭约，家族就没有不兴旺的；如果骄奢倦怠，家族就没有不衰败的。你要记得，读书写字不可有一日中断。早晨要早起读书，千万不要丢掉祖辈们世代相传的优良家风。我父亲和叔父，都是黎明时分就起床读书，你是知道的。

人一生的富贵功名，命中皆有定数。一半靠自己进取，一半听由天命。只有学做圣贤这件事，全靠自己做主，与命运无关。我立志学做圣贤，但小时候缺少居身敬肃的修养，结果到现在还不免有戏谑的言语和举止。你一定要注意举止端庄，不乱言语，这是修德立身的基础。

咸丰六年九月二十九日夜

写于江西抚州城门外

简评

中国的父母，对待孩子总是或多或少有些“学而优则仕”的期望。曾国藩位极人臣，教育孩子却始终抱持“不愿为大官，但愿为君子”的期盼，注意把教育的目标从升官发财回归到立德立身，注重将教育的方法从说教转变为身教。从先贤身上，为人父母者可以多些自省，多些借鉴。

2.

读书无非看读写作，做人谨记敬恕二字

原文

字谕纪泽儿:

余此次出门，略载日记，即将日记封每次家信中。闻林文忠[①]家书，即系如此办法。

尔在省，仅至丁、左[②]两家，余不轻出，足慰远怀。

读书之法，看、读、写、作，四者每日不可缺一。看者，如尔去年看《史记》、《汉书》、韩文[③]、《近思录》，今年看《周易折中》之类是也。读者，如“四书”、《诗》、《书》、《易经》、《左传》诸经，《昭明文选》，李杜韩苏之诗，韩欧曾王之文，非高声朗诵则不能得其雄伟之概，非密咏恬吟则不能探其深远之韵。譬之富家居积，看书则在外贸易，获利三倍者也；读书则在家慎守，不轻花费者也。譬之兵家战争，看书则攻城略地，开拓土宇者也；读书则深沟坚垒，得地能守者也。看书如子夏[④]之“日知所亡”相近，

① 林文忠：指林则徐，谥号文忠，世称林文忠公。
② 丁、左：指同为湘军将领的丁义方和左宗棠。
③ 韩文：指韩愈的《昌黎先生集》。
④ 子夏：孔子弟子，以文见长。

读书与“无忘所能”[1]相近，二者不可偏废。

至于写字，真行篆隶，尔颇好之，切不可间断一日。既要求好，又要求快。余生平因作字迟钝，吃亏不少。尔须力求敏捷，每日能作楷书一万则几矣。

至于作诸文，亦宜在二三十岁立定规模；过三十后，则长进极难。作四书文，作试帖诗，作律赋，作古今体诗，作古文，作骈体文[2]，数者不可不一一讲求，一一试为之。少年不可怕丑，须有“狂者进取”[3]之趣，过时不试为之，则后此弥不肯为矣。

至于作人之道，圣贤千言万语，大抵不外“敬”“恕”二字。“仲弓问仁”一章，言敬恕最为亲切。自此以外，如立则见参于前也，在舆则见其倚于衡也[4]；君子无众寡，无小大，无敢慢，斯为泰而不骄;正其衣冠，俨然人望而畏，斯为威而不猛[5]。是皆言敬之最好下手者。孔言欲立立人，欲达达人[6]；孟言行有不得，反求诸

---

① “日知所亡”“无忘所能”：语出《论语 · 子张》，意为每日学习自己不会的新知识，不忘记已学的旧知识。

② 四书文、试帖诗、律赋、古今体诗、古文、骈体文等，皆为文体名。

③ 狂者进取：语出《论语 · 子路》，指志向远大的人富有进取之心。

④ 立则见参于前也，在舆则见其倚于衡也：语出《论语 · 卫灵公》，意为站立的时候，“忠信敬笃”几个字就好像树立在自己面前；坐车的时候，几个字就好像刻在车辕横木上一样。

⑤ 君子无众寡，无小大，无敢慢，斯为泰而不骄；正其衣冠，俨然人望而畏，斯为威而不猛：语出《论语 · 尧曰》，意为君子不论对方人数多少、力量大小，从不怠慢，这就是所谓安详坦然却不骄傲自大；衣冠整肃，让人望而生畏，这就是所谓威严却不凶猛。

⑥ 欲立立人，欲达达人：语出《论语 · 雍也》，意为若要自己立身于世，也要让他人立身于世；若要自己事业通达，也要让他人事业通达。

己[1]。以仁存心，以礼存心[2]，有终身之忧，无一朝之患[3]。是皆言恕之最好下手者。尔心境明白，于恕字或易著功，敬字则宜勉强行之。此立德之基，不可不谨。

科场在即，亦宜保养身体。余在外平安，不多及。

再，此次日记，已封入澄侯叔[4]函中寄至家矣。余自十二至湖口，十九夜五更开船晋江西省，二十一申刻即至章门。余不多及，又示。

咸丰八年七月二十一日

舟次樵舍下，去江西省城八十里

译文

写给我儿纪泽：

我这一次出远门，简略地记了日记。我把日记封在每次的家信里一并寄回。听说林则徐的家书就是这样的。

你在省城，只去了丁、左两家，其余时间不轻易外出，这让出门在外的我非常欣慰。

读书的方法，每日看书、朗读、写字、作文四者缺一不可。所谓看书，就像你去年看《史记》《汉书》《昌黎先生集》《近思

---

① 行有不得，反求诸己：语出《孟子·离娄上》，意为做事没有达到想要的效果，就要回过头来自我反省。

② 以仁存心，以礼存心：语出《孟子·离娄下》，意为心中要自始至终存一个“仁”字，自始至终存一个“礼”字。

③ 有终身之忧，无一朝之患：语出《孟子·离娄下》，意为心中时刻有忧患意识，就不会遭遇突如其来的灾祸。

④ 澄侯：指曾国潢，曾国藩之弟，字澄侯，书信中也称其为澄叔。

录》，今年看《周易折中》之类的书一样。所谓朗读，就像读“四书”、《诗经》、《尚书》、《易经》、《左传》这些经书，《昭明文选》，李白、杜甫、韩愈、苏轼的诗，韩愈、欧阳修、曾巩、王安石的古文一样，不大声朗读就不能体会它们的文辞雄伟，不细细吟咏就不能体会其中的深远韵味。这就好比富贵之家积累财富，看书如同在外进行贸易，能获三倍收益；朗读则如同在家谨慎守成，不轻易花费。又好比兵家打仗，看书如同攻城略地、开疆拓土；朗读则如同据守深沟坚壕，固守已得疆土。看书的作用，类似子夏所说的“日知所亡”；朗读的作用，类似子夏所说的“无忘所能”。二者相辅相成，不可偏废。

至于写字，你很喜欢楷书、行书、篆书、隶书，一定不要有一日间断，既要追求写得好，也要追求写得快。我这一生因为写字速度慢，着实吃了不少亏。你一定要尽力追求敏捷，每天写一万字楷书就差不多了。

至于写作各类文体的文章，也应当在二三十岁时基本定型。年过三十以后，再想长进就很困难了。四书文、试帖诗、律赋、古今体诗、古文、骈体文，这些文体无不需要一一探究学习，你不妨逐一尝试。人年少的时候不怕出丑，要有“狂者进取”的精神。在这个时候不试着去做，以后就更加不肯做了。

至于做人的道理，圣贤纵有千言万语，大抵不外乎“敬”“恕”这两个字。《论语》中“仲弓问仁”这一章，阐述“敬”“恕”的道理最为切近实际，你不妨再读一读。除此之外，如“立则见参于前也，在舆则见其倚于衡也”“君子无众寡，无小大，无敢慢，斯为泰而不骄；正其衣冠，俨然人望而畏，斯为威而不猛”，这些话都是践行“敬”这一点时最好的实践方法。孔子说“欲立立人，欲达达人”，孟子说“行有不得，反求诸己”“以仁存心，以礼存心”“有终身之忧，无一朝之患”，这些话都是践行“恕”这一点时最好的实践方法。你的心地阳光单纯，“恕”字或许比较容易做到，而“敬”字则应该更加勉力践行。这些都是立德的根本，不能不谨慎对待。

马上就要进行科举考试了，你要注意保养身体。我在外一切平安，不必挂念。不多说了。

还有，此次日记已经封入给澄侯叔的信函寄回家了。我于十二日至湖口，十九日夜五更开船进入江西，二十一日申刻就能到南昌了。多的不说了，又示。

咸丰八年七月二十一日

军舟停靠樵舍古镇，距离江西省城八十里

简评

“教子”二字落到实践上，无非是“教子读书”和“教子做人”两样。先教方法再讲内容，多举实例少念书本，“教子读书”就可以事半功倍。强调敬人敬己，追求成己达人，“教子做人”就可以方正有为。此外，再加上父母持之以恒的督促，一定可以引导孩子有样学样，见贤思齐。

3.

虚心涵泳，切己体察

原文

字谕纪泽：

八月一日刘曾撰[①]来营，接尔第二号信并薛晓帆[②]信，得悉家中四宅平安，至以为慰。

汝读“四书”无甚心得，由不能“虚心涵泳”“切己体察”[③]。朱子教人读书之法，此二语最为精当。尔现读《离娄》，即如《离娄》首章“上无道揆，下无法守”，吾往年读之，亦无甚警惕，近岁在外办事，乃知上之人必揆诸道，下之人必守乎法。若人人以道揆自许，从心而不从法，则下凌上矣。“爱人不亲”章，往年读之，不甚亲切。近岁阅历日久，乃知治人不治者，智不足也。此“切己体察”之一端也。

“涵泳”二字，最不易识。余尝以意测之曰：涵者，如春雨之润花，如清渠之溉稻。雨之润花，过小则难透，过大则离披，适中则涵濡而滋液。清渠之溉稻，过小则枯槁，过多则伤涝，适中则涵

① 刘曾撰：曾国藩幕僚。

② 薛晓帆：指薛湘，曾国藩友人。

③“虚心涵泳”“切己体察”：语出《朱子读书法》，是朱熹弟子总结的读书六法中的其中两条，分别指读书治学时深入思考研究和置身其中领会精要。

养而浡兴。泳者，如鱼之游水，如人之濯足。程子[1]谓“鱼跃于渊，活泼泼地”[2]；庄子言“濠梁观鱼，安知非乐”[3]，此鱼水之快也。左太冲[4]有“濯足万里流”之句，苏子瞻有《夜卧濯足》诗，有《浴罢》诗，亦人性乐水者之一快也。善读书者，须视书如水，而视此心如花、如稻、如鱼、如濯足，则“涵泳”二字，庶可得之于意言之表。尔读书易于解说文义，却不甚能深入，可就朱子“涵泳”“体察”二语悉心求之。

邹叔明[5]新刊地图甚好。余寄书左季翁[6]，托购致十副。尔收得后，可好藏之。薛晓帆银百两，宜璧还。余有复信，可并交季翁也。此嘱。

咸丰八年八月初三日

译文

写给纪泽：

八月初一，刘曾撰到军营里来，我接到你的第二号信和薛湘的信，得悉家里四宅平安，这让我非常欣慰。

你读“四书”没有什么特别的心得，是因为不能“虚心涵

---

① 程子：指北宋理学家程颢、程颐兄弟。后世引用二人言论，一般均称“程子曰”。

② 鱼跃于渊，活泼泼地：语出《二程遗书》，“活泼泼地”指生机勃勃。

③ 濠梁观鱼，安知非乐：语出《庄子 · 秋水篇》，原文是庄子与惠施讨论鱼水之乐的对话。濠梁观鱼指物我两忘、怡然自得的快乐。

④ 左太冲：指左思，西晋文学家。

⑤ 邹叔明：指邹汉章，湘军将领。

⑥ 左季翁：指左宗棠，当时为曾国藩幕僚。

泳”“切己体察”的缘故。朱子教人读书的方法中，这二句最为精准得当。你现在读《离娄》，就拿它第一章“上无道揆，下无法守”一句来说，我前些年读到，也没有感觉特别警醒，这几年在外办事，才知道居高位之人一定要谨守道义，有更高的道德标准；居下位之人一定要遵守法纪，用法纪约束自身行为。如果人人都评价自己遵守道义，遵从内心而不守法纪，就会出现以下犯上的情况。“爱人不亲”这一章，前些年读起来，不觉得亲切，这几年阅历越来越多，才知道治理人民却治理不好，都是智慧不足的缘故。这就是所谓“切己体察”的一个例子。

“涵泳”二字，最不容易理解。我曾经以自己的理解推论：“涵”字，好比春雨润泽花草，又好比清渠水灌溉稻田。春雨润泽花草，雨水太小则难以浇透，太大又会让花草零落分散，适中才能既提供水分涵养又滋润它们成长。清渠水灌溉稻田，水量过小会让稻子枯槁，太大则会使稻子受到涝害，适中才能让稻子得到滋养而旺盛生长。“泳”字，好比鱼儿游泳，又好比人们洗脚。程子说“鱼跃于渊，活泼泼地”，庄子说“濠梁观鱼，安知非乐”，这都是在说鱼水之乐。左思有“濯足万里流”的诗句，苏轼有题为《夜卧濯足》和《浴罢》的诗，濯足、沐浴也是天性乐水之人的快乐啊。善于读书的人，必须把书看成水，而把自己的内心看成花草、稻田，看成鱼，看成双脚，那么“涵泳”二字，差不多就可以透过外在言语洞悉内理了。你读书比较善于解说文意，却容易囿于表面，不够深入，可以根据朱子“涵泳”“体察”这两个词语悉心探究。

邹汉章新刊印的地图很好。我已经给左宗棠寄信了，托他购买十套，你收到以后，要好好收藏。薛湘的一百两银子应当如数奉还，我有给他的书信，你可以一起交给左宗棠。特此嘱咐。

咸丰八年八月初三日

简评

曾国藩是一代鸿学大儒，学贯古今。他读书讲求“虚心涵泳”，力避死记硬背，用“沉浸式学习”加强理解；讲求“切己体察”，力避蜻蜓点水，用“理论联系实际”深入领会。父母和孩子均可以此八字自勉，做会读书的爱书人。

4.

作诗要讲声调，克家须雪三耻

原文

字谕纪泽儿：

十九日曾六[①]来营，接尔初七日第五号家信并诗一首，具悉次日入闱，考具皆齐矣。此时计已出闱还家。

余于初八日至河口。本拟由铅山入闽，进捣崇安，已拜疏矣。光泽之贼窜扰江西，连陷泸溪、金溪、安仁三县，即在安仁屯踞，十四日派张凯章[②]往剿。十五日余亦回驻弋阳。待安仁破灭后，余乃由泸溪云际关入闽也。

尔七古诗，气清而词亦稳，余阅之忻慰。凡作诗，最宜讲究声调。余所选钞五古九家，七古六家，声调皆极铿锵，耐人百读不厌。余所未钞者，如左太冲、江文通、陈子昂、柳子厚[③]之五古，鲍明远、高达夫、王摩诘、陆放翁[④]之七古，声调亦清越异常。尔欲作五古、七古，须熟读五古、七古各数十篇。先之以高声朗诵以

---

① 曾六：似为送信长夫。长夫指长期雇用的役夫。

② 张凯章：指张运兰，湘军将领。

③ 江文通、陈子昂、柳子厚：分别指南朝诗人江淹，唐朝诗人陈子昂、柳宗元。

④ 鲍明远、高达夫、王摩诘、陆放翁：分别指南朝诗人鲍照，唐朝诗人高适、王维，南宋诗人陆游。

昌其气，继之以密咏恬吟以玩其味，二者并进，使古人之声调拂拂然若与我之喉舌相习，则下笔为诗时，必有句调凑赴腕下。诗成自读之，亦自觉琅琅可诵，引出一种兴会来。古人云“新诗改罢自长吟”，又云“煅诗未就且长吟”[①]，可见古人惨淡经营之时，亦纯在声调上下功夫。盖有字句之诗，人籁也；无字句之诗，天籁也。解此者，能使天籁人籁凑泊而成，则于诗之道思过半矣。

尔好写字，是一好气习。近日墨色不甚光润，较去年春夏已稍退矣。以后作字，须讲究墨色。古来书家，无不善使墨者，能令一种神光活色浮于纸上，固由临池之勤、染翰之多[②]所致，亦缘于墨之新旧浓淡，用墨之轻重疾徐，皆有精意运乎其间，故能使光气常新也。

余生平有三耻：学问各途，皆略涉其涯涘[③]，独天文、算学毫无所知，虽恒星五纬[④]亦不识认，一耻也；每做一事，治一业，辄有始无终，二耻也；少时作字，不能临摹一家之体，遂致屡变而无所成，迟钝而不适于用，近岁在军，因作字太钝，废阁殊多，三耻也。尔若为克家[⑤]之子，当思雪此三耻。

推步算学，纵难通晓；恒星五纬，观认尚易。家中言天文之书，有“十七史”中各“天文志”及《五礼通考》中所辑《观象授时》一种，每夜认明恒星二三座，不过数月，可毕识矣。凡做一事，无论大小难易，皆宜有始有终。作字时，先求圆匀，次求敏捷。若一

---

①“新诗改罢自长吟”“煅诗未就且长吟”：二句分别出自杜甫的《解闷十二首》和陆游的《昼卧初起书事》。

② 临池、染翰：学习书法、握笔写字。

③ 涯涘：边际。

④ 五纬：指金木水火土五星。

⑤ 克家：继承家业。

日能作楷书一万，少或七八千，愈多愈熟，则手腕毫不费力。将来以之为学，则手钞群书；以之从政，则案无留牍。无穷受用皆从写字之匀而且捷生出。三者皆足以弥吾之缺憾矣。

今年初次下场，或中或不中，无甚关系。榜后即当看《诗经注疏》。以后穷经读史，二者迭进。国朝大儒，如顾、阎、江、戴、段、王[①]，数先生之书，亦不可不熟读而深思之。光阴难得，一刻千金！

以后写安禀来营，不妨将胸中所见、简编所得，驰骋议论。俾余得以考察尔之进步，不宜太寥寥。此谕。

咸丰八年八月二十日
书于弋阳军中

译文

写给我儿纪泽：

十九日曾六到军营中来，接到你初七日写的第五号家信和一首诗，知道你将于第二天进考场进行科举考试，各种考具都已经准备妥当。算起来这个时候你应该已经结束考试回到家中了。

我于初八日到河口，本来打算从铅山进入福建，直捣崇安，已经给朝廷写了报告。光泽地方的叛贼，流窜骚扰江西，接连攻陷泸溪、金溪、安仁三个县城，就在安仁屯兵盘踞。十四日派张运兰前往征剿。十五日我也回军驻扎在弋阳。等剿灭安仁的叛

① 顾、阎、江、戴、段、王：分别指顾炎武、阎若璩、江永、戴震、段玉裁、王念孙和王引之父子，均为清代学者。

贼，我才会从泸溪云际关进入福建。

你写的七言古诗，气韵清丽而用词稳妥，我读了倍感欣慰。大凡作诗最应该讲究声调。我所选择抄录的九位五言诗名家、六位七言诗名家的作品，声调都极铿锵，让人百读不厌。我没选择抄录的，比如左思、江淹、陈子昂、柳宗元的五言古诗，鲍照、高适、王维、陆游的七言古诗，声调也非常清越。你要作五言七言的古诗，应当熟读五言七言古诗各几十篇，先用高声朗读来张扬诗歌的气势，然后用细细沉吟来领悟其中的韵味，两种方法齐头并进，使古人的声调发声与我们的喉舌相适应，这样当你下笔作诗时，一定会有语句声调聚集起来奔赴你的腕下。诗歌写成之后自己朗读几遍，也觉得朗朗上口，引出新的兴致和感悟来。古人说“新诗改罢自长吟”，又说“煅诗未就且长吟”，可见古人在反复琢磨难以写就的时候，也纯粹只能在音调上下功夫。有字句的诗，是人的声调；没有字句的诗，是自然的声调。明白了这个道理，让人的声调和自然的声调做到和谐统一，那么诗歌的门道已经悟透了一多半。

你喜好写字，这是一种好的习惯。近些日子写的字墨色不怎么光亮润泽，和去年春夏的作品相比已有稍许的退步。以后写字，必须注意墨色。古往今来的书法家，无不善于用墨，能将墨的神采光亮展现在纸上，这当然是因为勤加临帖、多加练习的缘故，但也是掌握了墨色新旧浓淡、用墨轻重快慢这些技巧方法的原因，将精细的心思运用到写字这件事上，才能使作品的光泽气韵常保新鲜。

我平生有三大耻辱：各门学问，都略微有所涉猎，只有天文、算学一无所知，即使是恒星和金木水火土五星也不认识，这是第一耻。每干一件事、学习一门技能，都有始无终，这是第二耻。

小时候写字，没能够临摹掌握一家字体，导致字体屡次变化而没能有所成就，写字迟缓而不能适应需要。这几年在军营里，因为写字速度太慢，耽误很多事，这是第三耻。你如果想做一个继承家业的孝子，应该思考为父亲雪此三耻。

纵使天文历法的算法难以通晓，观察识别恒星和五纬应该还算容易。家中讲天文的书籍，有“十七史”中的“天文志”，还有《五礼通考》中所辑录的《观象授时》这一类，每天晚上认识两三恒星，只需要几个月就能全部认识了。大凡做一件事，无论大小难易，都应该有始有终。写字时先追求圆润匀称，其次追求速度。如果一天能够写楷书一万字，或者少一点写七八千字，就能越写越熟练，手腕就会感觉毫不费力。将来用这个方法治学就能手抄群书，从政就能案无留牍。写字又好又快这一点就可以生发出无穷的效用。做好以上三点足以弥补我的缺憾。

今年是你第一次参加科举考试，中或者不中，都没什么关系。放榜以后就应当看《诗经注疏》了。以后读史和研经，这二者要相互促进。当朝大儒，如顾炎武、阎若璩、江永、戴震、段玉裁、王念孙和王引之，这几位先生的书，不能不熟读深思。光阴难得，一刻千金，一定要珍惜学习的时光。

以后写请安信到军营来，不妨将你心中见解、读书所得敞开心扉来议论，让我能从中考察你的进步，不要写得太简略。就说这些。

咸丰八年八月二十日

写于弋阳军中

简评

勇于反思、善于反思是曾国藩的一大过人之处。他身处讲究封建伦常的时代，对孩子却从不摆父亲大人的架子；他兴军从政日理万机，对孩子却从不强言说教，总是针对自身不足提出反思和见解。相比古人，当代父母更应有足够宽广的心胸、足够睿智的头脑，和孩子一起反躬自省、共同进步。

5.
治经、作赋、写字各有其道，乐育诸弟彼此并进

原文

字谕纪泽：

十月十一日接尔安禀，内附隶字一册。二十四日接澄叔信，内附尔临《玄教碑》一册。王五及各长夫来，具述家中琐事甚详。

尔信内言读《诗经注疏》之法，比之前一信已有长进。凡汉人传注、唐人之疏[①]，其恶处在确守故训，失之穿凿，其好处在确守故训，不参私见。释"谓"为"勤"，尚不数见，释"言"为"我"，处处皆然，盖亦十口相传之诂，而不复顾文气之不安。如《伐木》为文王与友人入山，《鸳鸯》为明王交于万物，与尔所疑《螽斯》章解，同一穿凿。朱子《集传》，一扫旧障，专在涵泳神味，虚而与之委蛇[②]。然如《郑风》诸什，注疏以为皆刺忽者固非，朱子以为皆淫奔[③]者，亦未必是。尔治经之时，无论看注疏，看宋传，总宜虚心求之。其惬意者，则以朱笔识出；其怀疑者，则以另

① 传、注、疏：均指解释经籍的文字。

② 虚与委蛇：此处似可作随文释读之解，意思是根据文章意境作合理的解释，不拘泥于汉唐大家的训诂解释。

③ 淫奔：可理解为不尊传统礼法而私奔。

册写一小条，或多为辨论，或仅著数字，将来疑者渐晰，又记于此条之下。久久渐成卷帙，则自然日进。高邮王怀祖先生父子①，经学为本朝之冠，皆自札记得来。吾虽不及怀祖先生，而望尔为伯申氏甚切也。

尔问时艺②可否暂置，抑或它有所学？余惟文章之可以道古，可以适今者，莫如作赋。汉魏六朝之赋，名篇巨制，具载于《文选》，余尝以《西征》《芜城》及《恨》《别》等赋示尔矣；其小品赋，则有《古赋识小录》。律赋，则有本朝之吴榖人、顾耕石、陈秋舫③诸家。尔若学赋，可于每三、八日作一篇，大赋或数千字，小赋或仅数十字，或对或不对，均无不可。此事比之八股文略有意趣，不知尔性与之相近否？

尔所临隶书《孔宙碑》，笔太拘束，不甚松活，想系执笔太近毫之故，以后须执于管顶。余以执笔太低，终身吃亏，故教尔趁早改之。《玄教碑》墨气甚好，可喜可喜。郭二姻叔④嫌左肩太俯，右肩太耸，吴子序年伯⑤欲带归示其子弟。尔字姿于草书尤相宜，以后专习真草二种，篆隶置之可也。四体并习，恐将来不能一工。

余癣疾近日大愈，目光平平如故。营中各勇夫病者，十分已好六七，惟尚未复元，不能拔营进剿，良深焦灼。闻甲五⑥目疾十

---

① 王怀祖先生父子：指清代经学大师王念孙及其子王引之。后文伯申氏指王引之。

② 时艺：指八股文。

③ 吴榖人、顾耕石、陈秋航：分别指吴锡麒、顾元熙、陈沆，均为清代学者。

④ 郭二姻叔：指郭崑焘，曾国藩幕僚，书信中也称其为意城、意诚等。曾国藩将四女嫁其兄郭嵩焘之子，故曾纪泽应称其为郭二姻叔。

⑤ 吴子序年伯：指吴嘉宾，字子序，其与曾国藩为同榜进士但年长，故曾纪泽称其年伯。

⑥ 甲五：指曾纪梁，曾国潢之子。

愈八九，忻慰之至。尔为下辈之长，须常常存个乐育诸弟之念。君子之道，莫大乎与人为善，况兄弟乎？临三、昆八[①]，系亲表兄弟，尔须与之互相劝勉。尔有所知者，常常与之讲论，则彼此并进矣。此谕。

咸丰八年十月二十五日

译文

写给纪泽：

十月十一日接到你的请安信，里面附有隶书作品一册。二十四日接到你澄叔的信，里面附有你摹写的《玄教碑》作品一册。王五以及各个长夫来，具体叙述了家中的各项琐事，说得很详细。

你信里谈了读《诗经注疏》的方法，已经比之前一封信说的有所长进。汉朝人所作的“传”“注”和唐朝人作的“疏”，缺点是墨守古人的训释，缺乏融会贯通的理解，这同时也是优点，能够坚守古人的训释，不掺杂私人的见解。把“谓”解释为“勤”，还不常见，把“言”解释为“我”，处处都这样。因为是口口相传的缘故，所以人们也就不觉得这样解释有什么不妥。比如把《伐木》解释为周文王和友人进山伐树，将《鸳鸯》解释为圣明君主福泽万物，这些情况都与你所怀疑的对《螽斯》一章的解读一样，是一种穿凿附会。朱子所著的《诗集传》一扫陈旧迷障，专门在深入体察文章内在神韵上下功夫，注意随文释读。注疏认

① 临三、昆八：指曾国藩姐妹的儿子王临三、王昆八。

为《郑风》中若干篇章意在讽刺郑庄公世子忽，这固然不对。但是朱子把它们解释成讽刺所谓“淫奔”的爱情诗，也未必是那样。你研究经学的时候，无论是看汉唐的注疏，还是宋朝的集传，都应该虚心探求。读到欣赏的地方，就用红笔标出。读到有疑义的地方，就在另外的册子上写一张小条。条上或长篇辩驳其中观点，或仅记下寥寥数笔，等将来把这个疑点辨析清楚了，再来记录在此条之下。久而久之，就能积累成书，学问自然也会每天都有进步。高邮王念孙、王引之父子，研究经学的水平是本朝之冠，他们就是这样靠做札记来做学问的。我虽然比不上王念孙先生，但是非常希望你能成为王引之一样的人物。

你问能否暂时搁置科考用的八股文，或者能不能先学点别的，我觉得各类文体当中既能述古又能论今的，没有比得上赋的了。汉魏六朝赋中的名篇巨制，都记载在《文选》里面，比如我曾经拿给你看的《西征赋》《芜城赋》和《恨赋》《别赋》；小品赋，则有《古赋识小录》一书辑录。律赋，有本朝吴锡麒、顾元熙、陈沆等各大家。你如果想学赋，可每逢三、八日各作一篇，大的可长数千字，小的可仅有数十字，写得对仗不对仗，都没有关系。写赋比写八股文稍有一些意趣，不知你的性情是不是与它相近呢？

你所临摹的隶书《孔宙碑》，下笔太约束，不怎么松快活泼，我想可能是执笔太靠近笔毫的原因，以后应该执于笔管顶部。我因为执笔位置太低，终身吃亏，所以叫你趁早改了这习惯。《玄教碑》写得形态风采很好，可喜可贺。郭崑焘姻叔嫌字体左低右高，吴嘉宾年伯想带回去给他家子弟看。看你字的姿态，你写草书比较适宜。以后专门练习楷书和草书两种，篆书和隶书暂且搁置吧。四种字体一起练习，恐怕将来一种都精通不了。

我的癣疾近日大有好转，视力和平常一样。军营中生病的士兵和长夫，已经好了十之六七，只是还未完全复原，所以现在还不能起拔剿匪，我内心深感焦虑。听说纪梁的眼病好了十之八九，内心倍感欣慰。你是曾家下一辈中年纪最大的，必须常常存有关心教导各位弟弟的念头。君子之道，没有比与人为善更大的事了，何况是对弟弟们呢？临三、昆八是你表兄弟，你应当与他们互相劝勉。你有知道的事情，可以常和他们讲述讨论，彼此之间就能共同进步。就说这些。

咸丰八年十月二十五日

简评

想要求得学问的精进，少不了对学习规律的探求。在孩子求学的路上，父母应该细心观察孩子的长处和短板，给予鼓励和点拨。也要注意和孩子分享自身求学的方法和路径，帮助孩子少走弯路，及早转入提升学业水平的快车道。

6.

学天文弥补缺憾，失手足痛心疾首

原文

字谕纪泽：

二十五日寄一信，言读《诗经注疏》之法。二十七日县城二勇至，接尔十一日安禀，具悉一切。

尔看天文，认得恒星数十座，甚慰甚慰。前信言《五礼通考》中《观象授时》二十卷内恒星图最为明晰，曾翻阅否？国朝大儒于天文历数之学，讲求精熟，度越前古。自梅定九、王寅旭以至江、戴诸老①，皆称绝学，然皆不讲占验，但讲推步。占验者，观星象云气以卜吉凶，《史记·天官书》《汉书·天文志》是也。推步者，测七政②行度，以定授时，《史记·律书》《汉书·律历志》是也。秦味经先生之《观象授时》，简而得要。心壶③既肯究心此事，可借此书与之阅看（《五礼通考》内有之，《皇清经解》内亦有之）。若尔与心壶二人能略窥二者之端绪，则足以补余之阙憾矣。

---

① 梅定九、王寅旭、江、戴：分别指梅文鼎、王锡阐、江永、戴震。后文秦味经指秦蕙田。

② 七政：古代天文术语，一般指日月金木水火土七星。

③ 心壶：疑为与曾纪泽年龄相仿的同学。

四六[1]落脚一字粘法[2]，另纸写示（因接安徽信，遂不开示）。

书至此，接赵克彰[3]十五夜自桐城发来之信，温叔及李迪庵方伯[4]尚无确信，想已殉难矣，悲悼曷极！来信寄叔祖父封内中有往六安州之信，尚有一线生机。余官至二品，诰命三代，封妻荫子，受恩深重，久已置死生于度外，且常恐无以对同事诸君于地下。温叔受恩尚浅，早岁不获一第，近年在军，亦不甚得志，设有不测，赍憾有穷期耶？

军情变幻不测，春夏间方冀此贼指日可平，不图七月有庐州之变，八九月有江浦、六合之变，兹又有三河之大变[5]，全局破坏，与咸丰四年冬间相似，情怀难堪。但愿尔专心读书，将我所好看之书领略得几分，我所讲求之事钻研得几分，则余在军中，心常常自慰。

尔每日之事，亦可写日记，以便查核。

咸丰八年十月二十九日

建昌营次

---

① 四六：指骈体文，因常用四字句、六字句而得名。

② 落脚一字粘法：指骈体文相邻四句尾字讲究“平仄仄平”或“仄平平仄”的写作方法。

③ 赵克彰：湘军将领。

④ 温叔：指曾国华，曾国藩三弟，书信中也称其为温甫、忠愍公等。其已过继给叔父，故后文中有“寄叔祖父”之语。李迪庵指湘军将领李续宾，方伯指统领一方的地方官。

⑤ 庐州之变，江浦、六合之变，三河之变：指咸丰八年湘军先后遭遇的三场大败。

译文

写给纪泽：

二十五日给你寄去一封信，谈了读《诗经注疏》的方法。二十七日县城里的二位兵勇过来，我收到你十一日的请安信，信中讲的情况都了解了。

你看天文方面的书，已经认识恒星数十座，我非常欣慰。前面的信里说到《五礼通考》中《观象授时》二十卷里面的恒星图最为明晰，你有没有翻阅啊？本朝鸿学大儒对天文历法方面的学问研究得精准透彻，超越前人。自梅文鼎、王锡阐到江永、戴震这些老先生，都可以称作绝学人物，但是他们都不讲究“占验”，只讲究“推步”。所谓“占验”，是指观测星象和云气来占卜吉凶，《史记·天官书》《汉书·天文志》就是这类书。所谓“推步”，是指测量七大星的轨迹、周期，来测算历法授时，《史记·律书》《汉书·律历志》就是这类书。秦蕙田先生的《观象授时》这本书，简明扼要。心壶既然愿意深入研究这门学问，可以借这本书给他阅读（《五礼通考》里面有这本书，《皇清经解》里也有）。如果你与心壶能略微了解这两门学问的端倪头绪，那就可以弥补我的缺憾。

四六格式的骈体文相邻句子尾字相粘的写作方法，我另外写一张纸给你看（因为接到了安徽的信，就先不展开给你讲了）。

信写到这里，我接到了赵克彰十五日夜从桐城发来的信，你温叔和地方官李续宾还没有确切的消息，想来应该已经殉难了，悲痛难过到无法言表！给你叔祖父的信封里，还有寄往六安州的信，你温叔或许还有一线生机。我官至二品，一家三代受到诰封，妻子子孙得到恩荫，领受浩荡皇恩，早已将生死置之度外，而且经常担心无颜面对九泉之下已经殉难的各位同事。你温叔受恩尚浅，早年参加科举没有取得功名，这几年随我在军营中，也不甚得志，假如真有不测，岂不是让我抱憾终生啊！

军情变化莫测，春夏时节还期待剿灭叛贼指日可待，没想到七月发生庐州之变，八九月发生江浦、六合之变，现在又有三河之变，全局形势大坏，与咸丰四年冬天的情况相似，悲伤的心情难以自持。只愿你能安心读书，将我所爱读之书的精髓领略到几分，把我所重视追求的事钻研出几分成果，那我在军营中，也能聊以自慰。

你每天所做的事情，也可以写成日记，以方便将来检查核对。

咸丰八年十月二十九日

写于建昌军营驻地

简评

战场接连失利，胞弟可能罹难，曾国藩心情的低沉可想而知。危难之际，他看淡生死，却把读书作为留给儿子的最重要的嘱托。这份嘱托，是一个身处乱世的读书人始终坚守的人生信仰，也传递出一个身处远方的父亲不曾放下的舐犊深情。这种精神信仰的传递，足以影响孩子一生。

7.

抚慰亲人，勘校求真

原文

字谕纪泽：

初一日接尔十二日一禀，得知四宅平安，尔将有长沙之行，想此时又归也。少庚[1]早世，贺家气象日以凋耗。尔当常常寄信与尔岳母，以慰其意；每年至长沙走一二次，以解其忧。耦耕[2]先生学问文章，卓绝辈流，居官亦恺恻慈祥，而家运若此，是不可解！尔挽联尚稳妥。

《诗经》字不同者，余忘之。凡经文板本不合者，阮氏校勘记最详（阮刻《十三经注疏》，今年六月在岳州寄回一部，每卷之末皆附校勘记，《皇清经解》中亦刻有校勘记，可取阅也）。凡引经不合者，段氏撰异最详（段懋堂[3]有《诗经撰异》《书经撰异》等著，俱刻于《皇清经解》中），尔翻而校对之，则疑者明矣。

咸丰八年十二月初三日

---

① 少庚：指贺少庚，曾纪泽妻兄。

② 耦耕：指贺长龄，曾纪泽岳父。

③ 段懋堂：指段玉裁。

译文

写给纪泽:

初一日接到你十二日写的一封信，得知家中四宅平安，你将安排长沙之行，我想你此时应该又回到家里了吧。少庚英年早逝，贺家的气象日渐衰落。你应当常常给你岳母写信，以抚慰她的内心；每年到长沙走动一两次，以消解她的忧愁。长龄先生的学问和文章，在同辈人中卓越非凡，做官也是和善慈祥，富有同情心，但是家里的运势竟然这样，实在是不可理解。你送的挽联还算稳妥。

不同版本《诗经》用字不同的情况，我忘记了。凡是经文版本不同的情况，阮元的校勘记说解得最详细（阮元所刻的《十三经注疏》，今年六月我从岳州寄回家一部，每一卷的末尾都附有校勘记，《皇清经解》中也刻有校勘记，你可以取来阅读）。凡是引述经文与原文不同的情况，段玉裁说解得最详细（他有《诗经撰异》《书经撰异》等著作，都刊刻在《皇清经解》中），你翻阅并加以校对，疑惑就能得到解答了。

咸丰八年十二月初三日

简评

曾国藩谆谆教导儿子不应因为岳家人气凋敝就心生怠慢，希望他常常给岳母写信联络感情，常常前往走动。这种正向引导对曾纪泽处置家庭关系起了很好的指导作用。曾纪泽与前后两位夫人的娘家相处都很融洽，不得不说其中有曾国藩的一份功劳。

8.

治学先读《文选》，写字妙用中锋

原文

字谕纪泽：

日来接尔两禀，知尔《左传注疏》将次看完。《三礼注疏》，非将江慎修[①]《礼书纲目》识得大段，则注疏亦殊难领会，尔可暂缓，即《公》《穀》亦可缓看。尔明春将胡刻《文选》[②]细看一遍：一则含英咀华，可医尔笔下枯涩之弊；一则吾熟读此书，可常常教尔也。

沅叔[③]及寅皆先生[④]望尔作四书文，极为勤恳。余念尔庚申、辛酉下两科场，文章亦不可太丑，惹人笑话。尔自明年正月起，每月作四书文三篇，俱由家信内封寄营中。此外或作得诗赋论策，亦即寄呈。

写字之中锋者，用笔尖着纸，古人谓之"蹲锋"，如狮蹲、虎蹲、犬蹲之象。偏锋者，用笔毫之腹着纸，不倒于左，则倒于右，当将倒未倒之际，一提笔则为"蹲锋"。是用偏锋者，亦有中锋时

---

① 江慎修：即江永。

② 胡刻《文选》：指嘉庆年间胡克家刊刻的《文选》版本。

③ 沅叔：指曾国荃，曾国藩之弟，书信中也称其为沅弟、沅甫、九叔等。

④ 寅皆先生：指邓汪琼，长期担任曾家私塾先生，书信中也称其为寅阶、邓瀛师、邓寅师等。

也。此谕。

咸丰八年十二月二十三日

译文

写给纪泽：

近日接到你的两封信，知道你将要看完《左传注疏》了。至于《三礼注疏》这本书，如果不将江永所著的《礼书纲目》大体读懂，那么即使它是注疏也特别难以理解，你可以暂缓阅读，《春秋公羊传》和《春秋穀梁传》也可以暂缓阅读。你明年春天再将胡刻《文选》细看一遍：一来能够鉴赏领会优美的文章，汲取其中养分，帮助你缓解文辞枯竭干涩的弊病；二来我熟读这本书，可以常常教导你。

你沅叔和邓汪琼先生希望你习作八股文，态度非常殷勤恳切。我也考虑，你庚申年、辛酉年就要参加科举考试了，文章不能太不像样，叫人笑话。所以你从明年正月起，每月写作三篇八股文，都和家信一起封寄到军营中。此外如果创作了诗赋策论，也都寄给我看看。

写字时说的中锋，是指用毛笔笔尖接触纸面，古人称之为"蹲锋"，如狮子、老虎和狗蹲着的样子。至于偏锋，是指用笔毫的中腹部接触纸面，笔尖歪向左边或者右边。当偏锋要倒不倒的时候，稍微一提笔就成了"蹲锋"。所以，用偏锋写字，也有用到中锋的时候。就写这些。

咸丰八年十二月二十三日

简评

曾国藩与两个儿子长期分离两地，但是在往来通信极其不便的时代，他仍然能够对两个儿子的学习进度了如指掌。他尤其注重观察，根据孩子个人的情况布置有针对性的学习任务。“问题导向”“目标考核”加上父亲的亲力亲为，兄弟俩的学业已经赢在了起跑线上。

9. 家族休戚一体，盼你青胜于蓝

原文

字谕纪泽：

闻尔至长沙已逾月余，而无禀来营，何也？少庚讣信百余件，闻皆尔亲笔写之。何不发刻，或倩人帮写？非谓尔宜自惜精力，盖以少庚年未三十，情有等差，礼有隆杀，则精力亦不宜过竭耳。

近想已归家度岁。今年家中因温甫叔之变，气象较之往年迥不相同。余因去年在家，争辨细事，与乡里鄙人无异，至今深抱悔憾。故虽在外，亦恻然[①]寡欢。尔当体我此意，于叔祖各叔父母前尽些爱敬之心。常存休戚一体之念，无怀彼此歧视之见，则老辈内外必器爱尔，后辈兄弟姊妹必以尔为榜样，日处日亲，愈久愈敬。若使宗族乡党皆曰纪泽之量大于其父之量，则余欣然矣。

余前有信教尔学作赋，尔复禀并未提及。又有信言“涵养”二字，尔复禀亦未之及。嗣后我信中所论之事，尔宜一一禀复。

余于本朝大儒，自顾亭林[②]之外，最好高邮王氏之学。王安国以鼎甲官至尚书，谥文肃，正色立朝。生怀祖先生，念孙经学精

① 恻然：形容悲伤貌。
② 顾亭林：指顾炎武。

卓。生王引之，复以鼎甲官尚书，谥文简。三代皆好学深思，有汉韦氏、唐颜氏[①]之风。余自憾学问无成，有愧王文肃公远甚，而望尔辈为怀祖先生，为伯申氏，则梦寐之际，未尝须臾忘也。怀祖先生所著《广雅疏证》《读书杂志》，家中无之。伯申氏所著《经义述闻》《经传释词》，《皇清经解》内有之。尔可试取一阅。其不知者，写信来问。本朝穷经者，皆精小学[②]，大约不出段、王[③]两家之范围耳，余不一一。

咸丰八年十二月三十日

译文

写给纪泽：

听说你到长沙已经一个多月了，却没有写信到军营，是何原因？少庚的讣信有百余件，听说都是你亲笔写的。为什么不刻板印刷，或者找人代写呢？不是说你应该爱惜身体，而是因为少庚去世时还不到三十岁，讲情谊也要有差别，讲礼数也要分尊卑，这件事你大可不必亲力亲为，也不必过于殚精竭虑。

这几天想来你应该已经回家过年了吧。今年家中因为你温叔的事情，气氛和往年迥然不同。我去年在家之时因为琐事与人争执，和乡下粗鄙莽夫没有什么差别，至今仍觉悔恨遗憾。现在虽在外面，但是一样郁郁寡欢。你应当体谅我这份心思，在叔祖、

---

① 汉韦氏、唐颜氏：指汉代韦贤、韦玄成、韦赏三代经学家与南北朝隋唐时期颜之推、颜思鲁、颜师古三代经学家。

② 小学：指文字、训诂、音韵等学问。

③ 段、王：指段玉裁和高邮王氏。

各叔父母跟前多尽些孝道。心里长存家族休戚一体的观念，不应有彼此歧视的想法，里里外外的长辈就会器重你，后辈兄弟姐妹就会以你为榜样，大家就会对你越来越亲，越来越尊敬。如果宗族乡亲都能说纪泽气量比他父亲要大，那我会很高兴。

我之前曾经写信教你作赋，你的复信却没有提及。还曾写信和你讨论“涵养”二字，你的复信也没有提及。今后我信中所讨论的事情，你应该一一回复。

我对本朝的鸿学大儒，顾炎武之外，最欣赏高邮王家。王安国以科举鼎甲身份官至尚书，死后谥号文肃，在朝廷之上一身正气。他所生的王念孙先生，研究经学卓绝一时。王念孙又生王引之，再次高中科举鼎甲，官至尚书，死后谥号文简。他们三代人都好学深思，有汉朝韦氏、唐朝颜氏的遗风。我为自己在学问上没有成就而深感遗憾，对和王安国先生在学问方面的巨大差距深感愧疚。但是我希望你们能成为他儿子王念孙、他孙子王引之一样的人物，即使是在睡觉的时候，这样的想法也没有一刻忘记。王念孙先生所著的《广雅疏证》《读书杂志》，家中没有。王引之先生所著《经义述闻》《经传释词》，家里的《皇清经解》里面有。你可以取来读一读，那些不懂的地方，可以来信问我。本朝努力治学研经的人，都非常擅长文字、训诂、音韵等学问，这些人跳不出段玉裁和高邮王家的范围，我就不一一说了。

咸丰八年十二月三十日

简评

家族是中国人内心异常柔软的特殊存在，它寄托了我们对故土先辈的追思感念，也给予了我们直面艰难险阻的勇气力量。曾国藩功成名就，离不开曾家兄弟分工明确、不分你我的协同配合。曾国藩反复对晚辈强调孝敬父母、友爱兄弟的观念，实际上也是他从一生经历得出的重要启示。

10. 写字作文宜仿古人间架，风霜磨炼成就健骨卓识

原文

字谕纪泽：

三月初二日接尔二月二十日安禀，得知一切。内有贺丹麓[①]先生墓志，字势流美，天骨开张，览之忻慰。惟间架间有太松之处，尚当加功。大抵写字只有用笔、结体[②]两端。学用笔，须多看古人墨迹；学结体，须用油纸摹古帖。此二者，皆决不可易之理。小儿写影本，肯用心者，不过数月，必与其摹本字相肖。吾自三十时，已解古人用笔之意，只为欠却间架功夫，便尔作字不成体段。生平欲将柳诚悬、赵子昂[③]两家合为一炉，亦为间架欠功夫，有志莫遂。尔以后当从间架用一番苦功，每日用油纸摹帖，或百字，或二百字，不过数月，间架与古人逼肖而不自觉。能合柳、赵为一，此吾之素愿也。不能，则随尔自择一家，但不可见异思迁耳。

不特写字宜摹仿古人间架，即作文亦宜摹仿古人间架。《诗经》

① 贺丹麓：指贺桂龄，贺长龄之弟。

② 结体：书法术语，指汉字书写的间架结构。

③ 柳诚悬、赵子昂：分别指柳公权、赵孟頫，皆为书法家。

造句之法，无一句无所本。《左传》之文，多现成句调。扬子云为汉代文宗，而其《太玄》摹《易》,《法言》摹《论语》,《方言》摹《尔雅》,《十二箴》摹《虞箴》,《长杨赋》摹《难蜀父老》,《解嘲》摹《客难》,《甘泉赋》摹《大人赋》,《剧秦美新》摹《封禅文》,《谏不许单于朝书》摹《国策·信陵君谏伐韩》，几于无篇不摹。即韩、欧、曾、苏①诸巨公之文，亦皆有所摹拟，以成体段。尔以后作文作诗赋，均宜心有摹仿，而后间架可立，其收效较速，其取径较便。

前信教尔暂不必看《经义述闻》，今尔此信言业看三本，如看得有些滋味，即一直看下去。不为或作或辍，亦是好事。惟《周礼》《仪礼》《大戴礼》《公》《榖》《尔雅》《国语》《太岁考》等卷，尔向来未读过正文者，则王氏《述闻》，亦暂可不观也。

尔思来营省觐，甚好，余亦思尔来一见。婚期既定五月二十六日，三四月间自不能来，或七月晋省乡试，八月底来营省觐亦可。身体虽弱，处多难之世，若能风霜磨炼、苦心劳神，亦自足坚筋骨而长识见。沅甫叔向最羸弱，近日从军，反得壮健，亦其证也。赠伍嵩生②之君臣画像乃俗本，不可为典要。奏折稿当钞一目录付归。余详诸叔信中。

咸丰九年三月初三日清明

---

① 韩、欧、曾、苏：指韩愈、欧阳修、曾巩、苏轼，均为古文大家。

② 伍嵩生：指伍肇龄，道光年间进士，曾任翰林院编修等职，后回成都讲学。

译文

写给纪泽：

三月初二日接到你二月二十日的请安信，全部情况都知道了。信里面有你写的贺桂龄先生的墓志，字势流畅美观，结构舒展，我看了很感欣慰。只是间架结构有松散之处，还应该多加练习。写字这件事，大抵只有用笔、结体这两个方面。学习用笔，应该多看古人的墨迹；学习结体，必须用油纸摹写古帖。这两点，都是绝不能改变的道理。小孩子摹写影本，只要肯用心，不过数月，就一定能与所摹写的字体很像。我三十岁时，就已经理解了古人用笔的意境，只是因为欠缺把握间架结构的功夫，因而没有形成自己的风格。我这一生一直想将柳公权、赵孟頫两家字体合为一体，也因为欠缺间架结构功夫，志向没有实现。你以后要从间架结构入手下一番苦功，每天用油纸摹写字帖，或者百余字，或者二百字，不过几个月时间，不自觉地间架结构就能和古人非常相像。如果能够把柳体、赵体风格合二为一，就是我长久以来的心愿。不能合二为一，那你就自己选择一家来学，但是不能见异思迁。

不只是写字应当摹写古人间架结构，作文也应当学习模仿古人的间架结构。《诗经》的造句方法，没有一句是没有本源的。《左传》的文字，很多都是现成句子语调。扬雄是汉代文学宗师，但他的《太玄经》模仿《周易》，《法言》模仿《论语》，《方言》模仿《尔雅》，《十二州箴》模仿《虞箴》，《长杨赋》模仿《难蜀父老》，《解嘲》模仿《答客难》，《甘泉赋》模仿《大人赋》，《剧秦美新》模仿《封禅文》，《谏不许单于朝书》模仿《战国策·信陵君谏伐韩》，几乎没有一篇不是模仿的。即使是韩愈、欧阳修、曾巩、苏轼这些文学大家，也都是先模仿别人其后才形成自己的风格。你以后写文章和诗赋，应该先在心里确定模仿的对象，然后再确定间架格局，这样做收效比较迅速，方法比较便捷。

前面的信叫你暂时不必看《经义述闻》，你信里说已经看了三本，如果感觉有些滋味，那就一直看下去，不三天打鱼两天晒网也是好事。只是其中有说解《周礼》《仪礼》《大戴礼记》《春秋公羊传》《春秋穀梁传》《尔雅》《国语》《太岁考》的很多内容，你过去连这些书的正文都没有读过，那王引之这本《经义述闻》暂且不看也罢。

你想来军营探视，很好，我也想你到军营来见见。婚期已经定在了五月二十六日，那三四月间自然是不能来了，七月你到省城参加乡试，八月底可以到军营来探视。你虽然身体孱弱，身处多灾多难的世道，但是如果能够经受风霜磨炼，苦心劳神，也能够强健身体、增长见识。你沅叔向来最羸弱，但是近日从军之后，反而变得强健，这也是个证明。赠送给伍肇龄的君臣画像是校刻不精的版本，不能作为标准。奏折稿会抄一个目录送回家，其余事情详见我给诸位叔叔的信。

咸丰九年三月初三日清明

简评

“天将降大任于是人也”的道理，可能每位父母都懂。但放手让孩子去经受“风霜磨炼、苦心劳神”，却不是每位父母都下得了决心的。要知道，温室里的花朵永远长不成参天大树，所以打开你心中的结，放开你关爱的手，让孩子去“坚筋骨”，去“长识见”吧，相信经历一番寒彻骨，定有梅花扑鼻香。

11.

学书作文唯有善思苦练

原文

字谕纪泽儿：

二十二日接尔禀并《书谱叙》，以示李少荃、次青、许仙屏[①]诸公，皆极赞美。云尔钩联顿挫，纯用孙过庭[②]草法，而间架纯用赵[③]法，柔中寓刚，绵里藏针，动合自然等语。余听之亦欣慰也。

赵文敏集古今之大成，于初唐四家[④]内师虞永兴，而参以钟绍京[⑤]，因此以上窥二王[⑥]，下法山谷[⑦]，此一径也；于中唐师李北海[⑧]，而参以颜鲁公、徐季海[⑨]之沉着，此一径也；于晚唐师苏灵芝[⑩]，此又一径也。由虞永兴以溯二王及晋六朝诸贤，世所称南派

---

① 李少荃、次青、许仙屏：分别指李鸿章、李元度、许镇祎，当时均为曾国藩幕僚。

② 孙过庭：唐代书法家。

③ 赵：指赵孟頫，元代书法家。后文赵文敏亦指赵孟頫。

④ 初唐四家：指唐初年四大书法家欧阳询、虞世南、褚遂良、薛稷。

⑤ 钟绍京：唐代书法家。

⑥ 二王：指晋代书法家王羲之、王献之。

⑦ 山谷：指宋代书法家黄庭坚。

⑧ 李北海：指唐代书法家李邕。

⑨ 颜鲁公、徐季海：分别指唐代书法家颜真卿、徐浩。

⑩ 苏灵芝：唐代书法家。

者也；由李北海以溯欧、褚及魏北齐诸贤，世所谓北派者也。尔欲学书，须窥寻此两派之所以分。南派以神韵胜，北派以魄力胜。宋四家[①]，苏、黄近于南派，米、蔡近于北派。赵子昂欲合二派而汇为一。尔从赵法入门，将来或趋南派，或趋北派，皆可不迷于所往。我先大夫竹亭公[②]，少学赵书，秀骨天成。我兄弟五人，于字皆下苦功，沅叔天分尤高。尔若能光大先业，甚望甚望！

制艺一道，亦须认真用功。邓瀛师，名手也。尔作文，在家有邓师批改，付营有李次青批改，此极难得，千万莫错过了。付回赵书《楚国夫人碑》，可分送三先生（汪、易、葛[③]）、二外甥及尔诸堂兄弟。又旧宣纸手卷、新宣纸横幅，尔可学《书谱》，请徐柳臣[④]一看。此嘱。

咸丰九年三月二十三日

译文

写给我儿纪泽：

二十二日接到你的信和随信寄来的书法《书谱叙》，拿出来展示给李鸿章、李元度、许镇祎几位看，他们都非常赞赏。说你的书法勾连顿挫，纯粹使用孙过庭草书的笔法，但间架结构纯粹使用赵孟頫的笔法，柔中带刚，绵里藏针，笔法变换自然，等等。我听了很欣慰。

---

① 宋四家：指宋代四大书法家苏轼、黄庭坚、米芾和蔡襄。
② 先大夫竹亭公：指曾国藩已去世的父亲曾麟书，字竹亭。
③ 汪、易、葛：指曾家私塾三位老师。
④ 徐柳臣：指曾纪泽书法老师徐思庄。

赵孟𫖯的书法集古今之大成，在初唐四家中他学习虞世南，辅以学习钟绍京，因此他的书法往前追溯是学习了王羲之、王献之，其后是学习了黄庭坚，这是一条路；在中唐书法家中他学习李邕，辅以学习颜真卿、徐浩的沉着大气，这是一条路；在晚唐书法家中他又学习了苏灵芝，这是又一条路。由学习虞世南开始上溯至王羲之、王献之以及两晋六朝各个大家，世称南派。由学习李邕开始上溯至欧阳询、褚遂良及北魏、北齐诸位大家，世称北派。你要学习书法，必须探寻两派的分别。南派以神韵取胜，北派以气魄取胜。宋代书法四大家中，苏轼、黄庭坚的风格近于南派，米芾、蔡襄的风格近于北派。赵孟𫖯则希望将两派的风格合二为一。你从学习赵体入门，将来可能渐渐趋向南派，也可能渐渐趋向北派，但不管趋向哪派都可以在前进的路上不迷路。先父竹亭公，小时候学习赵体，字体结构秀丽自然。我兄弟五人，对学习书法都肯下苦功，你沅叔这方面天赋尤其高。你如果能光大先辈的事业，是我最期盼的事。

写作八股文这件事，也必须认真用功。邓汪琼老师，是八股写作的名手。你的文章，在家有邓老师批改，寄到营中有李元度批改，这样的机会真是难得啊，你千万不要错过。我给你寄回去赵孟𫖯字帖《楚国夫人碑》，可分别送汪、易、葛三位先生，二位外甥和你的各位堂兄弟。还有，旧宣纸手卷、新的宣纸横幅，你都可以用来学写《书谱》，到时候请徐思庄老师指点。特此嘱咐。

咸丰九年三月二十三日

简评

曾纪泽的书法天赋很高，曾国藩对其给予很多指导。更难得的是，他不但讲述方法，还能把自身总结的学习规律传授给孩子，让孩子“知其然”的同时还能“知其所以然”。像他一样，现代的父母也应该引导孩子领悟知识的来龙去脉，鼓励孩子在“苦练”之余“善思”，帮助孩子在认识和实践方面都不断进步。

12.

读书在精不在多，治学取法先贤路径

原文

字谕纪泽：

前次于诸叔父信中，复示尔所问各书帖之目。乡间苦于无书，然尔生今日，吾家之书，业已百倍于道光中年矣。买书不可不多，而看书不可不知所择。以韩退之[①]为千古大儒，而自述其所服膺之书不过数种，曰《易》，曰《书》，曰《诗》，曰《春秋左传》，曰《庄子》，曰《离骚》，曰《史记》，曰相如、子云[②]。柳子厚[③]自述其所得，正者曰《易》、曰《书》、曰《诗》、曰《礼》、曰《春秋》，旁者曰《穀梁》、曰《孟》《荀》、曰《庄》《老》、曰《国语》、曰《离骚》、曰《史记》。二公所读之书，皆不甚多。

本朝善读古书者，余最好高邮王氏父子，曾为尔屡言之矣。今观怀祖先生《读书杂志》中所考订之书，曰《逸周书》，曰《战国策》，曰《史记》，曰《汉书》，曰《管子》，曰《晏子》，曰《墨子》，曰《荀子》，曰《淮南子》，曰《后汉书》，曰《老》《庄》，曰《吕氏春秋》，曰《韩非子》，曰《扬子》，曰《楚辞》，曰《文选》，

---

① 韩退之：指韩愈。

② 相如、子云：指司马相如和扬雄。此处指他们的文章。

③ 柳子厚：指柳宗元。

凡十六种，又别著《广雅疏证》一种。伯申先生《经义述闻》中所考订之书，曰《易》，曰《书》，曰《诗》，曰《周官》，曰《仪礼》，曰《大戴礼》，曰《礼记》，曰《左传》，曰《国语》，曰《公羊》，曰《榖梁》，曰《尔雅》，凡十二种。王氏父子之博，古今所罕，然亦不满三十种也。

余于“四书”“五经”之外，最好《史记》、《汉书》、《庄子》、韩文四种，好之十余年，惜不能熟读精考。又好《通鉴》《文选》及姚惜抱[①]所选《古文辞类纂》、余所选《十八家诗钞》四种，共不过十余种。早岁笃志为学，恒思将此十余书贯串精通，略作札记，仿顾亭林、王怀祖之法。今年齿衰老，时事日艰，所志不克成就，中夜思之，每用愧悔。泽儿若能成吾之志，将“四书”“五经”及余所好之八种一一熟读而深思之，略作札记，以志所得，以著所疑，则余欢欣快慰，夜得甘寝，此外别无所求矣。至王氏父子所考订之书二十八种，凡家中所无者，尔可开一单来，余当一一购得寄回。

学问之途，自汉至唐，风气略同；自宋至明，风气略同。国朝又自成一种风气，其尤著者，不过顾、阎（百诗）、戴（东原）、江（慎修）、钱（辛楣）、秦（味经）、段（懋堂）、王（怀祖）数人，而风会所扇，群彦云兴。尔有志读书，不必别标“汉学”[②]之名目，

① 姚惜抱：指姚鼐，清代文学家，书信中也称其为姚姬传。

② 汉学：汉代治学讲究考据训诂，清代学者以汉代大儒为榜样，称考据训诂为“汉学”。

而不可不一窥数君子之门径。凡有所见所闻，随时禀知，余随时谕答，较之当面问答，更易长进也。

咸丰九年四月二十一日

译文

写给纪泽：

上次给你各位叔父的信中，我又一次给你写了你问过的各种书籍和字帖的书目。乡下苦于没有书，但是你生在现在这个时代，咱们家的书已经百倍于道光朝中期。买书不能不多，但看书也不能不有所选择。像韩愈这样千年少见的鸿学大儒，他自述信服铭记的书也不过数种，有《易经》《尚书》《诗经》《春秋左氏传》《庄子》《离骚》《史记》，有司马相如和扬雄的文章。柳宗元自述读后有所收获的书，作为正本的有《易经》《尚书》《诗经》《礼记》《春秋》，作为参考的有《春秋穀梁传》《孟子》《荀子》《庄子》《老子》《国语》《离骚》《史记》。两位先生所读的书，都不是很多。

本朝善于研读古书的人，我最喜欢高邮王念孙、王引之父子，曾经多次和你说过。现在看王念孙先生《读书杂志》中所考订的书，有《逸周书》《战国策》《史记》《汉书》《管子》《晏子》《墨子》《荀子》《淮南子》《后汉书》《老子》《庄子》《吕氏春秋》《韩非子》《扬子》《楚辞》《文选》，总共有十六种①，又另外著有《广雅疏证》一书。王引之先生的《经义述闻》中所考订的书有

① 十六种：实有十七种，原文将《老子》《庄子》合计作一种。

《易经》《尚书》《诗经》《周官》《仪礼》《大戴礼记》《礼记》《左传》《国语》《春秋公羊传》《春秋穀梁传》《尔雅》，共十二种。王氏父子博闻强识，古今罕见，然而他们所考订的书，也总共不满三十种。

我在“四书”“五经”这些书之外，最喜欢《史记》、《汉书》、《庄子》、《昌黎先生集》四种，喜欢了十余年，可惜不能熟读并做精细考证。还喜欢《资治通鉴》《昭明文选》以及姚鼐所选的《古文辞类纂》和我自己选编的《十八家诗钞》四种，总共不过十余种。我早年间立志治学，一直想把这十余种书融会贯通，也模仿顾炎武和王念孙的方法略微做了一些札记。现在日渐衰老，加之时事艰难，志向不能实现，半夜想起来，每每都因此惭愧懊悔。泽儿如果能够实现我的志向，将“四书”“五经”和我所喜好的八种书一一熟读并深思，简略做些读书札记，记录自己所得和所遇疑义，那我会高兴欣慰，每夜都能睡个好觉，此外别无所求。至于王氏父子所考订的二十八种书，但凡家中没有的，你可以开列书单来，我会一一购买寄回。

治学的方式方法，自汉朝到唐朝，风气差不多；从宋朝到明朝，风气差不多。本朝自成风气，其中非常有名的，不过是顾炎武、阎若璩、戴震、江永、钱大昕、秦蕙田、段玉裁、王念孙数人，治学之风盛行，名家辈出。你有志读书，虽然不必特别标榜“汉学”之名，但不能不对以上几位鸿儒的治学方式有所研究。大凡有所见所闻，随时写信告诉我，我随时回信答复你，相比当面问答，更容易有所长进。

咸丰九年四月二十一日

简评

所谓开卷有益，所以书不可不读，不可不多读——这是人所共知的道理。所谓读书贵专，所以书不可滥读，不得不深读——这却是很多人容易忽略的道理。曾国藩以鸿学大儒举例，教导孩子在博览群书之外，根据兴趣和专长有所选择。日后两个儿子一专多能，与这样的读书方法不无关系。

13.

作文讲求词藻，摘抄乃提升捷径

原文

字谕纪泽：

尔作时文，宜先讲词藻。欲求词藻富丽，不可不分类钞撮①体面话头②。近世文人，如袁简斋、赵瓯北③、吴榖人，皆有手钞词藻小本，此众人所共知者。阮文达公④为学政时，搜出生童⑤夹带，必自加细阅。如系亲手所钞，略有条理者，即予进学⑥；如系请人所钞，概录陈文者，照例罪斥。阮公一代闳儒，则知文人不可无手钞夹带小本矣。昌黎之记事提要、纂言钩玄⑦，亦系分类手钞小册也。尔去年乡试之文，太无词藻，几不能敷衍成篇。此时下手功

---

① 钞撮：摘抄。

② 体面话头：指前人写就的现成的漂亮语句。类似少儿学写作文时参考的所谓名人名言。

③ 袁简斋、赵瓯北：分别指袁枚、赵翼，均为清代学者。

④ 阮文达公：指阮元，清代学者。

⑤ 生童：指生员和童生。

⑥ 进学：明清时期，考生为了获得参加正式科举考试的资格要参加院试。院试的参加者不论年龄大小，都称为童生。合格者录取入州学、府学、县学学习，称为生员，俗称秀才。升学的过程称为进学。

⑦ 记事提要、纂言钩玄：语出《进学解》中“记事者必提其要，纂言者必钩其玄”一句，意为简要精辟地指出主要内容含义。

夫，以分类手钞词藻为第一义。

尔此次复信，即将所分之类开列目录，附禀寄来。分大纲子目，如伦纪[①]类为大纲，则君臣、父子、兄弟为子目；王道[②]类为大纲，则井田、学校为子目。此外各门，可以类推。尔曾看过《说文》《经义述闻》，二书中可钞者多。此外，如江慎修之《类腋》及《子史精华》《渊鉴类函》，则可钞者尤多矣。尔试为之。此科名之要道，亦即学问之捷径也。此谕。

咸丰九年五月初四日

译文

写给纪泽：

你写作八股文，应当先讲求词藻。要想词藻富丽，不能不分类摘抄现成的漂亮语句。近世的文人，比如袁枚、赵翼、吴锡麒，都有亲手抄写词藻的小本，这是众人都知道的事。阮元在做学政的时候，搜出学生夹带的小抄，一定会亲自仔细阅读。如果是学生亲手抄写，且略有条理的，就准许升学；如果是请人代抄、一概抄录过去旧文的，就按照法条治罪。阮元是一代鸿学大儒，从他这样的处理方法我们就知道文人是不能没有手抄小本的。韩愈所说的“记事提要、纂言钩玄”，也是在说分类手抄小本。你去年乡试写的文章，词藻缺乏，几乎不能铺陈成文。现在要做的，应该以分类抄写词藻为第一要务。

---

① 伦纪：指伦常纲纪。

② 王道：指以仁政治理天下。

你这次复信，将你分类摘抄小本的类别开列目录，随信寄来。划分大纲和子目录，比如以“伦纪”类为大纲，那么“君臣”“父子”“兄弟”分别作子目录；以“王道”类为大纲，那么“井田”“学校”为子目录。此外各个门类，都可以以此类推。你曾经看过《说文》《经义述闻》，这两本书可以摘抄的地方很多。此外，江永的《类腋》《子史精华》《渊鉴类函》几本书中可以摘抄的地方也极多。你可以试试看。这是获得科举功名的重要方法，也是治学研经的捷径。就说这些。

咸丰九年五月初四日

简评

俗话说，“手抄一遍，胜读十遍”。每一个爱好写作的人都有这样深切的体会：要练就说得过去的笔下功夫，多看、多抄、多想、多写都是必由之路。尤其是抄书，或许是最苦最累的一种方式，却也是提升最明显的一种。父母不妨督促孩子试试，结果一定不会让你失望。

14.

养得胸怀博大，方有更大长进

原文

字谕纪泽儿:

初四夜接尔二十六号禀。所刻《心经》微有《西安圣教》笔意。总要养得胸次博大活泼，此后当更有长进也。

尔去年看《诗经注疏》已毕否？若未毕，自当补看，不可无恒耳。讲《通鉴》，即以我过笔者讲之。亦可将来另购一部，尔照我之样过笔一次可也。

……新写“闳深肃穆”四匾字，拓一分付回。余不多及。

咸丰九年五月初四日

译文

写给我儿纪泽:

初四夜收到你的二十六号信。其中所刻《心经》微微有些《西安圣教》帖的笔意。人总要涵养得胸怀博大活泼，以后才会有更大的长进。

你去年已经看完《诗经注疏》了吗？如果还没完成，自然应当补看完，做事不可没有恒心。讲读《资治通鉴》，就用我圈点过的那一部即可。将来另外购买一部，照着我的样子点读一遍也可以。

……新写的“闳深肃穆”四个匾额大字，拓印一份寄回。别的不多说了。

咸丰九年五月初四日

简评

树人与成才不可偏废，培养孩子宽广的心胸，或许比帮助他们学业长进更加紧要。“心旷，则万钟如瓦缶；心隘，则一发似车轮。”要教育孩子对人生的跌宕起伏泰然处之，引导他们乐观豁达地直面酸甜苦辣。如果拥有阳光的心胸，纵使平凡，也一定会有充满阳光的一生。

15.

今古《尚书》之辨，记性悟性之别

原文

字谕纪泽儿：

接尔二十九、三十号两禀，得悉《书经注疏》① 看“商书”已毕。《书经注疏》颇庸陋，不如《诗经》之该博。我朝儒者，如阎百诗、姚姬传诸公，皆辨别《古文尚书》之伪。孔安国之传，亦伪作也。盖秦燔书后，汉代伏生② 所传，欧阳及大小夏侯③ 所习，皆仅二十八篇，所谓《今文尚书》者也。厥后孔安国④ 家有《古文尚书》，多十余篇，遭巫蛊之事，未得立于学官，不传于世。厥后张霸有《尚书百两篇》，亦不传于世。后汉贾逵、马、郑⑤ 作《古文尚

---

①《书经注疏》：又名《尚书正义》，该书由《今文尚书》、梅赜献出的《古文尚书》及孔安国传组成，唐朝孔颖达做注，后成为官学读本，对后世影响很大。但是梅赜献出的《古文尚书》及孔安国传被后世学者质疑，多认定梅赜献出的《古文尚书》并非汉代孔安国献给汉武帝的《古文尚书》，所谓孔安国的传记也是伪作。

② 伏生：曾任秦朝博士，始皇帝焚书，伏生藏书于墙壁。西汉时，献所藏《尚书》，即《今文尚书》。

③ 欢阳及大小夏侯：指欧阳和伯、夏侯胜和夏侯建，均为西汉学者。

④ 孔安国：孔子十世孙。西汉武帝末年，孔子旧宅墙壁中发现了用秦汉前古文字书写的《尚书》，即《古文尚书》。孔安国为之作传并献给汉武帝。

⑤ 马、郑：分别指马融、郑玄，与贾逵均为东汉经学家。

书》注解，亦不传于世。至东晋梅赜[1]始献《古文尚书》并孔安国传，自六朝唐宋以来承之，即今通行之本也。自吴才老及朱子[2]、梅鼎祚、归震川[3]，皆疑其为伪。至阎百诗遂专著一书以痛辨之，名曰《疏证》。自是辨之者数十家，人人皆称伪古文、伪孔氏也。《日知录》中略著其原委。王西庄、孙渊如、江艮庭[4]三家皆详言之（《皇清经解》中皆有，江书不足观）。此亦"六经"中一大案，不可不知也。

尔读书记性平常，此不足虑。所虑者第一怕无恒；第二怕随笔点过一遍，并未看得明白。此却是大病。若实看明白了，久之必得些滋味。寸心若有怡悦之境，则自略记得矣。尔不必求记，却宜求个明白。

邓先生讲书，仍请讲《周易折中》。余圈过之《通鉴》，暂不必讲，恐污坏耳。尔每日起得早否？并问。此谕。

咸丰九年六月十四日

---

① 梅赜：东晋豫章内史，将所谓《古文尚书》献出，后人多认为是伪书。

② 吴才老及朱子：指吴棫和朱熹，均为南宋学者。

③ 归震川：指归有光，与梅鼎祚均为明代学者。

④ 王西庄、孙渊如、江艮庭：分别指王鸣盛、孙星衍和江声，均为清代学者。

译文

写给我儿纪泽：

接到你二十九、三十号两封信，知道你已经将《尚书正义》的“商书”部分看完了。《尚书正义》这本书比较平庸粗陋，不如《诗经》广博完备。本朝的大儒，如阎若璩、姚鼐等先生，都辨别现今流传的《古文尚书》是伪书。孔安国的传记，也是伪作。秦朝焚书之后，汉代伏生所留传、欧阳和大小夏侯所讲习的《尚书》都是仅二十八篇，这就是所谓《今文尚书》。其后孔安国家发现了《古文尚书》，多十余篇，因为赶上汉武帝时期巫蛊之祸，该书没有进入学校，真正的《古文尚书》也就没有流传下来。此后又有张霸的《尚书百两篇》，也没有流传下来。东汉贾逵、马融、郑玄为《古文尚书》作过注解，也没有流传下来。到了东晋，梅赜才开始献上现今流传的《古文尚书》和孔安国传，它们自六朝唐宋以来流传下来，就是今天通行的版本。从吴棫和朱熹、梅鼎祚、归有光以来，都怀疑它是伪作。到了阎若璩，专门写了一本书来做彻底的辨析，名字叫《尚书古文疏证》。从那以后辨析此书的有数十人，人人都说现今流传的《古文尚书》、孔安国的传记是伪书。《日知录》里面简要记述了这件事的原委。王鸣盛、孙星衍和江声三位大家都详细说了这件事（《皇清经解》中里有江声的书，但不值得一看）。这是“六经”的一大公案，不能不知。

你读书记性平常，这没什么可担忧的。该担忧的事，一是怕没有恒心；二是怕随笔点过，却没看得明白透彻。这才是大毛病。如果确实已经看明白了，久而久之就一定会有些感触。内心如果能有愉悦之情，就一定能多少记得一些。你不必强求全部记住，却一定要看得明白。

邓先生讲书，仍请他讲《周易折中》。我圈批过的《资治通鉴》，暂时先不必讲，害怕把书污损了。顺便问一句，你每天起得早不早？就说这些。

咸丰九年六月十四日

简评

不必担心孩子读书资质平平，芸芸众生大多是中等天资。要担心的是没有恒心，若有恒心则铁杵也可磨成针；要担心的是不求甚解，若肯切磋琢磨则一定可得真知灼见；要担心的是把读书当成负担，若能乐在其中则可以“马不扬鞭自奋蹄”。父母注意培养孩子有恒、钻研、踏实的学风，一定会让孩子受益终身。

16. 学书须窥欧、虞、颜、柳四人门径

原文

字谕纪泽儿:

尔前寄所临《书谱》一卷，余比送徐柳臣先生处，请其批评。初七日接渠回信，兹寄尔一阅。十三日晤柳臣先生，渠盛称尔草字可以入古，又送尔扇一柄，兹寄回。刘世兄①送《西安圣教》，兹与手卷并寄回，查收。

尔前用油纸摹字，若常常为之，间架必大进。欧、虞、颜、柳②四大家是诗家之李、杜、韩、苏③，天地之日、星、江、河也。尔有志学书，须窥寻四人门径。至嘱至嘱!

咸丰九年七月十四日

---

① 刘世兄：无考，似为曾同僚公子。

② 欧、虞、颜、柳：指欧阳询、虞世南、颜真卿、柳公权。

③ 李、杜、韩、苏：指李白、杜甫、韩愈、苏轼。

译文

写给我儿纪泽：

你之前寄来的《书谱》临摹作品一卷，我最近送到徐思庄先生那里，请他批评指正。初七日收到他的回信，现在寄给你一阅。我十三日见了徐思庄先生，他盛赞你的草书已经到达古人之境，还送给你一柄扇子，现在寄给你。我将刘世兄送的《西安圣教》帖与手卷一起寄回，记得查收。

你之前用油纸摹写字帖，如果经常这样做，字的间架结构一定会大有长进。欧阳询、虞世南、颜真卿、柳公权四大家，好比是诗人中的李白、杜甫、韩愈、苏轼，天地之间的日、星、江、河。你有志学习书法，必须观察探求四人作品的门道。切记切记！

咸丰九年七月十四日

简评

曾国藩终身练习书法，看到曾纪泽后浪推前浪，书法技艺取得快速长进，其欣喜之情可想而知。曾纪泽的进步，离不开曾国藩的悉心指导，也离不开他为孩子寻找名师这些辅助工作。发现了孩子的兴趣和长处，倾尽全力为孩子进阶创造条件，即使只是陪伴，也能让孩子感受到父母的殷殷期盼，给他们增添学习的动力。

17.

治学最须刨根问底，写字还要深思悟道

原文

字谕纪泽儿：

接尔七月十三、二十七日两禀，并赋一篇，尚有气势，兹批出发还。

凡作文，末数句要吉祥；凡作字，墨色要光润。此先大夫竹亭公常以教余与诸叔父者。尔谨记之，无忘祖训。

尔问各条，分列示知：

尔问《五箴》末句"敢告马走"。凡箴以《虞箴》为最古（《左传·襄公》），其末曰"兽臣司原，敢告仆夫"。意以兽臣有司郊原之责，吾不敢直告之，但告其仆耳。扬子云仿之作《州箴》，冀州曰"牧臣司冀，敢告在阶"，扬州曰"牧臣司扬，敢告执筹"，荆州曰"牧臣司荆，敢告执御"，青州曰"牧臣司青，敢告执矩"，徐州曰"牧臣司徐，敢告仆夫"[①]。余之"敢告马走"，即此类也。"走"犹仆也（见司马迁《任安书》注、班固[②]《宾戏》注）。朱子作《敬

① 在阶、执筹、执御、执矩、仆夫：均可理解为仆人、随从。

② 班固：东汉文学家、史学家，书信中也称其为孟坚。

箴》，曰“敢告灵台”，则非仆御之类，于古人微有歧误矣。凡箴以官箴[1]为本，如韩公《五箴》、程子《四箴》、朱子各箴、范浚《心箴》之属，皆失本义。余亦相沿失之。

尔问看注疏之法，“《书经》文义奥衍[2]，注疏勉强牵合”，二语甚有所见。《左疏》浅近，亦颇不免。国朝如王西庄（鸣盛）、孙渊如（星衍）、江艮庭（声）皆注《尚书》，顾亭林（炎武）、惠定宇（栋）[3]、王伯申（引之）皆注《左传》，皆刻《皇清经解》中。《书经》则孙注较胜，王、江不甚足取。《左传》则顾、惠、王三家俱精。王亦有《书经述闻》，尔曾看过一次矣。大抵《十三经注疏》以“三礼”[4]为最善，《诗疏》次之。此外皆有醇有驳。尔既已看动数经，即须立志全看一过，以期做事有恒，不可半途而废。

尔问作字换笔之法，凡转折之处，如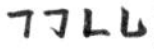之类，必须换笔，不待言矣。至并无转折形迹，亦须换笔者，如以一横言之，须有三换笔（初入手，所谓直来横受也；右向上行，所谓勒也；中折而下行，所谓波也；末向上挑，所谓磔也）。以一直言之，须有两换笔（首横入，所谓横来直受也；上向左行，至中腹换而右行，所谓努也）。捺与横相似，特末笔磔处更显耳（直入一波一磔）。撇与直相似，特末笔更撤向外耳（横入一停一掠）。凡换笔，皆以小圈识之，可以类推。凡用笔，须略带欹斜之势，如本斜向左，一换笔则向右矣；本斜向右，一换则向左矣。举一反三，尔自悟取可也。

---

① 官箴：指官员对帝王进行劝诫的文章。

② 奥衍：形容博大精深。

③ 惠定宇（栋）：指惠栋，清代学者。

④ 三礼：指儒家典籍《周礼》《礼记》《仪礼》。

李春醴[1]处，余拟送之八十金。若家中未先送，可寄信来。凡家中亲友有庆吊事，皆可寄信由营致情也。

咸丰九年八月十二日

黄州

译文

写给我儿纪泽：

接到你七月十三日、二十七日两封信，还有一篇赋，写得还算有气势，现在批改后发还给你。

大凡作文，最后总要说几句吉祥话；大凡写字，墨色要光亮润泽。这是先父竹亭公常用来教育我和你诸位叔叔的话。你要认真记住，不要忘记祖训。

你问我的各条，分别罗列在这里答复你。

你问《五箴》末句"敢告马走"之意。所有的箴中，《虞箴》最古老（《左传·襄公》所载），它末尾一句写道"兽臣司原，敢告仆夫"。意思是专司狩猎的官员有管理郊原的责任，我不敢直接告诉他，只能告诉他的仆人。扬雄仿《虞箴》作了《十二州箴》，说到冀州时说"牧臣司冀，敢告在阶"，说到扬州时说"牧臣司扬，敢告执筹"，说到荆州时说"牧臣司荆，敢告执御"，说到青州时说"牧臣司青，敢告执矩"，说到徐州时说"牧臣司徐，敢告仆夫"。我所写的"敢告马走"，就是差不多的意思。"走"是仆人之意（见司马迁《报任安书》注、班固《答宾戏》注）。

① 李春醴：时任湖南衡永郴桂道道台。咸丰九年逝于任上。

朱熹作的《敬斋箴》，说“敢告灵台”，那就不是说仆人之类的了，这种写法与古人原意相比，就稍微有点歧义错误了。箴这种文体以官员劝诫帝王的官箴为本色。但像韩愈的《五箴》、程子的《四箴》、朱熹所作各箴、范浚《心箴》之类，都已经失去了官箴的本义。我也沿袭这个传统，舍去了箴的本义。

你问到看注疏的方法，你说的“《尚书》文义博大精深，注疏牵强附会”这两句很有见地。《左传注疏》比较浅近，也不免有这样的问题。本朝大儒王鸣盛、孙星衍、江声都为《尚书》作了注，顾炎武、惠栋、王引之都为《左传》作了注，都刻印在《皇清经解》中。《尚书》的注疏中，孙星衍所作的略胜一筹，王鸣盛、江声所作的不太足取。《左传》的注疏中，顾炎武、惠栋、王引之所作的都很精辟。王引之还有《书经述闻》一书，你曾经看过一次的。大抵《十三经注疏》中，以“三礼”的注疏写得最好，《诗经注疏》次之。此外的注疏有的精深有的驳杂。你既然已经看了其中几种经的注疏，那就应当立志全看一遍，争取做到做事有恒心，不能半途而废。

你问写字的换笔方法，只要是转折的地方，如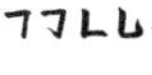之类，必须换笔，这个不用说。至于那些并没有明显转折行迹的地方，也有必须换笔的，比如以横这个笔画来说，须有三次换笔（——刚下笔，就是所谓“直来横受”；笔锋朝右向上运笔，就是所谓“勒”；中笔弯折而转向下运笔，这就是所谓“波”；末笔向上挑，这就是所谓“磔”）。以直这个笔画来说，须有两次换笔（先横着运笔，就是所谓“横来直受”；笔锋朝上向左行，到中腹位置换到右行，就是所谓“努”）。捺与横相似，只是最末一笔“磔”的地方更明显而已（直入—波—磔）。撇与直相似，只是最末一笔更向外撤而已（横入—停—掠）。凡是要换笔的地方，

我都用小圈标识出来了，可以以此类推。凡是用笔，必须略带倾斜的姿态，例如本来该斜向左，一换笔就向右了。本来斜向右，一换笔就向左了。举一反三，你自己理解领会就可以了。

李春醴的丧仪，我打算送八十两银子。如果家里还没有送，可以寄信来告诉我。以后家中亲友有红白喜事，都可以寄信到军中，由我这边送礼致意。

咸丰九年八月十二日

写于黄州

简评

曾国藩向来注意保护孩子求真好问的天性。他鼓励孩子不要迷信权威，也不要拘泥成例，要敢于质疑、敢于发问、敢于独辟蹊径。父母不要害怕孩子发问，不要厌烦孩子发问，也不要担心自己无法作答。家长尽力帮助孩子解答问题的过程，也是帮助孩子认识世界的过程。帮助孩子学习寻找答案的方法，有时候比直接提供答案更重要。

18.

父母老境侵寻，颇思儿女婚事

原文

字谕纪泽：

二十一日得家书，知尔至长沙一次，何不寄安禀来营？

婚期[1]改九月十六，余甚喜慰。余老境侵寻，颇思将儿女婚嫁早早料理。袁漱六[2]亲家患咯血疾，昨专人走松江看视，若得复元，吾即思明春办大女儿嫁事。袁铁庵[3]来我家时，尔禀问母亲，可以吾意商之。

京中书到时，有胡刻《通鉴》一部，留家中讲解，即将吾圈过一部寄来营可也。又汲古阁[4]初印《五代史》一部，亦寄来。皮衣等件，速速寄来。吾买帖数十部，下次寄尔。此谕。

咸丰九年九月二十四日

---

① 婚期：曾纪泽原配贺长龄之女贺氏于咸丰七年难产而死，此次曾纪泽续娶刘蓉之女。

② 袁漱六：指袁芳瑛。曾国藩长女嫁袁芳瑛之子。

③ 袁铁庵：指袁芳瑛之弟袁万瑛。

④ 汲古阁：指明末清初藏书家毛晋的藏书处。毛晋校刻了不少古籍，后世把这些书籍称为汲古阁本。

译文

写给纪泽：

二十一日收到家书，知道你去了一趟长沙，为什么不寄一封报安信到大营里来啊？

婚期改为九月十六日，我很欣喜安慰。我现在渐入老境了，很希望把儿女的婚嫁事早早料理完。袁芳瑛亲家得了咳血的疾病，我昨天专门差人去松江看望，如果他身体能够复原，我想明年春天就办大女儿的婚事。袁万瑛到咱们家去的时候，你禀告你母亲，可将我的意思和他商量。

京城所寄的书籍送到时，你会看到有一部胡刻《资治通鉴》，把它留在家中作讲解用，将我圈批过的那部《资治通鉴》寄到大营中来。还有，你将汲古阁初印本《五代史》也一起寄来。皮衣等物件，速速寄过来。我买了数十部字帖，下次寄给你。就写这些。

咸丰九年九月二十四日

简评

世人都说人情练达即文章。所谓练达，无非是能设身处地换位思考而已。准亲家身患重病，最放心不下儿女婚事。曾国藩自然懂得为人父母的心思。他嘱咐刚刚续弦的曾纪泽赶紧去筹划妹妹的出嫁事宜。这种细致安排，了却了亲家心愿，收服了家族人心，也为孩子为人处世树立了榜样。

19.

早起、有恒、持重，立身三大要务

原文

字谕纪泽儿：

接尔十九、二十九日两禀，知喜事完毕，新妇能得尔母之欢，是即家庭之福。

我朝列圣相承，总是寅正[①]即起，至今二百年不改。我家高曾祖考相传早起，吾得见竟希公、星冈公[②]皆未明即起，冬寒起坐约一个时辰，始见天亮。吾父竹亭公亦甫黎明即起，有事则不待黎明，每夜必起看一二次不等，此尔所及见者也。余近亦黎明即起，思有以绍先人之家风。尔既冠授室，当以早起为第一先务，自力行之，亦率新妇力行之。

余生平坐无恒之弊，万事无成。德无成，业无成，已可深耻矣。逮办理军事，自矢靡他[③]。中间本志变化，尤无恒之大者，用为内耻。尔欲稍有成就，须从“有恒”二字下手。

余尝细观星冈公仪表绝人[④]，全在一重字。余行路容止亦颇重

① 寅正：寅时指清晨三点至五点。寅正指凌晨四点。

② 竟希公、星冈公：指曾国藩曾祖父曾衍胜、祖父曾玉屏。

③ 自矢靡他：指初心不改。矢，发誓。靡，没有。

④ 绝人：过人。此处用作名词，过人之处。

厚，盖取法于星冈公。尔之容止甚轻[1]，是一大弊病，以后宜时时留心。无论行坐，均须重厚。早起也，有恒也，重也，三者皆尔最要之务。早起是先人之家法，无恒是吾身之大耻，不重是尔身之短处，故特谆谆戒之。

吾前一信答尔所问者三条，一字中换笔，一“敢告马走”，一注疏得失，言之颇详，尔来禀何以并未提及？以后凡接我教尔之言，宜条条禀复，不可疏略。此外教尔之事，则详于寄寅皆先生“看读写作”一缄中矣。此谕。

咸丰九年十月十四日

译文

写给我儿纪泽：

接到你十九日、二十九日两封信，知道喜事已经办完，新媳妇能够得到你母亲的欢心，这是家庭的福气。

本朝各位圣君沿袭至今，总是寅正时刻就起床，至今二百年没有改变。我的高祖、曾祖、祖父和父亲将早起的习惯代代相传，我亲眼所见竟希公、星冈公都是天未亮就起床了，寒冬里起来坐一个时辰天才亮。我父亲竹亭公也是刚刚黎明就起来了，有事的时候不等黎明就起，每天夜里一定起来看一两次时辰，这是你亲眼所见的。我最近也是刚黎明就起床，希望可以继承先人的优良家风。你既然已经行冠礼结婚成家，也应当以早起为首先要做的事。自己努力践行，然后带新媳妇尽力去做。

---

① 轻：指不够稳重

我这一生因为没有恒心的缺点，万事无成。立德无成，立业无成，已经深感耻辱了。等到开始办理军务，才立誓志向不再改变。但是人生中途将读书治学的初心变了，这是最没有恒心的事了，内心深以为耻。你想要稍微有点成就，就必须从“有恒”这两个字入手。

我曾经细细观察星冈公仪表超过常人之处，全在一个“重”字。我走路仪容举止比较持重，都是向星冈公学的。你的仪容举止很轻浮，这是一大弊病，以后应该时时留心。无论是行是坐，都应该持重。早起、有恒、持重，三者都是你最要紧的事情。早起是先人的家法，没有恒心是我生平耻辱，行为不够持重是你身上的缺点，所以专门谆谆告诫你。

我前一封信回答了你所问的三件事，一是写字时换笔的问题，一是“敢告马走”的用法意义，一是各种典籍各个版本注疏的优劣，说得很详细，你来信为什么没有提及我说的这些？以后凡是接到我教导你的话，应当一条一条地回复我，不可以疏忽省略。其他要教育你的事情，已经详细写在给邓汪琼先生的“看读写作”一信中。就说这些。

咸丰九年十月十四日

简评

“有恒”不单单是指做事“有恒心”，更重要的是要一生“有恒志”。纵使投笔从戎之后封侯拜相，曾国藩仍然将初心变化当成人生之耻。他始终鼓励孩子早立志、立长志，但却并不过于干涉他们选定的志向，只是激励他们在选择的人生之路上一往无前、砥砺前行。即使是150多年后的今天，这样的教育理念依然值得父母学习借鉴。

20.

治家八事缺一不可，训诂声调不可偏废

原文

字谕纪泽：

初一日接尔十六日禀，澄叔已移寓新居，则黄金堂老宅，尔为一家之主矣。昔吾祖星冈公最讲求治家之法，第一起早，第二打扫洁净，第三诚修祭祀，第四善待亲族邻里。凡亲族邻里来家，无不恭敬款接，有急必周济之，有讼必排解之，有喜必庆贺之，有疾必问，有丧必吊。此四事之外，于读书、种菜等事尤为刻刻留心。故余近写家信，常常提及书、蔬、鱼、猪四端者，盖祖父相传之家法也。尔现读书无暇，此八事纵不能一一亲自经理，而不可不识得此意。请朱运四①先生细心经理，八者缺一不可。其诚修祭祀一端，则必须尔母随时留心。凡器皿第一等好者留作祭祀之用，饮食第一等好者亦备祭祀之需。凡人家不讲究祭祀，纵然兴旺，亦不久长。至要至要。

尔所论看《文选》之法，不为无见。吾观汉魏文人，有二端最不可及：一曰训诂精确，二曰声调铿锵。《说文》训诂之学，自中唐以后人多不讲，宋以后说经尤不明故训，及至我朝巨儒始通

---

① 朱运四：指朱金权，曾家老宅的管家。

小学。段懋堂、王怀祖两家，遂精研乎古人文字声音之本，乃知《文选》中古赋所用之字，无不典雅精当。尔若能熟读段、王两家之书，则知眼前常见之字，凡唐宋文人误用者，惟“六经”不误，《文选》中汉赋亦不误也。即以尔禀中所论《三都赋》言之，如“蔚若相如，皭若君平[①]”，以一“蔚”字该括相如之文章，以一“皭”字该括君平之道德，此虽不尽关乎训诂，亦足见其下字之不苟矣。至声调之铿锵，如“开高轩以临山，列绮窗而瞰江”“碧出苌宏之血，鸟生杜宇之魄”“洗兵海岛，刷马江洲”“数军实乎桂林之苑，飨戎旅乎落星之楼”等句，音响节奏，皆后世所不能及。尔看《文选》，能从此二者用心，则渐有入理处矣。

作梅[②]先生想已到家，尔宜恭敬款接。沅叔既已来营，则无人陪往益阳，闻胡宅专人至吾乡迎接，即请作梅独去可也。尔舅父牧云先生身体不甚耐劳，即请其无庸来营。吾此次无信，尔先致吾意，下次再行寄信。此嘱。

咸丰十年闰三月初四日

译文

写给纪泽：

初一日接到你十六日的信，得知你澄叔已经移居新房，那黄金堂的老宅，你就是一家之主了。过去我祖父星冈公最讲究治家的方法，第一是早起，第二是打扫洁净，第三是虔诚做好祭

① 蔚若相如，皭若君平：像司马相如一样文采华丽，像严遵一样品德高洁。君平：指严遵，西汉学者，志行高洁。

② 作梅：指陈鼒，曾国藩幕僚。此次他先到曾家，再去胡林翼家。

祀，第四是善待亲戚邻里。凡是亲戚邻里到家中来，无不恭敬款待，有急需一定周济帮助，有纷争一定为他们排解，有喜事一定庆贺，有疾病一定关心慰问，有丧事一定前往吊唁。这四件事之外，对读书、种菜等事尤其要时刻留心，所以我最近写家信，常常提及书、蔬、鱼、猪这四个方面，这都是祖父传下来的家法。你现在读书没有闲暇，以上这八件事，就算不能一一亲自经营打理，也不能不了解这个意思。请朱金权先生悉心经营，八件事缺一不可。虔诚做好祭祀这件事，则必须由你母亲随时留心。最好的器皿留作祭祀之用，最好的饮食留备祭祀之需。凡是不讲究祭祀的人家，就算是兴旺，也不会长久。这一点非常重要。

你所谈论的看《文选》的方法，不是没有见地。我看汉魏的文人，有两个方面最不可企及：一是训诂精确，二是声调铿锵。《说文解字》的训诂学问，中唐以来人们大多不讲了，宋代以后说经的尤其不明白传统的训释，直到本朝的鸿学巨儒才开始通晓文字、训诂、音韵之学。段玉裁、王念孙两家精研古人文字、音调的本源，才知道《文选》中古赋所用的字，无不典雅精准。你如果能熟读段玉裁、王念孙两家的书，就会知道眼前常见的字，凡是唐宋文人误用的，“六经”不会错，《文选》中的汉赋更不会错。就以你信中谈论的《三都赋》来说，如“蔚若相如，皭若君平”这一句，以一个“蔚”字来概括司马相如的文章，以一个“皭”字来概括严遵的道德，这虽然不完全和训诂有关，但是也能看出他用字一丝不苟。至于声调铿锵，如“开高轩以临山，列绮窗而瞰江”“碧出苌宏之血，鸟生杜宇之魄”“洗兵海岛，刷马江洲”“数军实乎桂林之苑，飨戎旅乎落星之楼”等句子，声调和节奏，都是后世不能达到的高度。你看《文选》的时候，如果能从这个两个方面用心，就会渐渐领悟到其中的精妙之处。

陈鼐先生想必已经到家，你应当恭敬款待。沅叔已经到军营来了，那就没人陪陈鼐先生去益阳了，听说胡宅派专人到咱们那里迎接，那就请先生自己去就可以了。你舅舅牧云先生身体不怎么耐劳，就请他不要到军营来了。我这次没有给他写信，你先表达一下我的意思，下次我再另行寄信说明。就这样。

咸丰十年闰三月初四日

简评

“早、扫、考、宝、书、蔬、鱼、猪”是曾国藩总结的“治家八事”，其中也隐含着一位传统读书人对理想生活的美好期望。这八点，他一生忠实践行，而且当作治家格言和孩子反复强调。当代的父母也可以试着将积累的家规家训提炼出来父行子效，代代相守，作为家族的精神传家宝。

21.

举止留心一“重”字，行文留心一“圆”字

原文

字谕纪泽儿：

二十七日刘得四[1]到，接尔禀。所谓论《文选》俱有所得，问小学亦有条理，甚以为慰。沅叔于二十七到宿松，初三日由宿至集贤关，将尔禀带去矣。余不能悉记，但记尔问“穜”“種”[2]二字。此字段懋堂辨论甚晰。“穜”为艺也（犹吾乡言栽也、点也、插也）。“種”为后熟之禾，《诗》之“黍稷重穋”（《七月》《闷宫》），《说文》作“種稑”。“種”，正字也。“重”，假借字也。“穋”与“稑”，异同字也。隶书以“穜”“種”二字互易，今人于“耕穜”，概用“種”字矣。

吾于训诂、词章二端颇尝尽心。尔看书若能通训诂，则于古人之故训大义、引伸假借渐渐开悟，而后人承讹袭误之习可改。若能通词章，则于古人之文格文气、开合转折渐渐开悟，而后人硬腔滑调之习可改。是余之所厚望也。嗣后尔每月作三课，一赋、一古文、一时文，皆交长夫带至营中，每月恰有三次长夫接家信也。

---

① 刘得四：似为送信长夫。

② “穜”“種”：此二字皆简化为“种”。为便于读者理解，此处保留繁体字。二字区别见信件原文。

吾于尔有不放心者二事：一则举止不甚重厚，二则文气不甚圆适。以后举止留心一“重”字，行文留心一“圆”字。至嘱。

四月题:《赤壁破曹军赋》(以“周瑜纵火烧曹兵于赤壁下”为韵)、《后汉党锢论》、《以善养人然后能服天下》。

咸丰十年四月初四日

译文

写给我儿纪泽：

二十七日刘得四到大营，我接到你的信。你信里谈论《文选》的话很有见地，文字、训诂、音韵等方面的提问也很有条理，我对此很欣慰。

你沅叔二十七日到宿松，初三日从宿松出发去集贤关，将你写的信带走了。你信里的内容我不能全部记起，只记得你问了“穜”“種”二字的区别。这两个字，段玉裁先生辨析得很清楚。“穜”是一门技艺(好像咱们家乡说栽、点、插的意思)。“種”是晚熟的谷物。《诗经》中的“黍稷重穋”(《七月》《闷宫》),《说文解字》写作“穜稑”。“穜”，是本字。“重”是“穜”的假借字。“穋”与“稑”则是一字异体。隶书中“穜”“種”二字调换。现在的人写“耕穜”，一概用“種”字了。

我对于训诂、词章这两个方面曾经很用心。你看书时如果能够了解文字的训诂知识，就能渐渐对古人训释的大义、引申假借的用法有所领悟，后人身上常有的以讹传讹的错误习气就能逐渐改变。如果能够通晓词章，就能慢慢对古人文章的气韵风格以及作文时起承转合的方法有所领会，后人写文章时语气生硬、音调不正的习气就可以有所改变。这是我对你的厚望。以后你每月做三门功课，写一篇赋、一篇古文、一篇八股文，写好了都交长夫带到军营中给我。每月正好有三次长夫送家信来的机会。

我对你有两件事不放心，一是举止不太稳重，二是行文不太圆融。以后举止要留心一个“重”字，行文要留心一个“圆”字。一定牢记。

四月作文题:《赤壁破曹军赋》(以“周瑜纵火烧曹兵于赤壁下”作为韵脚)、《后汉党锢论》、《以善养人然后能服天下》。

咸丰十年四月初四日

简评

曾国藩非常关注孩子的言行举止，反复嘱咐督促曾纪泽避“轻”就“重”。也正是有了父亲持之以恒的督促，成年后的曾纪泽，不但“轻”之弊病一扫而光，而且沉着稳重、百折不挠，先后出任驻英、法等国使节，孤身赴俄争回神圣国土，在中国近代外交史上写下靓丽一笔。孩子的缺点父母最清楚，父母常常提醒，孩子在潜移默化之中就会有所改变。

22. 作文写字力求珠圆玉润，为人处世但求心无愧悔

原文

字谕纪泽儿：

十六日接尔初二日禀并赋二篇，近日大有长进，慰甚。

无论古今何等文人，其下笔造句，总以“珠圆玉润”四字为主。无论古今何等书家，其落笔结体，亦以“珠圆玉润”四字为主。故吾前示尔书，专以一“重”字救尔之短，一“圆”字望尔之成也。世人论文家之语圆而藻丽者，莫如徐（陵）、庾（信）[①]，而不知江（淹）、鲍（照）则更圆，进之沈（约）、任（昉）[②]则亦圆，进之潘（岳）、陆（机）[③]则亦圆，又进而溯之东汉之班（固）、张（衡）、崔（骃）、蔡（邕）[④]则亦圆，又进而溯之西汉之贾（谊）、

① 徐（陵）、庾（信）：分别指徐陵、庾信，均为南朝文学家。
② 沈（约）、任（昉）：分别指沈约、任昉，均为南朝文学家。
③ 潘（岳）、陆（机）：分别指潘岳、陆机、均为西晋文学家。
④ 张（衡）、崔（骃）、蔡（邕）：分别指张衡、崔骃、蔡邕，均为东汉文学家。

晁（错）、匡（衡）、刘（向）[1]则亦圆。至于马迁[2]、相如、子云[3]三人，可谓力趋险奥，不求圆适矣，而细读之，亦未始不圆。至于昌黎，其志意直欲陵驾子长、卿、云[4]三人，戛戛独造，力避圆熟矣，而久读之，实无一字不圆，无一句不圆。尔于古人之文，若能从江、鲍、徐、庾四人之圆步步上溯，直窥卿、云、马、韩四人之圆，则无不可读之古文矣，即无不可通之经史矣。尔其勉之！余于古人之文，用功甚深，惜未能一一达之腕下，每歉然不怡耳。

江浙贼势大乱，江西不久亦当震动，两湖亦难安枕。余寸心坦坦荡荡，毫无疑怖。尔禀告尔母，尽可放心。人谁不死，只求临终心无愧悔耳。家中暂不必添起杂屋，总以安静不动为妙。

寄回银五十两，为邓先生束脩[5]。四叔四婶四十生日，余先寄燕窝一匣、秋罗一匹，容日续寄寿屏。甲五婚礼，余寄银五十两、袍褂料一付，尔即妥交。赋二篇发还。

咸丰十年四月二十四日

译文

写给我儿纪泽：

十六日接到你初二日的信和两篇赋，从中看到你近日大有长

---

① 贾（谊）、晁（错）、匡（衡）、刘（向）：分别指贾谊、晁错、匡衡、刘向，均为西汉文学家。

② 马迁：指司马迁，西汉文学家、史学家。

③ 相如、子云：分别指司马相如、扬雄，均为西汉文学家。

④ 子长、卿、云：分别指司马迁、司马相如、扬雄。

⑤ 束脩：脩，音 xiū，干肉。束脩代指老师酬金。

进，非常欣慰。

无论古今哪个文人，他们下笔造句，总是以“珠圆玉润”四个字为主要原则。无论古今哪个书法家，他们落笔写字，也是以“珠圆玉润”四个字为主要原则。所以我之前给你写的信，专门以一个“重”字教育你注意弥补言行上的缺点，以一个“圆”字期望你在文章上有所成就。世人评论行文圆融且词藻华丽的文学家，没有比得上徐陵、庾信的，但是他们不知道江淹、鲍照的作品更圆融，往前数沈约、任昉的也圆融，潘岳、陆机的也圆融。再进一步上溯到东汉班固、张衡、崔骃、蔡邕的也很圆融，再上溯到西汉贾谊、晁错、匡衡、刘向的也很圆融。至于司马迁、司马相如、扬雄，可以说是尽力追求文字奇崛深奥，不追求圆融了，但是仔细读下来，却又感觉未必不是圆融的。至于韩愈，他的志向是超越司马迁、司马相如和扬雄，文章构思独特不落俗套，努力避免圆融，但是久读下来，却又发现实际上没有一个字、一句话不圆融。你对古人的文章，如果能从江淹、鲍照、徐陵、庾信四个人的圆融一步步向上追溯，直到看懂司马相如、扬雄、司马迁、韩愈四个人的圆融，那就没有不能读的古文，没有不可通晓的经史了。你要以此勉励自己。我对古文用功很多，可惜的是没有达到抬腕就落笔生花的程度，每想到此都会感到愧疚和寡欢。

江浙一带叛贼搅动，形势大乱，不久后江西应当也会被袭扰，两湖地区同样很难平静。我内心坦坦荡荡，一点也没有疑虑和害怕。你禀告你母亲，大可以放心。谁都会死，只要求得临终时心中无愧无悔就可以了。家中暂且不必增盖杂屋，总是感觉还是安静不动比较好。

寄回家银子五十两，作为邓汪琼先生的报酬。四叔四婶的四十岁生日，我先寄燕窝一匣，秋罗一匹，等日后再续寄寿屏。甲五结婚，我寄银子五十两、袍褂布料一副，你收到后就妥交他们。你写的两篇赋已批改完发还给你。

咸丰十年四月二十四日

简评

军事形势危如累卵，父亲给孩子的信却平静如水，从容地指导孩子作文行书，悉心地指示孩子处好人情往来。这份“人生自古谁无死，留取丹心照汗青”的坦荡胸怀，这份“每临大事有静气”的沉着冷静，是一位父亲留给孩子无比珍贵的精神财富。父母是孩子的主心骨，父母要沉得住气，孩子才能静得下心，为人父母者，一定要以此勉励自己。

23.

刻刻留心除“轻”字之弊，戒骄戒逸唯努力读书

原文

字谕纪泽、纪鸿儿：

泽儿在安庆所发各信及在黄石矶、湖口之信，均已接到。鸿儿所呈拟连珠体[①]寿文，初七日收到。

余以初九日出营至黟县查阅各岭，十四日归营，一切平安。鲍超、张凯章[②]二军，自二十九、初四获胜后未再开仗。杨军门[③]带水陆三千余人至南陵，破贼四十余垒，拔出陈大富[④]一军，此近日最可喜之事。英夷业已就抚，余九月六日请带兵北援一疏，奉旨无庸前往，余得一意办东南之事，家中尽可放心。

泽儿看书天分高，而文笔不甚劲挺，又说话太易，举止太轻，此次在祁门为日过浅，未将一“轻”字之弊除尽，以后须于说话走路时刻刻留心。鸿儿文笔劲健，可慰可喜。此次连珠文，先生改者若干字？拟体系何人主意？再行详禀告我。

---

① 连珠体：文体名，句式基本是骈偶句，如连贯之珠，故得名。

② 鲍超、张凯章：指湘军将领鲍超、张运兰。

③ 杨军门：指福建水师提督杨载福。

④ 陈大富：时为南陵守将。

银钱、田产最易长骄气逸气，我家中断不可积钱，断不可买田。尔兄弟努力读书，决不怕没饭吃。至嘱。

澄叔处此次未写信，尔禀告之。闻邓世兄读书甚有长进，顷阅贺寿之单帖、寿禀，书法清润，兹付银十两为邓世兄①（汪汇）买书之资。此次未写信寄寅阶先生，前有信留明年教书，仍②收到矣。

咸丰十年十月十六日

译文

写给我儿纪泽、纪鸿：

泽儿在安庆所发的各封信以及在黄石矶、湖口发的信，我都已经收到了。鸿儿送呈的连珠体祝寿文章，初七日也收到了。

我于初九日出大营到黟县巡视各山岭防务，十四日回到大营，一切平安。鲍超、张运兰二军，从二十九日、初四日两次获胜后就没有再打仗。杨载福提督率领水陆军三千人到南陵，击溃叛贼营垒四十余座，救出陈大富一军，这是近日最可喜的事情。英国人已经接受招抚。我九月六日上了一封奏疏请求带兵北援，其后接旨不必前往，我得以一心处理东南战事，家中尽可放心。

泽儿读书的天分很高，但是文笔不够有力，说话又太随便，举止不够稳重，此次在祁门待的时间太短，还没有将“轻”这个弊病除净。以后说话走路的时候必须时刻留心。鸿儿的文笔刚劲雄健，令人欣慰高兴。这次写的连珠文，先生帮你改了多少

① 世兄：指同辈的世交兄弟。邓汪汇为曾家私塾老师邓汪琼之弟。

② 仍：结合文意和读音，似为“应”字笔误。

字？使用这种文体是谁的主意？再写封信详细告诉我。

银钱、田产最容易滋长骄纵和懒散的习气，我们家中断然不能存钱、不能买田。你们兄弟俩要努力读书，这样就不怕没饭吃。一定牢记。

这次我没有给你澄叔写信。你们禀告他一声。我听说邓汪汇世兄读书很有长进，刚看了他写的贺寿单帖和祝寿文，书法清秀圆润，现送银子十两，供他买书之用。此次没有写信给邓汪琼先生，之前有信留他明年继续在家里教书，应该已经收到信了吧。

咸丰十年十月十六日

简评

再煊赫的门庭，也敌不过坐吃山空。“断不可积钱，断不可买田”“努力读书，决不怕没饭吃”两句真是叫人振聋发聩。与普通人家广积钱粮不同，曾国藩治家向来要求不置田产、不留余财。当代的父母虽然未必如此决绝，但是断了儿孙不劳而获的念想，或许更能激励他们一心读书。

24.

举止要重，发言要讱

原文

字谕纪泽、纪鸿儿：

十月二十九日接尔母及澄叔信，又棉鞋、瓜子二包，得知家中各宅平安。泽儿在汉口阻风六日，此时当已抵家。“举止要重，发言要讱”，尔终身要牢记此二语，无一刻可忽也。

余日内平安，鲍、张二军亦平安。左军二十二日在贵溪获胜一次，二十九日在德兴小胜一次。然贼数甚众，尚属可虑。普军[1]在建德，贼以大股往扑。只要左、普二军站得住，则处处皆稳矣。

泽儿字，天分甚高，但少刚劲之气，须用一番苦功夫，切莫把天分自弃了。家中大小，总以起早为第一义。澄叔处，此次未写信，尔等禀之。

咸丰十年十一月初四日

① 普军：指清军普承尧部。

译文

写给我儿纪泽、纪鸿：

十月二十九日接到你母亲和澄叔的信，还有内装棉鞋、瓜子的两个包裹，得知家中各宅平安。泽儿在汉口被大风阻滞六天，此时应该已经到家了。“举止要重，发言要讱”[①]，你终身要牢记这两句话，不能有一刻疏忽。

我这些天一切平安，鲍超、张运兰两军也平安。左宗棠军二十二日在贵溪获胜一次，二十九日又在德兴小胜了一次，但是叛贼数量很多，形势仍然令人忧虑。普承尧军在建德，叛贼派大股部队前去攻打。只要左宗棠军、普承尧军能够守得住，那各处都能安稳。

泽儿你写字的天赋很高，但是字体缺乏刚劲之气，必须下一番苦功夫，千万不要把天赋浪费了。家中老少，一定要以早起为最要紧的事。你澄叔那里，我这次没写信，你们禀告他。

咸丰十年十一月初四日

简评

知子莫若父，孩子的优缺点父母最清楚。孩提时代要机灵是可爱，成年以后还喜欢抖机灵就是轻佻了。站在外人的视角，及时发现孩子成长过程中需要改进的地方，敲打提点，使他们尽早懂得何为举止稳重，何为言谈得体，才能帮助他们更快地提高。

① 举止要重、发言要讱：举止要稳重，发言要谨慎。

25.

不宜轻易服药，最应饭后步走

原文

字谕纪泽儿：

曾名琮[①]来，接尔十一月二十五日禀，知十五、十七尚有两禀未到。尔体甚弱，咳吐咸痰，吾尤以为虑，然总不宜服药。药能活人，亦能害人。良医则活人者十之七，害人者十之三；庸医则害人者十之七，活人者十之三。余在乡在外，凡目所见者，皆庸医也。余深恐其害人，故近三年来，决计不服医生所开之方药，亦不令尔服乡医所开之方药。见理极明，故言之极切，尔其敬听而遵行之。

每日饭后走数千步，是养生家第一秘诀。尔每餐食毕，可至唐家铺一行，或至澄叔家一行，归来大约可三千余步。三个月后，必有大效矣。

尔看完《后汉书》，须将《通鉴》看一遍。即将京中带回之《通鉴》，仿照余法，用笔点过[②]可也。尔走路近略重否？说话略钝否？千万留心。此谕。

咸丰十年十二月二十四日

① 曾名琮：似为送信长夫。

② 用笔点过：古书没有标点，读时用笔在语气停顿处标上句读。

译文

写给我儿纪泽：

曾名琮到大营中来，我接到你十一月二十五日的信，得知还有十五日、十七日两封信没到。你身体很弱，咳吐咸痰，这一点我尤其担忧，然而还是不服药为好。药能救命，也能害人。良医治病使七成的人得到救治，三成的人受害；庸医治病则使七成的人受害，只能真正救治三成的人。不论是在家乡还是在外地，我见到的都是庸医。我很担心庸医害人，所以近三年来，已经决心不服医生所开的方药，也不叫你服用乡医所开的方药。我把事理看得很清楚，所以说起来就很恳切，你一定要恭敬地听从，认真地遵守。

每日饭后走数千步，这是养生家的第一秘诀。你每餐吃完，可到唐家铺走一圈，或者到澄叔家走一圈，一圈下来大约就是三千步。三个月后，必有大的成效。

你看完《后汉书》，一定要将《资治通鉴》看一遍。就把从京城带回的那部《资治通鉴》，按照我的方法，用笔点读一遍即可。你最近走路有没有稍微稳重一些？说话有没有略微慢速谨慎一些？千万留心。就说这些。

咸丰十年十二月二十四日

简评

如何辨别庸医良医、什么时候应该服药等生活中的细节看似小事，却是孩子在认识世界的过程中都会遇到的困惑。面对问题，父母应该引导孩子辩证地、发展地、全面地看问题，理性地、客观地寻找解决办法，慢慢教会他们看待问题和解决问题的正确方式。

26. 文章雄奇靠行气

原文

字谕纪泽儿：

腊月二十九日接尔一禀，系十一月十四日送家信之人带回，又由沅叔处送到尔初归时二信，慰悉。尔以十四日到家，而鸿儿十八日禀中言尔总在日内可到，何也？岂鸿信十三四写就而朱金权于十八日始署封面耶？霞仙先生[①]之令弟仙逝，余于近日当写唁信，并寄奠仪。尔当先去吊唁。

尔问文中雄奇之道。雄奇以行气[②]为上，造句次之，选字又次之。然未有字不古雅而句能古雅，句不古雅而气能古雅者；亦未有字不雄奇而句能雄奇，句不雄奇而气能雄奇者。是文章之雄奇，其精处在行气，其粗处全在造句选字也。余好古人雄奇之文，以昌黎为第一，扬子云次之。二公之行气，本之天授。至于人事之精能，昌黎则造句之功夫居多，子云则选字之功夫居多。

尔问叙事志传之文难于行气，是殊不然。如昌黎《曹成王碑》《韩许公碑》，固属千奇万变，不可方物，即卢夫人之铭、女挐之

① 霞仙先生：指刘蓉，曾国藩好友，曾纪泽续弦夫人的父亲。

② 行气：古代文论术语，内涵丰富，可大致理解为文章的立意主旨和脉络结构等。

志[1]，寥寥短篇，亦复雄奇倔强。尔试将此四篇熟看，则知二大二小，各极其妙矣。

尔所作《雪赋》，词意颇古雅，惟气势不畅，对仗不工。两汉不尚对仗，潘、陆则对矣，江、鲍、庾、徐则工对矣。尔宜从对仗上用功夫。此嘱。

咸丰十一年正月初四日

译文

写给我儿纪泽：

腊月二十九接到你的一封信，是十一月十四日送家信的人带回的，又由你沅叔那里收到你刚回家时的两封信，了解了信中的情况，很是欣慰。你十四日到家，但鸿儿十八日给我的信中说你近日可以到家，为什么呢？难道是鸿儿的信十三四日就写完但朱金权十八日才给写好信封吗？刘蓉先生的弟弟过世了，我近日会写吊唁信，并寄送奠仪。你应该先去吊唁。

你问能让文章雄奇的方法。雄奇以行气最为重要，造句次之，选字再次之。然而没有字不古雅而句子能古雅的，没有句子不古雅而文气能古雅的；也没有字不雄奇而句子能雄奇的，没有句子不雄奇而文气能雄奇的。因而文章的雄奇，精到之处在于行气，粗浅之处在于遣词造句。古人雄奇的文章中，我以韩愈的为最爱，扬雄的次之。二位作文行气的功夫，源自与生俱来的天

① 卢夫人之铭、女挐之志：分别指《唐故河南府法曹参军卢府君夫人苗氏墓志铭》和《女挐圹铭》，是韩愈分别为岳母卢夫人和女儿所作墓志铭。

赋。至于个人精通擅长之处，韩愈造句的能力更强，扬雄选字的水平更高。

你提到叙事传记之类的文体行气很难，根本不是这样。如韩愈的《曹成王碑》《韩许公碑》，文章当然是千奇万变，不能形容，就算是《唐故河南府法曹参军卢府君夫人苗氏墓志铭》和《女挐圹铭》，篇幅寥寥，一样是行文雄伟、气势奇崛。你试着将这四篇看熟，就会知道二大二小各有各的精妙之处。

你所作的《雪赋》，词意很古雅，但是气势不太顺畅，对仗不够工整。两汉时的赋不讲求对仗，到了潘岳、陆机开始讲究对仗，其后再到江淹、鲍照、庾信、徐陵已经工于对仗了。你应该从对仗上多下功夫。特此嘱咐。

咸丰十一年正月初四日

简评

如果说摘抄语句是写作的基本功夫，遣词造句是进阶之路，那主旨立意和逻辑脉络就是高级技巧了。父母指导孩子，哪怕是初学作文的孩童，也应该教他先理好行文思路，再去动笔。就像信中所说的那样，“气”足才能出雄文。

27.

治家勿为托辞所蒙蔽，治学须从短处下功夫

原文

字谕纪泽儿：

正月初十日接尔腊月十九日一禀，十二日又由安庆寄到尔腊月初四日之禀，具知一切。长夫走路太慢，而托辞于为营中他信绕道长沙耽搁之故。此不足信。譬如家中遣人送信至白玉堂[①]，不能按期往返，有责之者，则曰被杉木坝、周家老屋各佃户强我送担耽搁了。为家主者但当严责送信之迟，不管送担之真与否也，况并无佃户强令送担乎？营中送信至家与黄金堂送信至白玉堂，远近虽殊，其情一也。

尔求钞古文目录，下次即行寄归。尔写字笔力太弱，以后即常摹柳帖[②]亦好。家中有柳书《玄秘塔》《琅琊碑》《西平碑》各种，尔可取《琅琊碑》日临百字、摹[③]百字。临以求其神气，摹以仿其

---

① 白玉堂：指曾国藩叔父曾骥云居所。下文黄金堂为曾国藩居所。两处之间有后文所述“杉木坝、周家老屋”等处。

② 柳帖：指唐代书法家柳公权的字帖。

③ 临、摹：临帖指眼观字帖，模仿笔意，练习写字；摹帖指将纸蒙在字帖上，描写笔画。

间架。每次家信内，各附数纸送阅。

《左传注疏》阅毕，即阅看《通鉴》。将京中带回之《通鉴》，仿我手校本，将目录写于面上。其去秋在营带去之手校本，便中仍当寄送祁门。余常思翻阅也。

尔言鸿儿为邓师所赏，余甚欣慰。鸿儿现阅《通鉴》，尔亦可时时教之。尔看书天分甚高，作字天分甚高，作诗文天分略低，若在十五六岁时教导得法，亦当不止于此。今年已二十三岁，全靠尔自己扎挣发愤，父兄师长不能为力。作诗文是尔之所短，即宜从短处痛下功夫。看书写字尔之所长，即宜拓而充之。走路宜重，说话宜迟，常常记忆否？

余身体平安，告尔母放心。

咸丰十一年正月十四日

译文

写给我儿纪泽：

正月初十接到你腊月二十九的信，十二日又收到你腊月初四从安庆寄出的信，信中的情况都了解了。长夫走路太慢，却找借口说为投递营中其他信绕道长沙给耽搁了。这种说法不可信。好像家里派人去白玉堂送信，他不能按时往返，有人责备他，他就说杉木坝、周家老屋各个佃户强迫他给我送担子结果给耽误了。一家之主只须严责他送信迟误即可，不要去管送担子这事是真是假，何况根本没有佃户强迫他给我送担子。营中送信到家和黄金堂送信到白玉堂，远近差距悬殊，但道理是一样的。

你请求我抄一个古文目录供你学习之用，我下次就寄给你。

你写字笔力太弱，以后多临摹柳公权的字帖会好一些。家中有他的《玄秘塔碑》《琅琊碑》《西平碑》等几种字帖，你可以拿《琅琊碑》每天临写百十字，摹写百十字。临写以求能学到他字体的神韵气象，摹写以求能模仿他字体的间架结构。每次的家信内，各附数张临摹的作品给我看。

《左传注疏》看完了，就可以看《资治通鉴》了。你将从京城带回去的那部《资治通鉴》，仿照我手校本的样子，把目录写在封面上。去年秋天从军营带回去的那套手校本，方便的时候仍然寄送到祁门。我常常想翻阅一下。

你说鸿儿很受邓先生欣赏，我很欣慰。鸿儿现在读《资治通鉴》，你也可以时时教他。你看书的天赋很高，写字的天赋也很高，作诗文的天赋稍微低一些，如果十五六岁的时候得到很好的教导，可能水平不止于现在这样。你今年已经二十三岁，全要靠自己努力和发愤了，父兄师长帮不上太大忙了。作诗文是你的短处，就应当从短处狠下功夫。看书写字是你的长处，就应当继续拓展提升。走路要稳重，说话要迟缓谨慎，常常记得不？

我身体平安，禀告你母亲放心。

咸丰十一年正月十四日

简评

父母对孩子不要吝啬夸奖，常常鼓励孩子会让孩子充满自信。父母对孩子也不要忌惮批评，正向的批评能给孩子增添提升的动力。但是，父母不能单纯地提出批评，还应该帮助孩子找出改正的方法，监督孩子修正的进度，这才是教育的正确方法。

28.

古人解经内传外传之别

原文

字谕纪泽儿:

正月十四发第二号家信，谅已收到。日内祁门尚属平安。鲍春霆①自初九日在洋塘获胜后，即追贼至彭泽。官军驻牯牛岭，贼匪踞下隅坂，与之相持，尚未开仗。日内雨雪泥泞，寒风凛冽，气象殊不适人意。伪忠王李秀成一股，正月初五日围玉山县，初八日围广丰县，初十日围广信府，均经官军竭力坚守，解围以去。现窜铅山之吴坊、陈坊等处，或由金溪以窜抚、建②，或径由东乡以扑江西省城，皆意中之事。余嘱刘养素③等坚守抚、建，而省城亦预筹防守事宜。只要李逆一股不甚扰江西腹地，黄逆④一股不再犯景德镇等，三四月间安庆克复，江北可分兵来助南岸，则大局必有转机矣。目下春季必尚有危险迭见，余当谨慎图之，泰然处之。

余身体平安，惟齿痛时发。所选古文，已钞目录寄归。其中有未注明名氏者，尔可查出补注，大约不出《百三名家全集》及《文

---

① 鲍春霆：指鲍超。

② 抚、建：指抚州、建昌。

③ 刘养素：指刘于浔，当时率团勇与太平军作战。

④ 黄逆：指黄文金，太平军将领。

选》《古文辞类纂》三书之外。尔问《左传》解《诗》《书》《易》与今解不合。古人解经，有内传，有外传。内传者，本义也；外传者，旁推曲衍，以尽其余义也。孔子系①《易》，小象则本义为多，大象②则余义为多。孟子说《诗》，亦本子贡之因贫富而悟切磋，子夏之因素绚而悟礼后③，亦证余义处为多。《韩诗外传》，尽余义也。《左传》说经，亦以余义立言者多。

袁臾生④之二百金，余去年曾借松江二百金送季仙九⑤先生，此项只算还袁宅可也。树堂先生⑥送尔三百金，余当面言只受百金。尔写信寄营酬谢，言受一璧⑦二云云。余在营中备二百金，并尔信函交冯可也。此字并送澄叔一阅，此次不另作书矣。

咸丰十一年正月二十四日

---

① 系：系辞，指用来阐释总结《易经》的论述，也称《易传》，相传为孔子所作。此处用作动词，指孔子为《易经》作系辞。

② 小象、大象：《易经》用“卦爻”来预测万物变化和事情凶吉。解释“卦爻”的文字叫象传，其中说明“卦”内容的叫大象，解释“爻”的内容叫小象。

③ 子贡之因贫富而悟切磋，子夏之因素绚而悟礼后：二典均出自《论语》。意思是：子贡向孔子请教身处贫富不同境遇时如何自处，然后悟到立德修身如同切磋琢磨美玉；子夏向孔子请教素色和多彩的区别，然后悟到仁先礼后。

④ 袁臾生：指袁秉桢，曾国藩女婿，松江知府袁芳瑛之子。

⑤ 季仙九：指季芝昌，道光年间进士，后任闽浙总督，曾国藩会试考官，书信中也称其为季师等。

⑥ 树堂先生：指冯卓怀，曾任曾家私塾先生，也曾为曾国藩幕僚。

⑦ 璧：璧还，退还之意。

译文

写给我儿纪泽：

正月十四日给你发了第二号家信，想必已经收到了。近日祁门还算平安。鲍超初九日在洋塘获胜，然后追击叛贼至彭泽。官兵驻扎在牯牛岭，叛贼屯踞在下隅坂，官军与叛贼相持，还没有开仗。这几天雨雪泥泞，寒风凛冽，气候让人很不舒适。伪忠王李秀成一股叛贼，正月初五围攻玉山县，初八日围攻广丰县，初十日围攻广信府，都因为官兵竭力坚守，叛贼才解围散去。叛贼现在窜扰铅山县的吴坊、陈坊等处，有的从金溪窜扰抚州、建昌，有的从东乡扑向江西省城，这都是意料之中的事。我嘱咐刘于浔等人坚守抚州、建昌，同时省城也预先筹划防守事宜。只要李逆这股叛贼不过于骚扰江西腹地，黄逆这一股叛贼不再进犯景德镇等地，等三四月间安庆收复，江北大营可以分兵来助南岸，大局一定会有转机。眼下春季一定还会不断有危险，我会谨慎谋划，泰然处之。

我身体平安，只是牙疼时常发作。我为你选的古文，已经抄好目录寄回去了。其中没有注明姓氏的，你可以查出来补注上，大致也不会超出《汉魏六朝百三名家集》《文选》《古文辞类纂》这三种书的范围。你问为什么《左传》解读《诗经》《尚书》《易经》与现在解读不同。古人解经，有内传，也有外传。所谓内传，就是指其本义；所谓外传，是指为完全释读其中含义而向各方面所做的推论引申。孔子为《易经》作系辞，小象解释本义居多，大象解释推论引申等含义居多。子贡向孔子请教身处贫富不同境遇时如何自处，然后悟到立德修身如同切磋琢磨美玉；子夏向孔子请教素色和多彩的区别，然后悟到仁先礼后。孟子解读

《诗经》，和他们一样，也是推论引申的意思居多。《韩诗外传》这本书，则全部在讲推论引申。《左传》中说《诗经》的内容，也是用推论引申来立论的情况居多。

袁秉桢的二百两银子，是我去年向他们松江袁家借的，当时送给季芝昌用，这笔钱只算是还给袁家。冯卓怀先生送你的三百两银子，我当他面说只收一百两，你给他写封酬谢信寄到营中，说些“受一璧二”之类的客气话。我在营中准备二百两银子，和你的信一起交给他就可以了。这封信同时送你澄叔一阅，这次就不单独给他写信了。

咸丰十一年正月二十四日

简评

孩子慢慢长大的过程，也是慢慢熟悉成人世界处事方式的过程。处理人情世故总让人费尽心思，简单的说教很难有立竿见影的功效。像“受一璧二”这个故事一样，让孩子置身事中，父母手把手教导，往往收效更好。

29.

念吾父在日之旧观，盼二子“劳”“谦”记心头

原文

字谕纪泽、纪鸿儿：

得正月二十四日信，知家中平安。此间军事，自去冬十一月至今，危险异常，幸皆化险为夷。目下惟左军在景德镇一带十分可危，余俱平安。余将以十七日移驻东流、建德。

付回银八两，为我买好茶叶陆续寄来。下手[①]竹茂盛，屋后山内仍须栽竹，复吾父在日之旧观。余七年在家芟[②]伐各竹，以倒厅[③]不光明也。乃芟后而黑暗如故，至今悔之，故嘱尔重栽之。

“劳”字、“谦”[④]字，常常记得否？

咸丰十一年二月十四日

① 下手：即“下首”，一般指右手边。
② 芟：除草，引申为砍伐。
③ 倒厅：传统庭院，北屋称正屋，南屋与之相对，称“倒厅”。
④“劳”字、“谦”字：语出《易经·谦卦》中“劳谦，君子有终，吉”一句，指勤劳、谦虚。

译文

写给我儿纪泽、纪鸿：

收到你正月二十四日的信，知道家中平安。从去年冬天十一月到现在，这边的军事形势异常危险，所幸都化险为夷了。眼下只有左宗棠军在景德镇一带处境很危急，其余各部都平安。我将在十七日移驻东流、建德一带。

差人带回去八两银子，你们为我买好茶叶陆续寄来。房屋右手边竹子茂盛，屋后的山上还是要栽种些竹子，恢复我父亲在世时候的样子。咸丰七年，因为南屋不够亮堂，我砍掉了各处的竹子。但是砍掉之后南屋还是一样黑暗，我到现在还后悔，所以嘱咐你重新栽上。

“劳”字、“谦”字，有没有常常记得？

咸丰十一年二月十四日

简评

很多父母，往往讳于在孩子面前表露不足，承认自己的错误。曾国藩和孩子讨论错伐竹子的往事，心态平和、口气自然，像同朋友聊天一样轻松和坦诚。今天的父母，也不妨把自己生活中的一些缺憾和反思与孩子分享。这种交流不但不会折损父母的高大形象，反而能得到更多爱和信任。

30.

不可从军亦不必做官，不离“八本”亦不忘“三致祥”

原文

字谕纪泽、纪鸿儿：

接二月二十三日信，知家中五宅平安，甚慰甚慰。

余以初三日至休宁县，即闻景德镇失守之信。初四日写家书，托九叔处寄湘，即言此间局势危急，恐难支持，然犹意力攻徽州，或可得手，即是一条生路。初五日进攻，强中、湘前[1]等营在西门挫败一次。十二日再行进攻，未能诱贼出仗。是夜二更，贼匪偷营劫村，强中、湘前等营大溃。凡去二十二营，其挫败者八营（强中三营、老湘三营、湘前一、震字一），其幸而完全无恙者十四营（老湘六、霆三、礼二、亲兵一、峰二），与咸丰四年十二月十二夜贼偷湖口水营情形相仿。此次未挫之营较多，以寻常兵事言之，此尚为小挫，不甚伤元气。目下值局势万紧之际，四面梗塞，接济已断，加此一挫，军心尤大震动。所盼望者，左军能破景德镇、乐平之贼，鲍军能从湖口迅速来援，事或略有转机，否则不堪设想矣。

---

① 强中、湘前：均为湘军营号，后文括号内文字亦为各营营号。

余自从军以来，即怀见危授命之志。丁、戊年[①]在家抱病，常恐溘逝牖下，渝我初志，失信于世。起复[②]再出，意尤坚定。此次若遂不测，毫无牵恋。自念贫窭无知，官至一品，寿逾五十，薄有浮名，兼秉兵权，忝窃万分，夫复何憾！惟古文与诗，二者用力颇深，探索颇苦，而未能介然[③]用之，独辟康庄，古文尤确有依据。若遽先朝露[④]，则寸心所得，遂成广陵之散[⑤]。作字用功最浅，而近年亦略有入处。三者一无所成，不无耿耿。

至行军本非余所长，兵贵奇而余太平，兵贵诈而余太直，岂能办此滔天之贼？即前此屡有克捷，已为侥幸，出于非望矣。尔等长大之后，切不可涉历兵间，此事难于见功，易于造孽，尤易于贻万世口实。余久处行间，日日如坐针毡，所差[⑥]不负吾心，不负所学者，未尝须臾忘爱民之意耳。近来阅历愈多，深谙督师之苦。尔曹惟当一意读书，不可从军，亦不必做官。

吾教子弟不离“八本”“三致祥”。八者曰：读古书以训诂为本，作诗文以声调为本，养亲以得欢心为本，养生以少恼怒为本，立身以不妄语为本，治家以不晏起为本，居官以不要钱为本，行军以不扰民为本。三者曰：孝致祥，勤致祥，恕致祥。吾父竹亭公之教人，则专重“孝”字。其少壮敬亲，暮年爱亲，出于至诚。故吾纂墓志，仅叙一事。吾祖星冈公之教人，则有“八字”“三不信”。八

---

① 丁、戊年：指丁巳年、戊午年（1857 年、1858 年）。当时曾国藩在乡为父守孝。

② 起复：指守孝期满应召任职。

③ 介然：形容坚定执着。

④ 遽先朝露：像早晨的露水，一见阳光就被晒干了。形容人生短暂。

⑤ 广陵之散：曹魏嵇康善弹《广陵散》，不肯授人，后因事被杀，临刑前叹名曲已绝。

⑥ 差：差强人意。

者，曰考、宝、早、扫、书、蔬、鱼、猪[①]。三者，曰僧巫，曰地仙[②]，曰医药，皆不信也。处兹乱世，银钱愈少，则愈可免祸;用度愈省，则愈可养福。尔兄弟奉母，除“劳”字“俭”字[③]之外，别无安身之法。吾当军事极危，辄将此二字叮嘱一遍，此外亦别无遗训之语，尔可禀告诸叔及尔母无忘。

咸丰十一年三月十三日

译文

写给我儿纪泽、纪鸿：

接到二月二十三日的信，知道家中五宅平安，非常欣慰。

我初三日一到休宁县，就听到了景德镇失守的消息。初四日写家书，托你九叔寄回湖南老家，信中就说到这边局势危急，恐怕难以支撑了，但还是想要力攻徽州，也许能够成功，如果成功就是一条生路。初五日开始进攻，强中、湘前等营在西门挫败一次。十二日再出击进攻，未能诱敌出战。当天晚上二更时刻，叛贼偷袭军营劫掠村庄，强中、湘前等营大溃散。此次前去的总共有二十二个营，挫败的有八个（分别是强中营三个、老湘营三个、湘前营一个、震字营一个），所幸没有损失的有十四个营（分别是老湘营六个、霆营三个、礼营二个、亲兵营一个、峰营二个），情况与咸丰四年十二月十二日夜叛贼偷袭湖口水军的

① 考、宝、早、扫、书、蔬、鱼、猪：指诚修祭祀、善待亲邻、每日早起、打扫庭院、读书、种菜、养鱼、饲猪。
② 地仙：指风水先生。
③ 劳、俭：勤劳、节俭。

情形类似。此次未挫败的军营较多，就寻常战事来看，算是小挫，不会大伤元气。然而，眼下正值局势万分紧急之际，四面被围，救援已断，加上这一挫败，军心尤其受到大的震动。我所盼望的，就是左宗棠军能够击败景德镇、乐平等地的叛贼，鲍超军能够从湖口迅速赶来支援，事情或许能够稍有转机，否则后果不堪设想。

我自从投身军旅，就心怀危急时刻为国捐躯的志向。丁巳、戊午年在家养病之时，常常担忧忽然就病死在窗下，违背初心，失信于天下。守孝期满再度出山，意念尤为坚定。此次如果真的遭遇不测，也没有放不下的事了。我自认为贫贱无知，却官至一品，享寿五十，在世上有些名声，还兼掌兵权，已经是愧不敢当，还有什么遗憾的！只是古文与诗歌这两项，我用了很大力气，克服很大困难去学习和探索，但是没有坚定执着地走下去，开辟一条属于自己的道路。尤其是古文，确实有些把握，能写出点东西。但人生如同早晨的露水一样短暂，也许我的心得与感悟，就像《广陵散》一样永远消逝了。写字方面我用功最少，但是这几年也稍微开始入门了。三者没有一样有所成就，我特别介怀。

至于行军打仗，本来就不是我所擅长。军事贵在出其不意而我性格太平稳，军事贵在真真假假而我性格太耿直，这样的性格怎么能够对付这些有滔天大罪的叛贼？哪怕此前屡有胜绩，也是侥幸而已，超出期望。等你们长大以后，万万不可再接触军事，这事很难见到功绩，但却容易造孽，尤其容易在历史上留下是非口实。我久处行伍之间，天天如坐针毡。能够差强人意，不负初心、不负所学的地方，是从来没有忘记关爱百姓。近年来阅历越来越多，更加深切体会到了带兵的苦楚。你们唯一要做的就是一心读书，不要从军，也不必做官。

我教育子弟离不开“八本”“三致祥”。所谓“八本”，是指研读古书要以学好训诂为根本，写作诗文要以讲究声调为根本，奉养亲人要以得其欢心为根本，养生要以少恼怒为根本，立身要以不乱言语为根本，治家要以不晚起为根本，当官要以不要钱为根本，行军要以不扰民为根本。所谓“三致祥”，是指孝敬会带来吉祥，勤劳会带来吉祥，宽恕会带来吉祥。我父亲竹亭公教育人，特别看重“孝”字。他年轻时候尊敬双亲，年老的时候关爱双亲，都是出于一片至诚之心。所以我给他撰写墓志，就仅叙述这一件事。我祖父星冈公教育人，有“八个字”“三不信”。所谓“八个字”，是指“考、宝、早、扫、书、蔬、鱼、猪”，所谓“三不信”，是指“僧巫”“地仙”“医药”，都不相信。身处这样的乱世，银钱越少，就越能消弭祸患；开支越少，就越能涵养福气。你们兄弟奉养母亲，除了“劳”“俭”二字以外，没有别的安身方法。我在军事形势极其危急的时刻，就把这两个字再叮嘱一遍，此外也没有别的遗训了，你可以禀告各位叔叔和你母亲不要忘记。

咸丰十一年三月十三日

简评

在这一封信中，除去“孝”“勤”两点，曾国藩还着重提到了“恕”。每个人心中总有很多不满、不平、不舍，心智尚未成熟的孩子更是如此。俗话说，如要向上，先要放下，开解孩子“珍惜可以把握的，放下无法改变的”，做到与人为善、待人宜宽，这其实也是修身的重要方面。

31. 务必早起、种蔬

原文

字谕纪泽儿:

三月三十日建德途次接澄侯弟在永丰所发一信，并尔将去省时在家所留之禀。尔到省后所寄一禀，却于二十八日先到也。

余于二十六日自祁门拔营起行，初一日至东流县。鲍军七千余人于二十五日自景德镇起行，三十日至下隅坂。因风雨阻滞，初三日始渡江，即日进援安庆，大约初八九可到。沅弟、季弟[①]在安庆稳守十余日，极为平安。朱云岩[②]带五百人，二十四自祁门起行，初二日已至安庆助守营濠，家中尽可放心。

此次贼救安庆，取势乃在千里以外，如湖北则破黄州，破德安，破孝感，破随州、云梦、黄梅、蕲州等属，江西则破吉安，破瑞州、吉水、新淦、永丰等属，皆所以分兵力，亟肄[③]以疲我，多方以误我。贼之善于用兵，似较昔年更狡更悍。吾但求力破安庆一关，此外皆不遽与之争得失。转旋之机，只在一二月可决耳。

乡间早起之家，蔬菜茂盛之家，类多兴旺。晏起无蔬之家，类

---

① 季弟：指曾国葆，曾国藩四弟，书信中也称其为季叔、洪叔、季洪等。

② 朱云岩：指朱品隆，曾国藩护卫营营官。

③ 亟肄：紧急达成。

多衰弱。尔可于省城菜园中，用重价雇人至家种蔬，或二人亦可。其价若干，余由营中寄回。此嘱。

咸丰十一年四月初四日

东流县

译文

写给我儿纪泽：

三月三十日去建德的途中接到澄侯弟在永丰发出来的一封信和你将要去省城时在家所留的一封信。你到省城后所寄的一封信，却已经于二十八日先收到了。

我于二十六日从祁门拔营出发，初一日到了东流县。鲍超军七千余人于二十五日从景德镇出发，三十日到了下隅坂，因为被风雨阻滞，初三日才开始渡江，即日就可以进军援助安庆，大约初八九可以抵达。沅弟、季弟在安庆稳守十余天，极为平安。朱品隆率领五百人，二十四日从祁门出发，初二日已经到了安庆帮助防守营壕，家中尽可以放心。

此次叛贼救援安庆，取得的战略优势来自千里之外，如在湖北攻破黄州、德安、孝感、随州、云梦、黄梅、蕲州等地，在江西攻破吉安、瑞州、吉水、新淦、永丰等地，都是为了多头出击以分散我方兵力，急速猛扑以使我军疲于应付，多方用兵以扰乱我方视线。叛贼现在善于用兵，似乎比往年更加狡猾强悍。我只求全力攻破安庆这一关，此外都不急于计较得失。扭转大局的机会，只要一两个月就会出现。

乡间早起的家庭，蔬菜茂盛的家庭，大多数家业兴旺。晚起和不种植蔬菜的家庭，大多数家业衰败。你可从省城菜园中，高价雇请专人到家中种植蔬菜，雇两个人也可以。雇人的资费，我从军营中寄回去。特此嘱咐。

咸丰十一年四月初四日
写于东流县

简评

曾国藩多次在信中嘱咐孩子“早起”“种菜”等事，除了传递出一个传统读书人对自给自足生活的向往，其实还暗含了他对孩子“自立”“勤俭”“健体”的美好期望。父母不仅要关注孩子的学业，还应该把更多注意力放到孩子心智成熟、身体健康上。

32.

种蔬要灌溉得法，求学写字要师古求新

原文

字谕纪泽：

六月二十日唐介科[①]回营，接尔初三日禀并澄叔一函，具悉一切。

今年彗星[②]出于北斗与紫微垣[③]之间，渐渐南移，不数日而退出右辅与摇光[④]之外，并未贯紫微垣，亦未犯天市[⑤]也。占验[⑥]之说，本不足信，即有不祥，或亦不大为害。

省雇园丁来家，宜废田一二丘，用为菜园。吾现在营课[⑦]勇夫种菜，每块土约三丈长、五尺宽，窄者四尺余宽，务使芸草及摘蔬之时，人足行两边沟内，不践菜土之内。沟宽一尺六寸，足容便桶。大小横直，有沟有浍，下雨则水有所归，不使积潦伤菜。四川

---

① 唐介科：似为送信长夫。

② 彗星：古代人讲究天人合一，认为彗星出现是灾祸象征。

③ 紫微垣：古人划分的星区之一。

④ 右辅与摇光：均为星名。右辅是紫微垣星区内一星，摇光是北斗七星内一星。

⑤ 天市：古人划分的星区之一，被认为“主国市聚交易之所”，“客星入，兵大起；出之，有贵丧也”。

⑥ 占验：观星象云气以卜吉凶。

⑦ 课：监督完成。

菜园极大，沟浍终岁引水长流，颇得古人井田遗法。吾乡一家园土有限，断无横沟，而直沟则不可少。吾乡老农虽不甚精，犹颇认真，老圃[①]则全不讲究。我家开此风气，将来荒山旷土，尽可开垦，种百谷杂蔬之类。如种茶亦获利极大，吾乡无人试行，吾家若有山地，可试种之。

尔前问《说文》中逸字，今将贵州郑子尹[②]所著二卷寄尔一阅。渠[③]所补一百六十五文，皆许书[④]本有之字，而后世脱失者也。其子知同又附考三百字，则许书本无之字，而他书引《说文》有之，知同辨为不当有者也。尔将郑氏父子书细阅一遍，则知叔重原有之字，被传写逸脱者，实已不少。

纪渠[⑤]侄近写篆字甚有笔力，可喜可慰。兹圈出付回。尔须教之认熟篆文，并解明偏旁本意。渠侄、湘侄[⑥]要大字横匾，余即日当写就付归。寿侄[⑦]亦当付一匾也。家中有李少温[⑧]篆帖《三坟记》《迁先茔记》，亦可寻出，呈澄叔一阅。澄弟作篆字，间架太散，以无帖意故也。邓石如[⑨]先生所写篆字《西铭》《弟子职》之类，永州杨太守[⑩]新刻一套，尔可求郭意诚姻叔拓一二分，俾家中写篆者

---

① 老农、老圃：老农一般指种植粮食作物的老农民，老圃一般指种植蔬菜瓜果的老菜农。

② 郑子尹：指郑珍，清代学者，精通小学。后文郑知同为其子，同为小学学者。

③ 渠：代词，他。

④ 许书：指《说文解字》，作者许慎。后文“叔重”为许慎的字。

⑤ 纪渠：指曾纪渠，曾国潢次子，过继曾国葆为后，书信中也称其为渠侄等。

⑥ 湘侄：指曾纪湘，曾国潢三子。

⑦ 寿侄：指曾纪寿，曾国华次子。

⑧ 李少温：指李阳冰，唐代书法家。

⑨ 邓石如：清代书法家。

⑩ 杨太守：指时任永州知府杨翰。

有所摹仿。家中有褚书《西安圣教》《同州圣教》，尔可寻出寄营，《王圣教》[①]亦寄来一阅。如无裱者，则不必寄也。《汉魏六朝百三家集》，京中一分，江西一分，想俱在家，可寄一部来营。

余疮疾略好，而癣大作，手不停爬，幸饮食如常。安庆军事甚好，大约可克复矣。此次未写信与澄叔，尔将此呈阅，并问澄弟近好。

咸丰十一年六月二十四日

译文

写给纪泽：

六月二十日唐介科回到大营，我接到你初三日的信和你澄叔的函件，信中说的事都知道了。

今年彗星出现在北斗七星和紫微垣星区之间，其后渐渐南移，没几天就退到右辅星和摇光星以外，并没有贯穿紫微垣星区，也没有进犯天市星区。占验的说法，本来就不足信，就算有什么不祥之兆，或许也不会有太大的危害。

从省城雇请园丁到家里来，应当废去一二丘的田，用作菜园。我现在在军营监督勇夫种菜，每块菜地约有三丈长、五尺宽，窄的有四尺多宽，务必保证除草和采摘的时候，人足够在两边沟内行走，不会踩到菜地。沟宽一尺六寸，足够容纳便桶。大块小块横直，大沟小沟都有，下雨的时候雨水能有流淌的去处，不会积水伤菜。四川的菜园很大，大沟小沟终年引水长流，很得

①《王圣教》：指唐代僧人怀仁收集王羲之字迹刊刻的《怀仁集王羲之书圣教序》。

古人井田之法的妙处。我们家乡每家菜园的土地有限，断然是没有横沟的，但直沟必不可少。家乡的老农民，虽然耕作技艺并不精细，但还是很认真的，老菜农则一点也不讲究。咱们家开此种菜的风气，将来那些荒山和荒地，尽可以开垦出来种百谷和各类蔬菜。如果种茶，也能获利极大，家乡无人试做此事，咱们家要是还有山地，可以试种一下。

你之前问《说文解字》中逸字的问题，我今天将贵州郑珍所著的二卷书寄给你看。他所补的一百六十五个字，都是许慎《说文解字》中有的字，只是后世传抄刻写时脱失了。他的儿子郑知同又考证了三百字，则是《说文解字》中本没有但被其他书考证为有的字，郑知同经过辨析确认这些字不应当有。你将郑氏父子的书仔细阅读一遍，就知道许慎书中原来有的字，被传写逸脱的，实际上已有不少。

纪渠侄近来写的篆字很有笔力，可喜可慰。现在圈出之后寄回去。你应当教他认熟篆文，并解释明白偏旁的本义。纪渠、纪湘要我写的大字横匾，我今天就写好交寄回家。同时也会送给纪寿一幅。家中有李阳冰的篆书字帖《三坟记》《迁先茔记》，可以找出来呈送你澄叔一阅。你澄叔写篆字，间架结构太散，是没有临帖的原因。邓石如先生所写的篆字《西铭》《弟子职》之类，永州知府杨翰新刊刻了一套，你可以请求郭二姻叔拓一两份，使家里人写篆书时有所模仿。家里有褚遂良的《西安圣教》《同州圣教》字帖，你可以找出来寄到大营来，《怀仁集王羲之书圣教序》也一起寄来一阅。如果没有装裱，那就不必寄了。《汉魏六朝百三家集》，京城买过一份，江西买过一份，想来都在家里，可以寄一部到大营来。

我的疮疾稍有好转，但是癣疾又大作，忍不住不停抓挠，所幸饮食和往常一样。安庆那边军事形势很好，大概能够克复。这次没有写信给你澄叔，你可以将这封信呈他看，并向他问好。

咸丰十一年六月二十四日

简评

曾国藩写给孩子的信，除了教导功课、晓谕事理等严肃的内容，也不乏砍树种竹、浇地植蔬等趣味小事。这封信详细交代了菜地的灌溉方法，既传授了生活经验，又对孩子形成了一种督促，一举两得。

33.
学贵有恒，“看、读、写、作”每日不辍

原文

字谕纪泽：

前接来禀，知尔钞《说文》，阅《通鉴》，均尚有恒，能耐久坐，至以为慰。

去年在营，余教以“看、读、写、作”，四者阙一不可。尔今阅《通鉴》，算“看”字功夫；钞《说文》，算“读”字功夫。尚能临帖否？或临《书谱》，或用油纸摹欧、柳楷书，以药尔柔弱之体，此“写”字功夫，必不可少者也。尔去年曾将《文选》中零字碎锦分类纂钞，以为属文之材料，今尚照常摘钞否？已卒业否？或分类钞《文选》之词藻，或分类钞《说文》之训诂，尔生平作文太少，即以此代“作”字功夫，亦不可少者也。

尔十余岁至二十岁虚度光阴，及今将“看、读、写、作”四字逐日无间，尚可有成。尔语言太快，举止太轻，近能力行“迟”“重”二字以改救否？

此间军事平安。援贼于十九、二十、二十一日扑安庆后濠[①]，

① 后濠：湘军围城，分内外两层。前壕指里面一层，后壕指外边一层。“濠”通“壕”。

均经击退。二十二日自巳刻起至五更止，猛扑十一次，亦竭力击退。从此当可化险为夷，安庆可望克复矣。

余癣疾未愈，每日夜手不停爬，幸无他病。皖南有左、张，江西有鲍，均可放心。目下惟安庆较险，然过二十二之风波，当无虑也。

咸丰十一年七月二十四日

译文

写给纪泽：

之前接到你的来信，知道你在抄写《说文解字》、阅读《资治通鉴》，都还算有恒心，能够坐得住，我感到很欣慰。

去年在大营，我教你说“看、读、写、作”四者缺一不可。你现在阅读《资治通鉴》，算是“看”字功夫；抄写《说文解字》，算是“读”字功夫。还能临帖吗？临写《书谱》，或者用油纸摹写欧阳询、柳公权的楷书，以改善你字体柔弱的毛病，这就是“写”字功夫，绝不可少。你去年曾经将《文选》中的名言警句分类编纂摘抄，用作写文章的材料，现在还照常摘抄吗？还是已经完成了？或者分类摘抄《文选》的词藻，或者分类摘抄《说文解字》的训诂，你平生写作文章太少，就用编纂摘抄代替“作”字功夫，也是必不可少。

你从十余岁到二十岁虚度了光阴，现在每天坚持“看、读、写、作”四件事，或许还能有所成就。你说话太快，举止太轻浮，最近有没有努力践行“迟”“重”二字来补救啊？

这边军事形势安定。叛贼的援军于十九、二十、二十一日猛扑安庆包围圈的外围，均被官军奋力击退。二十二日从巳刻到五更，更是猛扑十一次，也被官军竭力击退。从此应该化险为夷了，安庆有望克复。

我的癣疾还没有痊愈，每夜都得用手不停抓挠，幸亏没有其他疾病。皖南有左宗棠、张运兰，江西有鲍超，都可以放心。眼下只有安庆形势比较危急，但经过二十二日的风波，应该也不用担心了。

咸丰十一年七月二十四日

简评

所谓“写”字功夫，就是书法功夫。一个人的字体美观工整，文面整洁大方，文章会因此增色，个人形象也会因此加分。父母不必强求孩子都能如曾纪泽一样练成名家，只要多督促孩子勤思善悟、虚心取法各家之长，坚持不懈、久久为功，就一定可以小有所成。

34.

崇俭可以长久，乱世尤须戒奢

原文

字谕纪泽：

八月二十日胡必达、谢荣凤[①]到，接尔母子及澄叔三信，并《汉魏百三家》《圣教序》帖。二十二日谭在荣到，又接尔及澄叔二信。具悉一切。

蔡迎五竟死于京口江中，可异可悯！兹将其口粮三两补去外，以银二十两赈恤其家。朱运四先生之母仙逝，兹寄去奠仪银八两。蕙姑娘[②]之女一贞于今冬发嫁，兹付去奁仪[③]十两。家中可分别妥送。

大女儿择于十二月初三日发嫁，袁家已送期[④]来否？余向定妆奁之资二百金，兹先寄百金回家，制备衣物，余百金俟下次再寄。其自家至袁家途费暨六十[⑤]侄女出嫁奁仪，均俟下次再寄也。

居家之道，惟崇俭可以长久，处乱世尤以戒奢侈为要义。衣服

---

① 胡必达、谢荣凤：送信长夫。后文谭在荣、蔡迎五亦为送信长夫。

② 蕙姑娘：姑娘即姑妈之意，此处指曾国藩之妹曾国蕙。

③ 奁仪：指恭贺女子出嫁的礼物礼金。

④ 送期：即请期，传统婚礼礼仪之一，由男方选定婚期，备礼，通知女方。

⑤ 六十：似为侄女小名。

不宜多制，尤不宜大镶大缘，过于绚烂。尔教导诸妹，敬听父训，自有可久之理。

牧云舅氏书院一席，余已函托寄云中丞[1]。沅叔告假回长沙，当面再一提及，当无不成。余身体平安。二十一日成服哭临[2]，现在三日已毕。疮尚未好，每夜搔痒不止，幸不甚为害。满叔[3]近患疟疾，二十二日痊愈矣。此次未写澄叔信，尔将此呈阅。

咸丰十一年八月二十四日

译文

写给纪泽：

八月二十日胡必达、谢凤荣到大营，我接到你母子和澄叔三封信，还有《汉魏六朝百三名家集》《圣教序》等字帖。二十二日谭在荣到大营，又接到你和你澄叔二封信。信中说的情况都了解了。

蔡迎五竟然死在京口的江中，太意外太可怜了！现在将他的口粮银三两补发过去，再拿二十两银子赈济抚恤家属。朱金权先生的母亲去世了，现在寄过去奠仪银八两。你蕙姑妈家的女儿一贞冬天要出嫁，现在付过去奁仪银十两。家里可分别妥善送去。

大女儿定于十二月初三日出嫁，袁家已经来请期了吗？我过去定下来女儿出嫁陪送妆奁银二百两，现在先寄一百两回家，以

① 寄云中丞：指湖南巡抚毛鸿宾。

② 成服哭临：丧礼大殓后，亲属按照与逝者关系穿不同衣服，称为成服。哭临指皇帝驾崩，集众举哀。

③ 满叔：湖南方言中“满”指兄弟姐妹中最小的那一位。

供制备衣物之用，剩下的一百两等下次再寄。咱们家到袁家的路费以及六十侄女出嫁的奁仪，都等到下次再寄。

居家之道，只有崇尚节俭才能长久，身处乱世尤其要以戒除奢侈为重要的事。衣服不宜制备太多，尤其不应该做繁复的装饰，过于绚丽。你教导各位妹妹，恭谨地听从父亲的教诲，其中自有可以长久的道理。

你舅舅牧云先生希望谋得书院的一席教职，我已经发信给毛鸿宾巡抚请托。沅叔请假回长沙，与他见面的时候再提一句，应该不会不成。我身体平安。二十一日成服为大行皇帝哭临，现在三天已完毕。我的疮疾还没有好，每天夜里都瘙痒不止，所幸不太严重。你小叔最近罹患疟疾，二十二日已经痊愈了。这次没有给澄叔写信，你可以将这封信呈他一阅。

咸丰十一年八月二十四日

简评

“静以修身，俭以养德”是诸葛亮教育孩子的话，与曾国藩“惟崇俭可以长久”一席话有异曲同工之妙。曾国藩不但对“崇俭”反复言说，而且坚定地付诸实践，如为女儿嫁妆设定了苛刻要求等。“崇俭”的理念不会因为生活水平的提高而过时，今天的父母一样应该和孩子加以强调。

35.

辨识万物，分类摘抄

原文

字谕纪泽：

接尔八月十四日禀并日课一单、分类目录一纸。日课单批明发还。

目录分类，非一言可尽。大抵有一种学问，即有一种分类之法；有一人嗜好，即有一人摘钞之法。若从本原论之，当以《尔雅》为分类之最古者。天之星辰，地之山川，鸟兽草木，皆古圣贤人辨其品汇，命之以名。《书》所称大禹主名山川，《礼》所称黄帝正名百物是也。物必先有名，而后有是字，故必知命名之原，乃知文字之原。舟车弓矢、俎豆钟鼓[1]、日用之具，皆先王制器以利民用。必先有器而后有是字，故又必知制器之原，乃知文字之原。君臣上下、礼乐兵刑、赏罚之法，皆先王立事以经纶天下，或先有事而后有字，或先有字而后有事，故又必知万事之本，而后知文字之原。

此三者物最初，器次之，事又次之。三者既具，而后有文词。《尔雅》一书，如释天、释地、释山、释水、释草木、释鸟兽虫鱼，物之属也；释器、释宫、释乐，器之属也；释亲，事之属也；释诂、

① 俎豆钟鼓：泛指各种礼器。

释训、释言，文词之属也。《尔雅》之分类，惟属事者最略；后世之分类，惟属事者最详。事之中又判为两端焉：曰虚事，曰实事。虚事者，如经之“三礼”，马之“八书”，班之“十志”，及“三通”①之区别门类是也。实事者，就史鉴中已往之事迹，分类纂记，如《事文类聚》《白孔六帖》《太平御览》及我朝《渊鉴类函》《子史精华》等书是也。

尔所呈之目录，亦是钞摘实事之象，而不如《子史精华》中目录之精当。余在京藏《子史精华》，温叔于二十八年带回，想尚在白玉堂，尔可取出核对，将子目略为减少。后世人事日多，史册日繁，摘类书者，事多而器物少，乃势所必然。尔即可照此钞去，但期与《子史精华》规模相仿，即为善本。其末附古语鄙谚②，虽未必无用，而不如径摘钞《说文》训诂，庶与《尔雅》首三篇相近也。余亦思仿《尔雅》之例钞纂类书，以记“日知月无忘”③之效，特患年齿已衰，军务少暇，终不能有所成。或余少引其端，尔将来继成之可耳。

余身体尚好，惟疮久不愈。沅叔已拔营赴庐江、无为州，一切平安。胡宫保④仙逝，是东南大不幸事，可伤之至。紫兼亳营中无之。兹付笔二十支、印章一包查收。蓝格本下次再付。澄叔处尚未写信，将此送阅。

咸丰十一年九月初四日

---

① 三通：指记载历代典章制度的三本书，唐代杜佑的《通典》、宋代郑樵的《通志》以及宋元之际马端临的《文献通考》。

② 古语鄙谚：指古代乡间俗语。

③ 日知月无忘：即“日知所亡”“无忘所能”。

④ 胡宫保：指胡林翼，湘军将领。

译文

写给纪泽：

接到你八月十四日的信和日课单一份、分类目录一张。我会把日课单批改清楚发还给你。

目录和分类，不是一句话可以说明白的。大抵有一种学问，就有一种分类方法；有一种个人嗜好，就有一种个人摘抄方法。如果从事情的本源来说，应该以《尔雅》作为最古老的分类之书。天上的星辰，地上的山川，飞禽走兽和树林草木，都是由古代的圣贤分辨品类，给它们命名。《尚书》所说的大禹给山川命名，《礼记》所说的黄帝给百物确定正式名字，说的就是这回事。事物一定是先有名，其后再有对应的字，所以你一定要知道命名的缘由，才能知道文字的本源。舟车弓箭、俎豆钟鼓、日用器具都是先王制造出来供人民使用的。必须先有这种器物，再有对应的字，所以必须先知道了这种器物的来源，才能知道文字的本源。君臣上下、礼乐兵刑、赏罚之法，都是先王为治理天下而确立的事情。有的先有事再有相应的字，有的先有字再有相应的事，所以必须先知道万事的来由，才能知道文字的来源。

这三者比较，物最早出现，器其次，事再次之。三者都具备了，才出现了写文章用的词语。《尔雅》这本书中，如释天、释地、释山、释水、释草木、释鸟兽虫鱼等篇章，都是在说物的种类；释器、释宫、释乐，都是说器的种类；释亲，是说事的种类；释诂、释训、释言，是说词语的种类。《尔雅》的分类中，事的种类最简略；后世分类时，却数事这一类最详细。事又可以分为两类：虚事，实事。所谓虚事，如经书中的“三礼”，司马迁《史记》中的“八书”，班固《汉书》中的“十志”，以及“三通”当中的各种门类，就是虚事。所谓实事，把历史典籍中记载的事迹分类编纂记录，如《事文类聚》《白孔六帖》《太平御览》及当朝《渊鉴类函》《子史精华》等书的内容，就是实事。

你所呈来的目录，也像是摘抄实事的样子，却不如《子史精华》中的目录精确恰当。我在京城藏有一部《子史精华》，温叔在道光二十八年带回老家，想来还在白玉堂，你可以取出来核对，将子目录略微减少。后世的人事日渐繁多，历史典籍日渐繁复，摘抄类书的内容，“事”多而“器”少，这是大势所趋。你可以照着《子史精华》的样子去摘抄，只要最后能与它规模相仿，就是一部好书。你目录最末附有“古语鄙谚”，虽然未必没有用，但是不如直接摘抄《说文解字》的训诂，差不多与《尔雅》前三篇类似。我也想仿照《尔雅》的样子编纂抄录类书，以期能达到“日知月无忘”的效果，只是担心年纪已老，军务少有闲暇，最终不能有所成就。或者我稍微开个头，你将来接着做完也可以。

我身体还好，只是疮疾经久不愈。你沅叔已经拔营出发前往庐江、无为州，一切平安。胡林翼去世，是东南战场的一大不幸之事，太叫人悲伤了。军营中没有紫兼毫笔。我寄回去笔二十支、印章一包，记得查收。蓝格本下次再寄。这次没有给澄叔写信，把这封信送呈他一阅。

咸丰十一年九月初四日

简评

曾国藩给孩子讲解知识，实在是循循善诱。孩子学业的短板，他能一眼发现。孩子学业进度不如意的时候，他并不苛责，而是耐着性子教，手把手地改。他总是不厌其烦地把知识的来龙去脉讲解清楚，将孩子的知识基础夯筑得异常稳固。

36.

克勤克俭，力戒奢侈

原文

字谕纪泽儿：

昨见尔所作《说文分韵解字凡例》，喜尔今年甚有长进，因请莫君[①]指示错处。莫君名友芝，字子偲，号郘亭，贵州辛卯举人，学问淹雅。丁未年在琉璃厂与余相见，心敬其人。七月来营，复得畅谈。其学于考据、词章二者皆有本原，义理亦践修不苟。兹将渠批订尔所作之《凡例》寄去，余亦批示数处。

又，寄银百五十两，合前寄之百金，均为大女儿于归[②]之用。以二百金办奁具[③]，以五十金为程仪，家中切不可另筹银钱，过于奢侈。遭此乱世，虽大富大贵，亦靠不住，惟"勤俭"二字可以持久。

又，寄丸药二小瓶，与尔母服食。尔在家常能早起否？诸弟妹早起否？说话迟钝、行路厚重否？宜时时省记也。

咸丰十一年九月二十四日

---

① 莫君：指莫友芝，曾国藩幕僚，书信中也称其为莫偲老等。
② 于归：指出嫁。
③ 奁具：指嫁妆。

译文

写给我儿纪泽：

昨天见到你所作的《说文分韵解字凡例》，很高兴你今年进步这么大，于是就拿给莫先生请他指明错误之处。莫先生名友芝，字子偲，号郘亭，是辛卯年贵州的举人，学问深厚而雅正。丁未年在北京琉璃厂和我相识，我心里很敬重他。七月他到大营中来，我们再一次畅谈。他在考据、词章两方面的学问都讲究本原，对义理的践行修治也是一丝不苟。现将他批改订正过的《说文分韵解字凡例》寄去，我也批改了几处。

还有，寄回去的一百五十两银子，加上之前寄回的一百两，都是供大女儿出嫁用的。用二百两置办嫁妆，以五十两作为路费，家中一定不可另行筹备银钱，过于奢侈。身逢此乱世，即使大富大贵，也靠不住，只有"勤俭"二字可以持久。

再有，寄回去二小瓶丸药，给你母亲服用。你在家常能早起吗？各位弟弟妹妹能早起吗？你说话慢速谨慎、走路稳重吗？你应该时时自省牢记。

咸丰十一年九月二十四日

简评

曾国藩常常拿孩子的习作请幕僚批改，还常常鼓励孩子与自己的幕僚们交朋友，引导孩子与智者同行、与高人为伍。环境会影响人，圈子会造就人。父母应该关注孩子的交际状况，鼓励孩子与优秀的人共学、共事，这是让他们更加优秀的重要途径。

37.

每当极苦之时，常思与尔母子相见

原文

字谕纪泽儿：

接沅叔信，知二女喜期，陈家[①]择于正月二十八日入赘。澄叔欲于乡间另备一屋，余意即在黄金堂成礼，或借曾家坳头行礼，三朝[②]后仍接回黄金堂。想尔母子与诸叔已有定议矣。兹寄回银二百两，为二女奁资，外五十金，为酒席之资，俟下次寄回（亦于此次寄矣）。

浙江全省皆失。贼势浩大，迥异往时气象。鲍军在青阳，亦因贼众兵单，未能得手。徽州近又被围。余任大责重，忧闷之至。疮癣并未少减，每当痛痒极苦之时，常思与尔母子相见。因贼氛环逼，不敢遽接家眷。又以罗氏女[③]须嫁，纪鸿须出考，且待明春察看。如贼焰少衰，安庆无虞，则接尔母带纪鸿来此一行，尔夫妇与陈婿在家照料一切。若贼氛日甚，则仍接尔来此一行。明年正二月，再有准信。

纪鸿县府各考，均须请邓师亲送。澄叔前言纪鸿至书院读书，

---

① 陈家：指陈远济家。陈远济入赘曾家，为曾国藩二女儿曾纪耀夫婿。
② 三朝：旧俗指婚后第三日。
③ 罗氏女：指曾国藩三女儿曾纪琛，因已经许配给罗允吉，所以有此称呼。

则断不可。

前蒙恩赐遗念[1]衣一、冠一、搬指一、表一，兹用黄箱送回（宣宗遗念衣一、玉佩一，亦可藏此箱内），敬谨尊藏。此嘱。

咸丰十一年十二月十四日

译文

写给我儿纪泽：

接到你沅叔的信，知道了二女儿的婚期，陈家定于正月二十八日入赘。澄叔想在乡间再准备一间屋子，我的意思就在黄金堂完婚，或者借曾家垇头行礼，三朝后仍接回黄金堂。想来你们母子和各位叔叔已经定好了吧。现寄回二百两银子，作为二女儿的嫁妆，另外还有五十两银子，作为置办酒席的资费，等下次寄回（也在此次寄了吧）。

浙江全省沦陷。叛贼声势浩大，和以往的气象完全不同。鲍超军在青阳，也因为贼多官军少，没有得手。徽州最近又被包围。我任务重、责任大，忧虑烦闷到极点。疮癣之疾没有一点好转，每当痛痒极苦的时候，就常常想见到你们母子。因为叛贼气势紧逼，不敢马上去接家眷。又因为三女儿要出嫁，纪鸿要出门考试，暂且等明年春天看情况再说。如果叛贼的气焰有所衰退，就接你母亲带纪鸿来这里一趟，你们夫妇和远济女婿在家照料一切。如果叛贼气势更加嚣张，就仍接你到这里来一趟。明年正月二月，再有准信。

---

① 遗念：指将死者遗物送人留念。此指朝廷将先帝遗物赐予大臣。

纪鸿参加县、府各次考试，都必须请邓先生亲自护送。澄叔之前说让纪鸿到书院去读书，此事断不可行。

之前蒙圣恩受赐的先帝遗念衣物一件、帽子一顶、扳指一枚、表一只，现在用黄色箱子送回（宣宗皇帝的遗念衣服一件、玉佩一枚，也可以藏在这个箱子里），恭敬谨慎地妥收尊藏。特此嘱咐。

咸丰十一年十二月十四日

简评

家是温暖的港湾，每当烦闷苦痛，我们总是期望能回到港湾停靠。中国人的情感表达是含蓄的，但是我们仍然可以在字里行间读懂曾国藩对家的浓浓牵挂。家庭给予人的温暖会治愈人的一生。为人父母，应该常常反躬自省，每当气极、怒极、恨极的时候，不妨按捺一下脾气，给予孩子一个温暖的笑脸，这是我们能付出的最简单朴素的爱。

38. 熟读十八家诗以作诗，谨记空空体面不足喜

原文

字谕纪泽：

正月十三、四连接尔十二月十六、二十四两禀，又得澄叔十二月二十二一缄、尔母十六日一缄，备悉一切。

尔诗一首，阅过发回。尔诗笔远胜于文笔，以后宜常常为之。余久不作诗而好读诗。每夜分①辄取古人名篇高声朗诵，用以自娱。今年亦当间作二三首，与尔曹相和答，仿苏氏父子之例。尔之才思，能古雅而不能雄骏，大约宜作五言，而不宜作七言。余所选十八家诗，凡十厚册，在家中，此次可交来丁带至营中。尔要读古诗，汉魏六朝，取余所选曹、阮、陶、谢、鲍、谢六家②，专心读之，必与尔性质相近。至于开拓心胸，扩充气魄，穷极变态③，则非唐之李、杜、韩、白，宋金之苏、黄、陆、元八家④不足以尽天下古今之奇观。尔之质性，虽与八家者不相近，而要不可不将此八

---

① 夜分：指夜半时分。

② 六家：指曹植、阮籍、陶渊明、谢灵运、鲍照、谢朓。

③ 变态：指诗文变化万千的风格。

④ 八家：指李白、杜甫、韩愈、白居易、苏轼、黄庭坚、陆游、元好问。

人之集悉心研究一番，实“六经”外之巨制，文字中之尤物也。

尔于小学粗有所得，深用为慰。欲读周汉古书，非明于小学无可问津。余于道光末年，始好高邮王氏父子之说，从事戎行，未能卒业，冀尔竟其绪耳。

余身体尚可支持，惟公事太多，每易积压。癣痒迄未甚愈。家中索用银钱甚多，其最要紧者，余必付回。京报[①]在家，不知系报何喜？若节制四省[②]，则余已两次疏辞矣。此等空空体面，岂亦有喜报耶？

同治元年正月十四日

译文

写给纪泽：

正月十三日、十四日接连收到你十二月十六日、二十四日的两封信，又收到你澄叔十二月二十二日一封信、你母亲十六日一封信，详尽了解了全部情况。

你写的一首诗，我已批阅寄回。你作诗的文笔远胜于作文的文笔，以后应该常常作诗。我很久不作诗了，但喜好读诗。每天夜半时分总会取来古人名篇高声朗诵，用这样的方法自娱自乐。今年也应该不时作二三首诗，与你们相和答，像苏洵和苏轼、苏辙那样。你的才思，能古朴雅致而不能雄伟峻拔，大概适宜作五言诗，不适宜作七言诗。我所选的十八家诗，总共有十厚本，现

① 京报：当时的京报一般是指刊登朝廷要闻和官员任免的新闻纸，也称邸报、邸钞。此处似指朝廷从北京派到湖南曾府报喜的专员。

② 节制四省：节制江苏、江西、安徽、浙江四省军政事务。

在家中，这次可以交给来送信的兵丁带到大营中。你要读古诗，汉魏六朝就取我所选的曹植、阮籍、陶渊明、谢灵运、鲍照、谢朓六家的诗，专心读下来，一定与你的性情气质相近。至于开阔心胸、扩充气魄，穷尽万千风格，那除了唐代李白、杜甫、韩愈、白居易和宋金两代的苏轼、黄庭坚、陆游、元好问这八家，其余的都不足以淋漓尽致地展示古往今来天下诗歌的奇异风采。你的气质性情，即使与八家不相近，也不能不将这八人的诗集悉心研究一番，它们实在是“六经”外的鸿篇巨制，文字中的奇珍异宝。

我对于文字、训诂、音韵之学略有所得，对此深感欣慰。想要读周代、汉代的古书，如果不懂文字、训诂、音韵方面的学问，就会无从下手。我在道光末年，开始喜好高邮王念孙、王引之父子的学说，后来从事军事，没有完成学业，希望你能接续完成。

我身体还能支持，只是公事太多，常常容易积压。癣痒到现在也没有大的好转。家中索要银钱很多，那些最紧要的，我一定寄回去。从京城报喜的专员在家中，不知道报的是什么喜事？如果是节制四省这件事，那我已经是两次上疏请辞。这种空有虚名的体面事，难道也有人专门报喜吗？

同治元年正月十四日

简评

对仕途的不断进步，曾国藩向来是看得极淡。他把这份淡泊也传递给孩子。当孩子表露出无心仕途的想法时，他除去尊重并不多言。孩子不应该也不可能替代我们去实现自己未竟的心愿。如果孩子选择了自己要走的路，父母要做的不是横加阻拦，而是帮助他们走得正、走得稳、走得好。

39.

居安思危，刻刻谨慎

原文

字谕纪泽儿：

二月十三日接正月二十三日来禀并澄侯叔一信，知五宅平安。二女正月二十日喜事诸凡顺遂，至以为慰。

此间军事如恒。徽州解围后，贼退不远，亦未再来犯。左中丞进攻遂安，以为攻严州保衢州之计。鲍春霆顿兵青阳，近未开仗。洪叔在三山夹收降卒三千人，编成四营。沅叔初七日至汉口，十五后当可抵皖。李希帅[①]初九日至安庆，三月初赴六安州。多礼堂[②]进攻庐州，贼坚守不出。上海屡次被贼扑犯，洋人助守，尚幸无恙。

余身体平安。今岁间能成寐，为近年所仅见。惟圣眷太隆，责任太重，深以为危，知交有识者亦皆代我危之，只好刻刻谨慎，存一“临深履薄”[③]之想而已。

今年县考在何时？鸿儿赴考，须请寅师往送。寅师父子一切盘费，皆我家供应也……

同治元年二月十四日

---

① 李希帅：指李续宜，湘军将领，李续宾之弟，书信中也称其为希庵、希帅等。

② 多礼堂：指多隆阿，时任荆州将军。

③ 临深履薄：即“如临深渊、如履薄冰”之意。

译文

写给我儿纪泽：

二月十三日接到你正月二十三日的来信和澄侯叔的一封信，知道家中五宅平安。二女儿正月二十日的喜事一切顺遂，我对此非常欣慰。

这边军事形势和往常一样。徽州解围以后，叛贼退走不远，也没有再来进犯。左宗棠进攻遂安，为进攻严州包围衢州做打算。鲍超率部屯兵青阳，近期没有开仗。你季叔在三山夹收编降卒三千人，编列成四个营。沅叔初七日到达汉口，十五日以后应该可以抵达安徽。李续宜初九日到达安庆，三月初将赶赴六安州。多隆阿进攻庐州，叛贼坚守不出。上海屡次被叛贼猛扑进犯，有洋人帮助防守，所幸没有问题。

我身体平安。今年以来偶尔能够睡着，这是近年来少有的。只是圣上太过宠眷，责任太过重大，我对此有深深的危机感，相交好、有识见的朋友也替我感到危险，只好时时刻刻保持谨慎，存“如临深渊、如履薄冰”的心态。

今年县考是什么时候？鸿儿前去赶考，一定要请邓汪琼老师前往护送。邓老师父子的一切差旅费，都由我家供应……

同治元年二月十四日

简评

曾国藩谨慎心细的性格特质在家教方面也有表现，纪鸿要参加县考，他对诸如几时赶考、谁人陪伴、几多盘缠等，事无巨细都要过问。孩子长期与如此细心谨慎的父亲相处，潜移默化之间，自然也会养成细心周到的性格。

40.

家常琐事人皆有之，世态冷暖人生常态

原文

字谕纪泽儿:

三月十三日接尔二月二十四日安禀并澄叔信，具悉五宅平安。

尔至葛家送亲[①]后，又须至浏阳送陈婿夫妇，又须赶回黄宅送亲，又须接办罗氏女喜事。今年春夏，尔在家中，比余在营更忙。然古今文人学人，莫不有家常琐事之劳其身，莫不有世态冷暖之撄其心。尔现当家门鼎盛之时，炎凉之状不接于目，衣食之谋不萦于怀，虽奔走烦劳，犹远胜于寒士困苦之境也。

尔母咳嗽不止，其病当在肺家。兹寄去好参四钱五分、高丽参半斤，好者如试之有效，当托人到京再买也。余近久不吃丸药，每月两逢节气，服归脾汤三剂。迩来渴睡甚多，不知是好是歹。

军事平安。鲍公于初七日在铜陵获一大胜仗。少荃坐火轮船于初八日赴上海，其所部六千五百人当陆续载去。希庵所派救颍州之兵，颍郡于初五日解围。

第三女于四月二十二日于归罗家，兹寄去银二百五十两查收。

---

① 送亲：旧俗女儿出嫁，本家派有身份男子送到婆家，称为送亲。前文葛家、后文黄宅均指曾氏族女之婆家。曾国藩常年在外，曾纪泽代行家长之责。

余不详，即呈澄叔一阅。此嘱。

同治元年三月十四日

译文

写给我儿纪泽：

三月十三日接到你二月二十四日的请安信和澄叔的信，知晓了家中五宅平安。

你到葛家送亲后，又得去浏阳送你二妹夫妇，又要赶回黄家送亲，还得接着筹办三妹的婚事。今年春夏，你在家中比我在军营里更忙。然而古今的文人和学者，无不被家常琐事劳烦身体，无不被世态冷暖扰乱内心。你现在生活在家门鼎盛的时候，没有目睹世态炎凉，不用操心衣食之忧，即使奔走烦劳，也远远胜过贫寒士人的困苦境遇。

你母亲咳嗽不止，她的病应该在肺部。现寄去上好人参四钱五分、高丽参半斤，上好人参试用之后如果感觉有效，我托人到京城再买。我近来很久不吃丸药了，每月两次节气的时候，就服用归脾汤三剂。近来时常倦怠犯困，不知道是好是坏。

军事形势平安。鲍超军于初七日在铜陵获得一次大胜仗。李鸿章坐火轮船于初八日赶赴上海，他所统率的六千五百人应该也会陆续乘船前往。李续宜派兵前往救援颍州，颍州于初五日解围。

三女儿于四月二十二日出嫁罗家，现寄去二百五十两银子，注意查收。其余不详细说了，把这封信呈你澄叔一阅。特此嘱咐。

同治元年三月十四日

简评

曾国藩常年领兵在外，家中大事小情多由曾纪泽主持。曾国藩既欣慰，也有些许心疼。他告诉儿子古今文人学者都逃不脱被俗事叨扰的命运，勉励儿子珍惜家运昌盛的时候，对琐事泰然处之。以出世之心做入世之事，这种超凡的心态，可能正是曾氏父子成功的秘诀之一。

41.

有常是人生第一美德

原文

字谕纪泽儿:

连接尔十四、二十二日在省城所发禀，知二女在陈家门庭雍睦、衣食有资，不胜欣慰。

尔累月奔驰酬应，犹能不失常课，当可日进无已[①]。人生惟有常[②]是第一美德。余早年于作字一道，亦尝苦思力索，终无所成。近日朝朝摹写，久不间断，遂觉月异而岁不同。可见年无分老少，事无分难易，但行之有恒，自如种树畜养，日见其大而不觉耳。

尔之短处在言语欠钝讷，举止欠端重，看书能深入而作文不能峥嵘。若能从此三事上下一番苦功，进之以猛，持之以恒，不过一二年，自尔精进而不觉。言语迟钝，举止端重，则德进矣。作文有峥嵘雄快之气，则业进矣。尔前作诗，差有端绪，近亦常作否？李、杜、韩、苏四家之七古，惊心动魄，曾涉猎及之否？

此间军事，近日极得手。鲍军连克青阳、石埭、太平、泾县四城。沅叔连克巢县、和州、含山三城暨铜城闸、雍家镇、裕溪口、

① 无已：不止。

② 有常：恒常坚持。

西梁山四隘。满叔连克繁昌、南陵二城暨鲁港一隘。现仍稳慎图之，不敢骄矜。

余近日疮癣大发，与去年九十月相等。公事丛集，竟日忙冗，尚多积搁之件。所幸饮食如常，每夜安眠或二更[1]三更之久，不似往昔彻夜不寐，家中可以放心。此信并呈澄叔一阅，不另致也。

同治元年四月初四日

译文

写给我儿纪泽：

接连收到你十四日、二十二日在省城所发的信，知道二女儿在陈家与全家和睦相处，衣食无忧，不胜欣慰。

你连续几个月奔波应酬，还没有耽误日常功课，一定能够不断取得进步。人生只有坚持是第一美德。我早年对写字这门技艺曾经苦苦探求、努力练习，最终却没有什么成就。近些日子坚持每天摹写，恒久不间断，于是觉得每月每年都有进步。可见年龄不分大小、事情不分难易，只要持之以恒地去做，自然会像种树和养畜一样，每天都能在不知不觉间见证它们成长。

你的短处是言语欠缺迟钝木讷，举止欠缺端庄持重，看书能够深入思考作文却没有气势。如果能从这三件事上下一番苦功夫，迅猛发力，持之以恒，不过一两年的工夫，自然能在不自觉中有所精进。言语慢速谨慎，举止端庄持重，那德行就有进步。作文有格局气势，行文干净利索，那学业就有进步。你之前作

① 更：古代夜间计时单位，一更约为两小时。

诗，大致有些头绪了，最近有没有经常作诗啊？李白、杜甫、韩愈、苏轼四家的七言古诗，惊心动魄，可曾有所涉猎？

这边的军事形势，近日非常顺利。鲍超军连续攻克青阳、石埭、太平、泾县四城。你沅叔连续攻克巢县、和州、含山三城和铜城闸、雍家镇、裕溪口、西梁山四个关隘。你小叔连续攻克繁昌、南陵二城和鲁港一个关隘。现在仍然要稳妥谨慎地谋划，不敢骄傲自满。

我近日疮癣又大发作了，和去年九月十月时候差不多。公事堆积，每天忙碌不停，仍然有很多积压耽搁的文件。还好饮食和往常一样，每夜能安睡二三更的时间，不像以往彻夜难以入睡，家中可以放心。这封信一并呈送澄叔一阅，不再另外给他写信了。

同治元年四月初四日

简评

父母教导孩子，容易走两种极端：一味夸赞，或一味苛责。曾国藩教导儿子，既肯定优点，希望他们再接再厉，又指出缺点，要求他们拾遗补缺。这种方法，不但让孩子心理上易于接受，行动上也更加自觉，有助于他们扬长避短。

42.

以"厚重"医"轻"字弊病，唯立志可"金丹换骨"

原文

字谕纪泽、纪鸿儿：

今日专人送家信，甫经成行，又接王辉四[①]等带来四月初十之信，尔与澄叔各一件，借悉一切。

尔近来写字，总失之薄弱，骨力不坚劲，墨气不丰腴，与尔身体向来"轻"字之弊正是一路毛病。尔当用油纸摹颜字之《郭家庙》、柳字之《琅琊碑》《玄秘塔》，以药其病。日日留心，专从"厚重"二字上用功。否则字质太薄，即体质亦因之更轻矣。

人之气质，由于天生，本难改变，惟读书则可变化气质。古之精相法[②]，并言读书可以变换骨相。欲求变之之法，总须先立坚卓之志。即以余生平言之，三十岁前最好吃烟，片刻不离，至道光壬寅十一月二十一日立志戒烟，至今不再吃。四十六岁以前做事无恒，近五年深以为戒，现在大小事均尚有恒。即此二端，可见无事

① 王辉四：似为送信长夫。

② 精相法：此处指精通看相之法的人。

不可变也。尔于“厚重”[1]二字，须立志变改。古称“金丹换骨”[2]，余谓立志即丹也……

同治元年四月二十四日

译文

写给我儿纪泽、纪鸿：

今日安排专人送家信，送信人刚刚走，又接到王辉四等带来的四月初十的信，你和澄叔各一封，借此了解了全部情况。

你近来写字，总是因为字体薄弱而不够好，字体骨架力量不够坚挺强劲，墨色气韵不够丰润圆融，这和你身体一直以来就有的“轻”字弊病是一回事。你应该用油纸摹写颜真卿的字帖《郭家庙》、柳公权的字帖《琅琊碑》《玄秘塔碑》，用来医治这一弊病。每天都要留心，专门从“厚重”二字上下功夫。否则字体太过轻薄，你的体质也会因此更显薄弱。

人的气质，由于是天生的，本来很难改变，只有读书可以改变气质。古代那些精通看相之法的人，都说读书可以改变骨架相貌。想要寻找改变的方法，就一定要先立下坚定远大的志向。就以我这一生来说，三十岁以前最喜欢抽烟，片刻离不了，到道光壬寅年十一月二十一日我立志戒烟，至今不再抽。四十六岁以前做事没有恒心，最近五年深深以此为戒，现在大事小事都还算有

---

① 厚重：此处指敦厚持重。

② 金丹换骨：道教宣扬通过服用金丹来改变骨骼相貌。

恒心。就从这两点可见，没有什么事是不可改变的。你对于“厚重”二字，一定要立志改变。古时候都说“金丹换骨”，我说立志就是金丹啊……

同治元年四月二十四日

简评

世人都说，读书是门槛最低的高贵之举。读书不但可以改变命运，读书也可以塑造自我。“变换骨相”虽不足信，但是“腹有诗书气自华”却是不易之理。读书，是曾国藩家信中最常见的内容之一。今天的父母，更应以先贤为榜样，伴子阅读，与子共读，丰富了自己，也成就了孩子。

43. 从作文处下功夫，则诂经读史事事易

原文

字谕纪泽儿:

接尔四月十九日一禀，得知五宅平安。

尔《说文》将看毕，拟先看各经注疏，再从事于词章之学。余观汉人词章，未有不精于小学训诂者，如相如、子云、孟坚，于小学皆专著一书，《文选》于此三人之文著录最多。余于古文，志在效法此三人并司马迁、韩愈五家。以此五家之文，精于小学训诂，不妄下一字也。

尔于小学，既粗有所见，正好从词章上用功。《说文》看毕之后，可将《文选》细读一过。一面细读，一面钞记，一面作文以仿效之。凡奇僻之字，雅故之训[①]，不手钞则不能记，不摹仿则不惯用。自宋以后能文章者不通小学，国朝诸儒通小学者又不能文章。余早岁窥此门径，因人事太繁，又久历戎行，不克卒业，至今用为疚憾。尔之天分，长于看书，短于作文。此道太短，则于古书之用意行气，必不能看得谛当[②]。目下宜从短处下功夫，专肆力于《文

① 雅故之训：指雅正经典的训释。

② 谛当：恰当、准确。

选》，手钞及摹仿二者皆不可少。待文笔稍有长进，则以后诂经读史[1]，事事易于着手矣。

此间军事平顺。沅、季两叔皆直逼金陵城下。兹将沅信二件寄家一阅。惟沅、季两军进兵太锐，后路芜湖等处空虚，颇为可虑。余现筹兵补此瑕隙，不知果无疏失否？余身体平安，惟公事日繁，应复之信积搁甚多，余件尚能料理，家中可以放心。此信送澄叔一阅。余思家乡茶叶甚切，迅速付来为要。

同治元年五月十四日

译文

写给我儿纪泽：

接到你四月十九日的一封信，得知家里五宅平安。

你就要看完《说文解字》了，打算先看各经的注疏，再从事词章方面的学问。我看汉人的词章，没有不精于文字、训诂、音韵之学的，比如司马相如、扬雄、班固，都专门著有一本关于文字、训诂、音韵之学的著作。《文选》中选录此三人的文章最多。我在古文方面，立志效法这三人和司马迁、韩愈五家。我因为学习他们五家文章，精通文字、训诂、音韵之学，不会轻易乱用一个字。

你对于文字、训诂、音韵之学，既然略微有些见地，正好可以从词章方面用功。《说文解字》看完以后，可以将《文选》仔细阅读一遍。一边细读，一边摘抄，一边作文以仿效它们。大凡

① 诂经读史：阅读研究经史著作。

奇怪生僻的字，雅正经典的训释，不手抄就记不住，不模仿就不能惯用。自宋代以来能写文章的人不懂文字、训诂、音韵之学，本朝诸位精通文字、训诂、音韵之学的大儒又不能写文章。我早些年在这一方面略微摸到了一些门道，因为人事太繁杂，又长久在军中，未能完成学业，至今深感内疚遗憾。你的天分，长处是看书，短处是作文。作文水平太低，则对古书的立意和脉络结构必定无法看得准确。眼下应当从短处多下功夫，专门在《文选》上用力，摘抄和模仿二者都不能少。等文笔稍微有些长进，以后再阅读研究经史著作，就事事容易入手了。

这边军事形势平顺。沅叔、季叔二军都直逼金陵城下。现将沅叔的两封信寄回家一阅。只是你沅叔、季叔二军进军速度太快，后路芜湖等地守备空虚，很叫人担忧。我现在筹集兵员去补上这个空隙，不知是否能确保没有疏失。我身体平安，只是公事日渐繁多，应该回复的信积压耽搁很多，其他事情尚能处理，请家里放心。此信呈送你澄叔一阅。我非常想念家乡的茶叶，记得赶紧寄来。

同治元年五月十四日

简评

“纸上得来终觉浅，绝知此事要躬行”，只有亲自动笔去写，才能对文章的脉络结构、内涵意蕴有更深层次的理解。夸夸其谈，纸上谈兵，读再多的书也不过是过眼烟云。不少父母教导孩子读书，只关注“量”，却轻视“质”。要知道，学懂弄通、有所启迪才是读书的目标，而不是简单追求数量。

44.

隐忍含蓄，以小见大

原文

字谕纪泽：

二十日接家信，系尔与澄叔五月初二所发。二十二日又接澄侯衡州一信，具悉五宅平安，三女嫁事已毕。

尔信极以袁婿为虑，余亦不料其遽尔学坏至此。余即日当作信教之，尔等在家却不宜过露痕迹。人所以稍顾体面者，冀人之敬重也。若人之傲惰鄙弃业已露出，则索性荡然无耻，拚弃不顾，甘与正人为仇，而以后不可救药矣。我家内外大小于袁婿处礼貌均不可疏忽，若久不悛改，将来或接至皖营，延师教之亦可。大约世家子弟，钱不可多，衣不可多，事虽至小，所关颇大。

此间各路军事平安。多将军[①]赴援陕西，沅、季在金陵孤军无助，不无可虑。湖州于初三日失守。鲍攻宁国，恐难遽克。安徽亢旱，顷间三日大雨，人心始安。谷即在长沙采买，以后澄叔不必挂心。此次不另寄澄信，尔禀告之。此嘱。

同治元年五月二十四日

---

① 多将军：指多隆阿。

译文

写给纪泽：

二十日接到家信，是你和澄叔五月初二所发。二十二日又接到你澄叔从衡州发来的一封信，知晓家中五宅平安，三女儿的婚嫁事已完成。

你心中很为袁秉桢女婿担忧，我也没想到他忽然学坏变成这样，我即日就写信教育他，但是你们在家里却不应过多表露痕迹。人之所以要稍微顾及体面，是希望别人能够敬重自己。如果一个人的傲慢、懒惰、卑鄙和惹人嫌弃已经显露出来，那他就会索性变得彻底无耻，舍弃脸面不管不顾，甘愿与正人君子做仇人，那以后就不可救药了。我们家里里外外、长幼尊卑对他的礼貌都不可疏忽。如果他长期不思悔改，将来可以接到安徽大营，请老师教育他也可以。大概来说，世家子弟钱不能多，衣也不能多，事情虽然小，关联的事却不小。

这边各个方面的军事形势平安。多隆阿将军前往支援陕西，你沅叔、季叔在金陵孤立无援，不能不叫人担心。湖州在初三失手。鲍超攻打宁国，恐怕很难快速攻克。安徽严重干旱，近日下了三天大雨，人心才开始安定。谷子就在长沙采买，请澄叔以后不必挂心。此次不再另外给他寄信了，你禀告他一声。特此嘱咐。

同治元年五月二十四日

简评

曾国藩为人处世，内方外圆，尤其注意换位思考。即使已经对女婿气愤失望到极点，也嘱咐儿子不可疏忽对女婿的礼貌。他用行动教导孩子，要注意细节，与人相处时注意礼貌尊重，不使人难堪。在此基础上，再尽己所能去改变不如意的地方，做到无愧无悔无怨无恨。

45.

比寒士可成大器，恶气习误人子弟

原文

字谕纪鸿儿：

前闻尔县试幸列首选，为之欣慰。所寄各场文章，亦皆清润大方。昨接易芝生①先生十三日信，知尔已到省。城市繁华之地，尔宜在寓中静坐，不可出外游戏征逐②。兹余函商郭意城先生，在于东征局③兑银四百两，交尔在省为进学之用（如郭不在省，尔将此信至易芝生先生处借银亦可）。印卷之费，向例两学及学书④共三分，尔每分宜送钱百千。邓寅师处谢礼百两，邓十世兄⑤处送银十两助渠买书之资。余银数十两，为尔零用及略添衣物之需。

凡世家子弟，衣食起居无一不与寒士相同，庶可以成大器。若沾染富贵气习，则难望有成。吾忝为将相，而所有衣服不值三百金。愿尔等常守此俭朴之风，亦惜福之道也。其照例应用之钱，不

① 易芝生：指易良翰。曾国藩侄子曾纪湘娶易良翰之女，易本人还曾为曾府塾师。

② 征逐：狐朋狗友宴游玩乐。

③ 东征局：指为湘军东征筹款而设立的办事机构，由郭崑焘等负责。

④ 两学及学书：指县学、府学的教官和相关的办事人员。前述“印卷之费”，指生员入学后给他们的礼金。

⑤ 邓十世兄：指邓汪琼的儿子，常与曾纪鸿同学。

宜过啬（谢廪保[1]二十千，赏号[2]亦略丰）。谒圣[3]后，拜客数家，即行归里。今年不必乡试，一则尔工夫尚早，二则恐体弱难耐劳也。此谕。

再，尔县考诗有错平仄者。第一场考卷（末句“移”），第二场考卷（三句“禁”，仄声用者禁止、禁戒也，平声用者犹云受不住也，谚云“禁不起”），第三场考卷（四句“节俭仁惠崇”系倒写否？十句“逸”仄声），第五场考卷（九、十句失粘）。过院考[4]时，务将平仄一一检点，如有记不真者，则另换一字。抬头[5]处亦宜细心。再谕。

同治元年五月二十七日

译文

写给我儿纪鸿：

之前听说你参加县试幸运地被列为榜首，我为此感到欣慰。你寄来的各场考试的文章，也都清丽温润、大方得体。昨天接到易良翰先生十三日的信，知道你已经到省城了。城市是繁华的地方，你应该在住所静坐，不可去外面宴游玩乐。现在我就写信给郭崑焘先生商量，去东征局支取四百两银子，交给你作为在省城进修学业的费用（如果郭崑焘先生不在省城，你就持这封信到易

---

① 谢廪保：指谢姓廪保。廪保，童生初次考试，须有廪生担保，此人称廪保。
② 赏号：指给手下人每人一份的打赏。
③ 谒圣：童生考中后，由教官带领到孔庙行礼。
④ 院考：指各省学政主持的考试，级别高于县试。
⑤ 抬头：当时写文章遇有尊长姓名则空一格或换一行，以示尊敬，称为抬头。

良翰先生那里借银子也可以）。至于印卷费，惯例是分别给县学、府学的教官和文书共三份，你每处应当送钱一百千。邓汪琼老师那里送感谢礼一百两银子，邓十世兄那里送十两银子供他买书用。剩下的数十两银子，你作零用和稍微添置些衣物的费用。

大凡世家子弟，衣食起居无一不与贫寒士人相同的，几乎都可以成大器。如果沾染了富贵习气，那么就难以指望有所成就。我心怀愧疚地位列将相，所有的衣服也不值三百两银子。希望你们一直恪守这样俭朴的家风，这也是惜福的一种方式。那些照例应该用的钱，不要太吝啬（答谢谢廪保二十千钱，给底下人的打赏也应该略丰厚一些）。等完成谒圣礼仪之后，再拜访几家客人，就启程回家吧。今年不必参加乡试了，一是对你来说参加乡试时间尚早，二是害怕你身体羸弱难耐辛劳。就说这些。

再有，你县试时作的诗有平仄错误的地方。头场（末句的"移"字），二场（三句的"禁"字，仄声读音时意为禁止、禁戒，平声读音时好似在说受不住，就是谚语说的"禁不起"的意思），三场（四句的"节俭仁惠崇"是写倒了吗？十句"逸"是仄声），五场（九、十句声韵有误，平仄不粘连）。参加院考的时候，务必将平仄一一检查，如果有记不准的，就另外换一个字。抬头处也要更加细心。就再说这些。

同治元年五月二十七日

简评

曾国藩自己，一贯布衣素服；教育孩子，要求生活比照寒士；对待他人，却嘱咐“不宜过啬”。这实在是人生境界的体现。他总是注意通过这些具体事例来教育孩子如何修身、如何立身，这种言传身教，教的是书本上学不到的人生智慧。后来人观之、念之，理应思之、效之。

46.

可以冲和淡泊，万勿放浪形骸

原文

字谕纪泽儿:

曾代四、王飞四[①]先后来营，接尔二十日、二十六日两禀，具悉五宅平安。

和张邑侯[②]诗，音节近古，可慰可慰。五言诗，若能学到陶潜、谢朓一种冲淡之味和谐之音，亦天下之至乐，人间之奇福也。尔既无志于科名禄位，但能多读古书，时时哦诗作字，以陶写性情，则一生受用不尽。第[③]宜束身圭璧[④]，法王羲之、陶渊明之襟韵潇洒则可，法嵇、阮之放荡名教则不可耳。

希庵丁艰[⑤]，余即在安庆送礼，写四兄弟之名，家中似可不另送礼。或鼎三侄[⑥]另送礼物亦无不可，然只可送祭席、挽幛之类，银钱则断不必送。尔与四叔父、六婶母[⑦]商之。希庵到家之后，我

---

① 曾代四、王飞四：似为送信长夫。
② 张邑侯：指张清和，时任湘乡县令。邑侯是对县令的美称。
③ 第：连词，表转折。
④ 束身圭璧：形容洁身自好。束，约束。圭璧，美玉。
⑤ 丁艰：指遭遇父母之丧。
⑥ 鼎三侄：指曾国华之子曾纪寿，其与李续宾之女有婚约。
⑦ 四叔父、六婶母：指居家主事的曾国潢和纪寿的母亲（其父时已战死）。

家须有人往吊，或四叔或尔去皆可，或目下先去亦可。

近年以来，尔兄弟读书，所以不甚耽搁者，全赖四叔照料大事，朱金权照料小事。兹寄回鹿茸一架、袍褂料一付，寄谢四叔。丽参三两、银十二两，寄谢金权。又袍褂料一付，补谢寅皆先生。尔一一妥送。家中贺喜①之客，请金权恭敬款接，不可简慢。至要至要。

贤五先生②请余作传，稍迟寄回。此次未写复信，尔先告之。家中有殿板《职官表》③一书，余欲一看，便中寄来。抄本《国史文苑》《儒林传》④尚在否？查出禀知。此嘱。

同治元年七月十四日

译文

写给我儿纪泽：

曾代四、王飞四先后到大营中来，接到你二十日、二十六日两封信，知晓了家中五宅平安。

你唱和张县令的诗，对音韵节律的把控近似古人，我非常欣慰。五言诗，如果能学到陶渊明、谢朓那种冲和淡泊的味道与和谐的音律，也是天下极致的快乐，人间罕见的福分。你既然无心于科举功名、利禄官位，只要能多读古书，时常吟诗作字，用以

---

① 贺喜：恭贺曾纪鸿考中秀才。

② 贤五先生：无考，似为家乡亲友。

③ 殿板《职官表》：指武英殿版《钦定历代职官表》，是介绍历代官制沿革的书。乾隆皇帝敕令编纂，因在武英殿刊刻而得名。

④《国史文苑》《儒林传》：指《国史文苑传》《国史儒林传》，清代官修史书。

陶冶性情，那也是一生受用不尽的财富。只是应当洁身自好，效法王羲之和陶渊明的胸襟气魄，保持潇洒是可以的，但是效法嵇康、阮籍放荡不羁、逾越礼教则万万不可。

李续宜母亲去世，我就在安庆送礼，落我们四兄弟的名字，家中似乎可以不再另外送礼了。或者纪寿侄另外送礼也可以，但是只可送祭席、挽幛之类，银钱断然不必送了。你和四叔父、六婶母商量吧。李续宜到家之后，我们家得有人前去吊唁，你四叔或你都可以，或者眼下就去也可以。

近几年来，你们兄弟读书，之所以没有太被耽误，全仰赖你四叔照料大事，朱金权照料小事。现在寄回鹿茸一架、袍褂衣料一副，用来感谢你四叔。高丽参三两、银子十二两，用来感谢金权。还有袍褂衣料一副，补谢邓汪琼先生。你应该一一妥善送达。家中前去贺喜的客人，请金权恭敬款待，不可以简单怠慢。这一点非常重要。

贤五先生请我作传记，稍后寄回去。这次没有写复信，你先告诉他。家中有武英殿版的《钦定历代职官表》一书，我想看一看，方便的时候寄过来。抄本《国史文苑传》《国史儒林传》还在吗？查明了告诉我。特此嘱咐。

同治元年七月十四日

简评

“一种风流吾最爱，南朝人物晚唐诗”，许多人为魏晋风骨倾倒，曾氏父子也不例外。曾国藩教导儿子可以冲和淡泊，但是不可逾越礼教，更不可放浪形骸。今天的父母也可以借鉴这样的心态，能够接受孩子选择平凡，但是追求个性应掌握分寸。

47.

行气为文章第一义

原文

字谕纪泽儿：

接尔七月十一日禀并澄叔信，具悉一切。鸿儿十三日自省起程，想早到家。

此间诸事平安。沅、季二叔在金陵亦好。惟疾疫颇多，前建清醮[①]，后又陈龙灯狮子诸戏，仿古大傩之礼[②]，不知少愈否。

鲍公在宁国招降童容海[③]一股，收用者三千人，余五万人悉行遣散，每人给钱一千。鲍公办妥此事，即由高淳东坝会剿金陵。希帅由六安回省，初三已到。久病之后，加以忧戚，气象黑瘦，咳嗽不止，殊为可虑。本日接奉谕旨，不准请假回籍，赏银八百，饬地方官照料。圣恩高厚，无以复加，而希帅思归极切。观其病象，亦非回籍静养断难痊愈。渠日内拟自行具折陈情也。

尔所作《拟庄》三首，能识名理[④]，兼通训诂，慰甚慰甚。余近年颇识古人文章门径，而在军鲜暇，未尝偶作，一吐胸中之奇。

① 建清醮：道士设坛作法事。

② 大傩之礼：戴面具进行仪式性舞蹈以驱疫除魔的祭祀仪式。

③ 童容海：原为太平军将领，后降清。

④ 名理：事物异同和道理是非。

尔若能解《汉书》之训诂，参以《庄子》之诙诡，则余愿偿矣。至行气为文章第一义，卿、云之跌宕，昌黎之倔强，尤为行气不易之法。尔宜先于韩公倔强处揣摩一番。京中带回之书，有《谢秋水集》（名文洊，国初南丰人），可交来人带营一看。澄叔处未另作书，将此呈阅。

同治元年八月初四日

译文

写给我儿纪泽：

接到你七月十一日的信和澄叔的信，知晓了全部情况。鸿儿十三日从省城启程返家，想来早已经到家了。

这边诸事平安。你沅叔、季叔在金陵也很好。只是疫病很多，之前请了道士设坛作法事，后来又仿效古代跳神驱魔的仪式表演了舞龙灯、舞狮子等戏，不知道疫病能不能稍微好转些。

鲍超在宁国招降童容海一股叛贼，收编可用士卒三千人，其余五万人悉数遣散，每人给一千钱。鲍超办妥这件事，就由高淳东坝出发前往金陵会师剿匪。李续宜从六安回省城，初三就已经到了。他长期生病，加上忧愁悲伤，面相黑瘦，咳嗽不止，特别叫人担心。今天接奉圣上谕旨，不准他请假回原籍，赏赐他八百两银子，命令地方官加以照料。圣恩浩荡，无以复加，但是李续宜迫切想回家。我看他的病状，不回原籍静养断然难以痊愈。他打算这几天自行写折子向朝廷陈情。

你所作的《拟庄》诗三首，能辨析事物异同和是非道理，还能通达经史训诂，我非常欣慰。我这几年较能了解古人写文章的门道了，但是在军中很少有闲暇，没能偶尔写一写展现胸中的奇思妙想。你如果能理解《汉书》的训诂，再结合《庄子》诙谐怪诞的风格，那我就得偿所愿了。至于行气，则是写文章第一重要的事，司马相如、扬雄文章的跌宕起伏，韩愈文章的奇崛雄健，尤其是作文行气不可改变的法则。你应该先对韩愈文章奇崛雄健的风格揣摩学习一番。京中带回的书，有《谢秋水集》（名文洊，本朝初年南丰人），可交来营的人带来看一看。这次没有给你澄叔另外写信，把这封信呈他一阅。

同治元年八月初四日

简评

文章如山景，有起伏才不至平淡无味。曾国藩教子写文章，总爱以扬雄、司马相如、韩愈等人举例，告诉孩子多读名家作品，多琢磨脉络结构，辅之以“摘抄话头”，文章方能风格奇崛、骨架雄健、血肉丰满、意蕴长久。这些方法，父母都可以讲给学作文的孩子听。

48.

历风雨方见彩虹，经坎坷余皆坦途

原文

字谕纪泽：

日内未接家信，想五宅平安为慰。

此间近状如常。各军士卒多病，迄未少愈。甘子大[①]至宁国一行，归即一病不起。许吉斋[②]座师之世兄名敬身号藻卿者，远来访我，亦数日物故[③]。幸杨、鲍两军门[④]皆有转机，张凯章闻亦少瘥[⑤]。三公无他故，则大局尚可为也。沅叔营中病者亦多。沅意欲奏调多公一军回援金陵。多公在秦，正当紧急之际，焉能东旋？且沅、季共带二万余人，仅保营盘，亦无请援之理。惟祝病卒渐愈，禁得此次风浪，则此后普成坦途矣。

李希庵于闰八月二十三日安庆开行，奔丧回里。唐义渠[⑥]即于

---

① 甘子大：指甘晋，曾国藩幕僚。

② 许吉斋：指许乃安，是曾国藩考中进士当次会试的考官。时人将中考当次考官尊称座师。

③ 物故：亡故的婉转说法。

④ 杨、鲍两军门：指杨岳斌、鲍超，杨时任福建水师提督，鲍时任浙江提督。

⑤ 瘥：病愈。

⑥ 唐义渠：指唐训方，原任湖北布政使。李续宜丁忧返乡，保荐唐训方代理安徽巡抚。

是日到皖。两公于余处皆以长者之礼见待，公事毫无掣肘。余亦推诚相与，毫无猜疑。皖省吏治，或可渐有起色。

余近日癣疾复发，不似去秋之甚。眼蒙则逐日增剧，夜间几不复能看字。老态相催，固其理也……

同治元年闰八月二十四日

译文

写给纪泽：

这几天没有接到家信，希望家中五宅平安。

这边近况和平时一样。各军士卒疫病很多，迄今都没有稍许好转。甘晋到宁国去了一趟，回来就一病不起。许乃安座师那位名叫敬身号藻卿的世兄，从远方来拜访我，也是没几天就亡故了。所幸杨岳斌、鲍超二位提督的情况都有好转，听说张运兰也稍有好转。这三位没有其他变故，那局势还可维持。沅叔那边军营里生病者也很多。沅叔想要上奏请求多隆阿军回援金陵。多隆阿在陕西，正是紧急的时候，怎么能往东回军？况且沅叔、季叔共带了两万多人，仅仅保卫营盘，也没有再请求援军的道理。只有祝愿生病的士卒能够渐渐痊愈，能够禁得起这次风浪，那以后都是坦途了。

李续宜于闰八月二十三日从安庆启程，回家乡奔丧。唐训方当天就到了安徽。二位都是以长者的礼节对我，公事方面没有半点掣肘。我也开诚布公，毫不猜忌怀疑。安徽省的吏治，或许可以渐渐有些起色。

我近日癣疾复发，但不像去年秋天那么厉害。视力不清的毛病则日渐严重，夜间几乎不再能看清字了。年老的症状渐渐明显，也是自然规律……

同治元年闰八月二十四日

简评

曾国藩不管身处何等险境，传递给孩子的始终是一份“卒然临之而不惊”的淡然。不仅如此，他还常常教育孩子不畏艰险、迎难而上，告诉他们挺过最难的那一段，一定能够迎来胜利的曙光。我们也应该学会与孩子同风雨、共患难。人生因为磨砺而闪光，不抛弃、不放弃的坚韧品格，正是在这一次次的磨砺中练成的。

49.

善处安危之机，不仅为一己之身而计

原文

字谕纪泽儿：

接尔闰月禀，知澄叔尚在衡州未归，家中五宅平安，至以为慰。

此间连日恶风惊浪①。伪忠王②在金陵苦攻十六昼夜，经沅叔多方坚守，得以保全。伪侍王初三四亦至，现在金陵之贼数近二十万。业经守二十日，或可化险为夷。兹将沅叔初九、十与我二信寄归，外又有大夫第③信，一慰家人之心。

鲍春霆移扎距宁郡城④二十里之高祖山，虽病弁太多，十分可危，然凯军在城主守，春霆在外主战，或足御之。惟宁国县城于初六日失守，恐贼猛扑徽州、旌德、祁门等城，又恐其由间道径窜江西，殊可深虑。

余近日忧灼，迥异寻常气象，与八年春间相类。盖安危之机关系太大，不仅为一己之身名计也。但愿沅、霆两处幸保无恙，则他

① 恶风惊浪：此处指多处战场情况危急，险象环生。

② 伪忠王：指太平天国忠王李秀成。后文伪侍王指李秀成堂弟李世贤。

③ 大夫第：指曾国荃在家乡修建的府邸，包括多处建筑。

④ 宁郡城：指宁国府治所在地。

处尚可徐徐补救。此信送澄叔一阅，不详。

同治元年九月十四日

译文

写给我儿纪泽：

接到你闰月的信，知道澄叔还在衡州没有归家，家中五宅平安，我为此深感欣慰。

连日来，这边险象环生。李秀成在金陵苦苦进攻十六个昼夜，经沅叔多方坚守，官军营盘得以保全。李世贤初三四也到了，现在金陵的叛贼人数近二十万。官军已经守卫二十日了，或许可以化险为夷。现在将沅叔初九、初十给我的信寄回家去，另外还有他写给大夫第家里的信，可以宽慰家人的心。

鲍超移驻距离宁郡城二十里的高祖山，虽然病卒很多，形势十分危急，但是张运兰军在城中负责防守，鲍超在外围负责进攻，也许足以抵御。只是宁国县城于初六日失守，恐怕叛贼会猛扑徽州、旌德、祁门等城，也害怕叛贼由小道径直窜往江西，特别让人担忧。

我近日忧虑焦灼，和往常气象完全不同，与咸丰八年春天相类似。因为这是决定安危的紧要关头，关系太大，不仅仅是为自己一个人的身家性命和名誉利益算计。只愿你沅叔、鲍超两处能够幸保无恙，那其他处还可以慢慢补救。此信送给澄叔一阅，不详细说了。

同治元年九月十四日

简评

俗话说，一着不慎满盘皆输。战场上，曾国藩在关键时刻、关键地点集中兵力全力以赴。生活中，他教育孩子关注事情发展的重点环节。人的一生虽然漫长，决定生命走向的却往往只有几个关键节点。从小让孩子树立把握关键节点的意识，注意取舍，遇事才能做到游刃有余。

50.

危急之时益念亲人

原文

字谕纪泽儿：

旬日未接家信，不知五宅平安如常否？

此间军事，金柱关、芜湖及水师各营，已有九分稳固可靠；金陵沅叔一军，已有七分可靠；宁国鲍、张各军，尚不过五分可靠。此次风波之险，迥异寻常。余忧惧太过，似有怔忡[①]之象，每日无论有信与无信，寸心常若皇皇无主。前此专虑金陵沅、季大营或有疏失，近日金陵已稳，而忧惶战栗之象不为少减，自是老年心血亏损之症。欲尔再来营中省视，父子团聚一次。一则或可少解怔忡病症，二则尔之学问亦可稍进。或今冬起行，或明年正月起行，禀明尔母及澄叔行之。尔在此住数月归去，再令鸿儿来此一行。

寅皆先生明年定在大夫第教书，鸿儿随之受业。金二[②]外甥有志向学，尔可带之来营。余详日记中。此谕。

同治元年十月初四日

① 怔忡：中医指因受惊吓而导致的心脏剧烈跳动，类似心动过速。
② 金二：指王镇镛，曾国藩妹曾国蕙之子，书信中也称其为叶甥等。

译文

写给我儿纪泽：

十天没有接到家信，不知道家中五宅是否如往常一样平安？

这边的军事形势，金柱关、芜湖和水师各营，已有九分稳固可靠；金陵沅叔一军，已有七分可靠；宁国鲍超、张运兰各军，还不到五分可靠。这次危险的风波，和往常很不一样。我太过忧愁恐惧，好像有心动过速的征象，每天不论有没有消息，心中常常惶惶不安、六神无主。之前单单是担忧金陵你沅叔、季叔的大营会不会有疏失，近日金陵形势已稳固，但是忧虑惶恐战栗的征象并没有减少，这自然是老年心血亏损的病症。希望你能再到营中来探望我，父子团聚一次。一来或许可以稍微缓解我心动过速的病症，二来你的学问也可以稍微有些进步。或者今年冬天启程，或者明年正月启程，禀告你母亲和澄叔后再出行。你在这里住几个月回去，再让鸿儿到这里来一趟。

邓汪琼先生明年定在大夫第教书，鸿儿可跟随他到那里学习受课。镇镛外甥有志治学，你可以带他到军营中来。其余的事详细记在日记里。就说这些。

同治元年十月初四日

简评

《弟子规》有云“出必告，反必面”，意思是说出门和归家都要和父母打声招呼。曾国藩嘱咐孩子家事，都要求他们禀告父母和叔父。把行踪告知长辈，虽是生活中的细节，但是对增强孩子的规矩意识很有必要。需要特别注意的是，沟通是双向的，父母也应当把行踪及时与孩子沟通。

51.
博闻强识可助学，心绪烦乱最思亲

原文

字谕纪泽儿:

十月初十日接尔信与澄叔九月二十日县城发信，具悉五宅平安，希庵病亦渐好，至以为慰。

此间军事，金陵日就平稳，不久当可解围。沅叔另有二信，余不赘告。鲍军日内甚为危急。贼于湾沚渡过河西，梗塞霆营粮路。霆军当士卒大病之后，布置散漫，众心颇怨，深以为虑。鲍若不支，则张凯章困于宁国郡城之内，亦极可危。如天之福，宁国亦如金陵之转危为安，则大幸也。

尔从事小学、《说文》，行之不倦，极慰极慰。小学凡三大宗:言字形者，以《说文》为宗。古书惟大小徐二本①，至本朝而段氏特开生面，而钱坫、王筠、桂馥②之作亦可参观。言训诂者，以《尔雅》为宗。古书惟郭注、邢疏③，至本朝而邵二云④之《尔雅正

① 大小徐二本：指南唐、北宋年间徐铉校订的《说文解字》和其弟徐锴为《说文解字》作的注（《说文解字系传》）。

② 钱坫、王筠、桂馥：均为清代学者。

③ 郭注、邢疏：指晋代郭璞和北宋邢昺为《尔雅》所作的注疏。

④ 邵二云：指邵晋涵，清代学者。

义》、王怀祖之《广雅疏证》、郝兰皋[1]之《尔雅义疏》，皆称不朽之作。言音韵者，以《唐韵》为宗，古书惟《广韵》《集韵》，至本朝而顾氏《音学五书》乃为不刊之典，而江（慎修）、戴（东原）、段（懋堂）、王（怀祖）、孔（巽轩）、江（晋三）[2]诸作，亦可参观。尔欲于小学钻研古义，则三宗如顾、江、段、邵、郝、王六家之书，均不可不涉猎而探讨之。

余近日心绪极乱，心血极亏。其慌忙无措之象，有似咸丰八年春在家之时，而忧灼过之。甚思尔兄弟来此一见，不知尔何日可来营省视？仰观天时，默察人事，此贼竟无能平之理。但求全局不遽决裂，余能速死而不为万世所痛骂，则幸矣。

同治元年十月十四日

译文

写给我儿纪泽：

十月初十日接到你的信以及澄叔九月二十日从县城发来的信，知晓家中五宅平安，李续宜的病也渐渐好转，我感到非常欣慰。

这边的军事形势，金陵日渐平安稳固，不久应该可以解围了。沅叔还有两封信，我就不赘述了。鲍超军近几日很是危急。叛贼在湾沚渡河到西岸，阻塞了鲍超军的粮道。鲍超军正当士卒大病之后，布置散漫，大家心里很有怨气，我为此深深忧虑。鲍

① 郝兰皋：指郝懿行，清代学者。

② 孔（巽轩）、江（晋三）：分别指孔广森、江有诰，均为清代学者。

超军如果支撑不住，那张运兰就会被困在宁国郡城内，也是极其危险。如果上天赐福，宁国可以像金陵一样转危为安，那真是大幸啊。

你研究小学、《说文解字》，孜孜不倦，我感到极其欣慰。小学总共有三大门类：说字形的，以《说文解字》为宗。古书只有徐铉所校订的《说文解字》和徐锴所著的《说文解字系传》两本，及至本朝又有段玉裁的注解别开生面，钱坫、王筠、桂馥的书也可以参考阅读。说训诂的，以《尔雅》为宗。古书只有晋代郭璞所作的注、北宋邢昺所作的疏，及至本朝又有邵晋涵的《尔雅正义》、王念孙的《广雅疏证》、郝懿行的《尔雅义疏》，都可称作不朽的作品。说音韵的，以《唐韵》为宗，古书只有《广韵》《集韵》，及至本朝又有顾炎武的《音学五书》堪称不能磨灭的经典，而江永、戴震、段玉裁、王念孙、孔广森、江有诰等人的作品，也可以参考阅读。你想在小学方面研究古义，那么三大门类里面像顾炎武、江永、段玉裁、邵晋涵、郝懿行、王念孙六家的书，都不可不涉猎探讨。

我近日心绪非常乱，心血亏损的症状很厉害。慌忙无措的样子，和咸丰八年春天在家的时候很像，但比那时更加忧愁焦灼。非常想要你兄弟到这里来见一面，不知你们哪天可以到大营探视？仰观天象，默默思考人事，竟然没有能平定这些叛贼的办法。只求全局不要急速崩溃，我能速死而不被万世后人唾骂，就是万幸了。

同治元年十月十四日

简评

很多父母，愿意将幸福与家人分享，却总是把苦痛默默忍受。事实上，孩子比我们想象的成熟，更比我们想象的强大。曾国藩与孩子谈论战场上不利的形势，传递的是“盼你长大”的情愫，其中也隐含了“为我分忧”的期待，这种真切的情感表露或许比说教更能激励孩子奋进。

52. 父子畅叙可纾忧郁

原文

字谕纪泽、纪鸿儿：

日内未接家信，想五宅平安。

此间军事，金陵于初五日解围，营中一切平安，惟满叔有病未愈。目下危急之处有三：一系宁国鲍、张两军粮路已断，外无援兵；一系旌德朱品隆一军被贼围扑，粮米亦缺；一系九洑洲之贼窜过北岸，恐李世忠不能抵御。大约此三处者断难幸全。

余两月以来，十分忧灼，牙疼殊甚，心绪之恶，甚于八年春在家、十年春在祁门之状。尔明年新正来此，父子一叙，或可少纾忧郁。

尔近日走路，身体略觉厚重否？说话略觉迟钝否？鸿儿近学作试帖诗否？袁氏婿近常在家否？尔若来此，或带袁婿与金二外甥同来亦好。

同治元年十月二十四日

译文

写给我儿纪泽、纪鸿：

这几天没有收到家信，想必家中五宅平安。

这边的军事形势，金陵于初五日解围，营中一切平安，只是你小叔生病未愈。眼下危急的地方有三：一是宁国鲍超、张运兰两军的粮路已经被切断，外部没有援兵；一是旌德的朱品隆军被叛贼包围猛扑，粮米也很缺乏；一是九洑洲的叛贼窜过北岸，恐怕李世忠军抵御不了。大概这三处难以幸运保全。

我这两个月来，十分忧心焦灼，牙疼得特别厉害，心情比咸丰八年在家、咸丰十年在祁门的时候还要恶劣。你明年新春正月来这里，我们父子畅叙，或许可以稍稍纾解我的忧愁抑郁。

你近日走路，身体有没有稍微感觉稳重一些？说话有没有稍微感觉迟缓些？鸿儿最近有没有学写试帖诗啊？袁秉桢女婿最近经常在家吗？你如果到这里来，或者带上袁秉桢女婿和王镇镛外甥也挺好。

同治元年十月二十四日

简评

都说“圣人忘情”，可曾国藩这位公认的“圣人”极其重情。他位阶虽高，却向来体恤下属;他教子虽严，却从来和颜悦色；他城府虽深，却从来坦率真诚。言谈之间直抒心意，树立了他在外的威信，也拉近了他与孩子的距离。后来人纵使无法企及他为官为人的高度，但学习他与孩子做朋友以心换心总是容易达到的。

53. 一息尚存，忧劳不懈

原文

字谕纪泽儿:

二十九接尔十月十八在长沙所发之信，十一月初一又接尔初九日一禀，并与左镜和[①]唱酬诗及澄叔之信，具悉一切。

尔诗胎息[②]近古，用字亦皆的当。惟四言诗最难有声响、有光芒，虽《文选》韦、孟[③]以后诸作，亦复尔雅有余、精光不足。扬子云之《州箴》《百官箴》诸四言，刻意摹古，亦乏作作之光、渊渊之声。余生平于古人四言，最好韩公之作，如《祭柳子厚文》《祭张署文》《进学解》《送穷文》诸四言，固皆光如皎日，响如春霆。即其他凡墓志之铭词及集中如《淮西碑》《元和圣德》各四言诗，亦皆于奇崛之中迸出声光。其要不外意义层出、笔仗雄拔而已。自韩公而外，则班孟坚《汉书·叙传》一篇，亦四言中之最隽雅者。尔将此数篇熟读成诵，则于四言之道自有悟境。

镜和诗雅洁清润，实为吾乡罕见之才，但亦少奇矫之致。凡诗文欲求雄奇矫变，总须用意有超群离俗之想，乃能脱去恒蹊。尔

① 左镜和：似为曾纪泽家乡亲友。

② 胎息：指气息、风格。

③ 韦、孟：指韦应物、孟浩然，均为唐代诗人，皆擅长四言诗。

前信读《马汧督诔》，谓其沉郁似《史记》，极是极是。余往年亦笃好斯篇。尔若于斯篇及《芜城赋》《哀江南赋》《九辩》《祭张署文》等篇吟玩不已，则声情自茂，文思汩汩矣。

此间军事，危迫异常。九洑洲之贼纷窜江北，巢县、和州、含山俱有失守之信。余日夜忧灼，智尽能索。一息尚存，忧劳不懈，他非所知耳！

尔行路渐重厚否？纪鸿读书有恒否？至为廑念。余详日记中。

同治元年十一月初四日

译文

写给我儿纪泽：

二十九日接到你十月十八日在长沙所发的信，十一月初一又接到你十月初九的一封信，还有你和左镜和唱和的诗歌以及澄叔的信，知晓了信中所说的全部情况。

你的诗歌风格近似古人，用字也都很得当。只是四言诗最难有声响、有光芒，即使是《文选》中韦应物、孟浩然之后的那些作品，也都是雅正有余，光彩不足。扬雄的《州箴》《百官箴》等那些四言诗，刻意模仿古文，也缺乏熠熠生辉的光彩和掷地有声的回响。我平生对古人的四言诗，最喜好韩愈的作品，比如《祭柳子厚文》《祭张署文》《进学解》《送穷文》这些四言诗，确实都是像太阳一样光芒四射，像春雷一样响彻云霄。就算其他类似墓志的铭词和文集中类似《淮西碑》《元和圣德》的四言诗，也都是在奇崛的行文中迸发出声响和光芒。其中的关键不外乎意义层出不穷，笔意雄健挺拔而已。在韩愈之外，班固的《汉书·叙传》一篇，也是最隽永典雅的四言之一。你将这几篇熟读朗诵，则对于四言诗的门道一定会有所感悟。

左镜和的诗歌文雅干净、清和温润，他实在是我们家乡罕见的人才，但是也少了些奇崛变化的情致。大凡诗文想要追求奇崛变化，就须在立意上有超凡脱俗的想法，才能撇开固有的道路，独辟蹊径。你之前信上说读了《马汧督诔》，说它风格沉郁好似《史记》，说得太对了。我过去也特别笃爱这一篇。你如果将这一篇以及《芜城赋》《哀江南赋》《九辩》《祭张署文》等篇目反复吟诵玩味，那写作时一定能够声情并茂，文思泉涌。

这边的军事形势，危险急迫异乎寻常。九洑洲的叛贼纷纷窜往江北，巢县、和州、含山都有失守的消息。我日夜忧愁焦灼，想尽办法，穷尽手段。只要一息尚存，就要为国分忧，不懈奋斗，其他的事就不是我能知道的了。

你走路有没有渐渐厚重些啊？纪鸿读书有没有恒心啊？我非常挂念。其余的事，详细记录在日记中。

同治元年十一月初四日

简评

家国情怀始终是中国人内心深处不变的守望。沧海桑田，“家国”的内涵在变，但是“先天下之忧而忧”的情怀不会变，“一片丹心为报国”的志向不会变。中国的父母，对孩子“尽忠报国”的教育不能变，对孩子“一息尚存，忧劳不懈”的提点不能变。为人父母者，共勉之！

54.

家事禀问长辈，习字仍须刚厚

原文

字谕纪泽儿：

二十二三日连寄二信与澄叔，驿[1]递长沙转寄，想俱接到。

季叔赍志长逝，实堪伤恸。沅叔之意，定以季榇[2]葬马公塘，与高轩公[3]合冢。尔即可至北港迎接。一切筑坟等事，禀问澄叔，必恭必悫[4]。俟季叔葬事毕后，再来皖营可也。

尔现用油纸摹帖否？字乏刚劲之气，是尔生质短处，以后宜从“刚”字“厚”字用功。特嘱。

同治元年十一月二十四日

译文

写给我儿纪泽：

二十二日、二十三日接连寄出两封信给你澄叔，交给驿站送

---

① 驿：旧时邮政系统，通过驿马在驿站之间一站一站传递。

② 榇（chèn）：指棺木。

③ 高轩公：指曾骥云，曾国藩叔父。

④ 悫（què）：诚实、谨慎。

到长沙转寄回家，想必都收到了。

你季叔心怀壮志却溘然长逝，实在叫人悲伤哀恸。你沅叔的意思，决定将你季叔的棺木葬在马公塘，与高轩公合冢安葬。你可以到北港迎接季叔棺木。筑坟等一切事宜，禀告澄叔决定，一定要恭敬、谨慎。等季叔安葬事宜完毕后，再到安徽大营中来就可以。

你现在还用油纸摹写字帖吗？你的字缺乏刚劲之气，这是你生来气质的短处，以后应该从“刚”字“厚”字上下功夫。特此嘱咐。

同治元年十一月二十四日

简评

每一个中国人，其实都深深置身于博大精深的传统文化之中，都从中汲取着丰富的智慧和营养。家长不妨带领孩子去发现和弘扬优秀的传统文化，毕竟越是传统的，越是长久的；越是中国的，就越是世界的。

55.

学韩公五言诗，从可骇可笑处细心领会

原文

字谕纪泽儿:

十一日接十一月二十二日来禀，内有鸿儿诗四首。十二日又接初五日来禀，其时尔初自长沙归也。两次皆有澄叔之信，具悉一切。

韩公五言诗本难领会，尔且先于怪奇可骇处、诙谐可笑处细心领会。可骇处，如咏落叶，则曰“谓是夜气灭，望舒霣其圆”①；咏作文，则曰“蛟龙弄角牙，造次欲手揽”②。可笑处，如咏登科，则曰“侪辈妒且热，喘如竹筒吹”③；咏苦寒，则曰“羲和送日出，恇怯频窥觇”④。尔从此等处用心，可以长才力，亦可添风趣。

鸿儿试帖，大方而有清气，易于造就，即日批改寄回。

季叔奉初六恩旨追赠按察使，照按察使军营病故例议恤，可称极优。兹将谕旨录归。此间定于十九日开吊，二十日发引，同行者

① 谓是夜气灭，望舒霣其圆：语出《秋怀诗 · 其九》。望舒代指月亮，“霣”通“陨”。

② 蛟龙弄角牙，造次欲手揽：语出《送无本师归范阳》。造次，意为轻率。

③ 侪辈妒且热，喘如竹筒吹：语出《寄崔二十六立之》。侪辈，指同辈。

④ 羲和送日出，恇怯频窥觇：语出《苦寒》。羲和，指太阳神的御车夫。恇怯，意为胆怯。觇，意为偷偷看。

为厚四、甲二、甲六、葛罨山、江龙三诸族戚，又有员弁亲兵等数十人送之，大约二月可到湘潭。葬期若定二月底三月初，必可不误。

下游军事渐稳。北岸萧军[①]于初十日克复运漕，鲍军粮路虽不甚通，而贼实不悍，或可勉强支持。此信送澄叔一阅。

同治元年十二月十四日

译文

写给我儿纪泽：

十一日接到十一月二十二日的来信，里面有鸿儿的诗四首。十二日又接到初五日的来信，那时候你刚刚从长沙回家。两次都同时收到澄叔的信。信中讲的情况都了解了。

韩愈的五言诗本来就难以领会，你姑且先在那些怪奇且令人惊骇的地方、诙谐可笑的地方细心领会。令人惊骇的地方，比如写落叶，就说“谓是夜气灭，望舒霣其圆”；写作文，就说“蛟龙弄角牙，造次欲手揽”。可笑的地方，比如写登科，就说“侪辈妒且热，喘如竹筒吹”；写苦寒，就说“羲和送日出，恇怯频窥觇”。你从这些地方用心，可以增长才华，也可以增添风趣。

鸿儿写的试帖诗，大方又不失清润，将来容易有所成就，我马上批改了寄回去。

初六日接奉恩旨，追赠你季叔按察使，按照按察使在军营中病故的惯例加以抚恤，可以称得上是极其优厚了。现在将谕旨抄

① 萧军：指湘军萧庆衍部。

录寄回。这边定于十九日接受吊唁，二十日灵柩出发，同行者是厚四、甲二、甲六、葛罩山、江龙三这些家族亲戚，还有相关官员和亲兵数十人护送，大约二月可到湘潭。葬期如果定在二月底三月初，必定不会耽误。

长江下游的军事形势渐渐稳固。北岸的萧庆衍军于初十日克复运漕，鲍超军的粮道虽然不甚通畅，但是叛贼实际并不强悍，或许可以勉强支撑。这封信呈送澄叔一阅。

同治元年十二月十四日

简评

曾国藩指导孩子学习韩愈诗文，要在可骇可笑处细心领会。一来是因为细微处可见真章，二来是因为可以增添学习的趣味。引导孩子发现学习乐趣就是曾国藩的高明之处。孩子总有厌学的时候，观察发现他们的兴趣点就是医治厌学的良方。

56.

世守礼义，耐劳忍气

原文

字谕纪泽儿：

萧开二①来，接尔正月初五日禀，得知家中平安。罗太亲翁②仙逝，此间当寄奠仪五十金、祭幛一轴，下次付回。

罗婿性情乖戾，与袁婿同为可虑，然此无可如何之事。不知平日在三女儿之前亦或暴戾不近人情否。尔当谆嘱三妹柔顺恭谨，不可有片语违忤。三纲之道，君为臣纲，父为子纲，夫为妻纲，是地维③所赖以立，天柱所赖以尊。故传曰：君，天也；父，天也；夫，天也。《仪礼》记曰：君，至尊也；父，至尊也；夫，至尊也。君虽不仁，臣不可以不忠；父虽不慈，子不可以不孝；夫虽不贤，妻不可以不顺。吾家读书居官，世守礼义，尔当诰戒大妹、三妹忍耐顺受。吾于诸女妆奁甚薄，然使女果贫困，吾亦必周济而覆育之。目下陈家微窘，袁家、罗家并不忧贫。尔谆劝诸妹，以能耐劳忍气为要。吾服官多年，亦常在“耐劳忍气”四字上做功夫也。

---

① 萧开二：似为送信长夫。

② 罗太亲翁：指曾国藩亲家罗泽南之父。

③ 地维：古人认为天圆地方，天由九柱支撑，地由四绳拴系。地维、天柱之说即源于此。二者均比喻纲纪。

鲍春霆正月初六日泾县一战后，各处未再开仗。春霆营士气复旺，米粮亦足，应可再振。伪忠王复派贼数万续渡江北，非希庵与江味根[1]等来，恐难得手。

余牙疼大愈，日内将至金陵一晤沅叔。此信送澄叔一阅，不另致。

同治二年正月二十四日

译文

写给我儿纪泽：

萧开二到大营中来，接到你正月初五的信，得知家中平安。罗太亲翁仙逝，这边应当寄送奠仪五十两银子、祭幛一轴，下次寄回。

罗允吉女婿性情乖张暴戾，与袁秉桢女婿一样叫人忧虑，然而这是无可奈何的事情。不知他平时在三女儿面前是否也是这样暴戾不近人情。你应当谆谆嘱咐三妹柔顺恭谨，不要有一句话顶撞忤逆他。三纲之道，君为臣纲，父为子纲，夫为妻纲，这是天地之间人伦纲纪建立和存在的根本。所以传书中说：君王是天，父亲是天，丈夫也是天。《仪礼》记载说：君主是至尊无上的，父亲是至尊无上的，丈夫是至尊无上的。君主即使不仁，臣子也不可以不忠；父亲即使不慈，儿子也不可以不孝；丈夫即使不贤，妻子也不可以不顺。我们家读书为官，世代谨守礼义，你应当告诫大妹、三妹忍耐顺受，我给予各位女儿的嫁妆很少，但

① 江味根：指江忠义，湘军将领。

是假如女儿果真贫困，我也一定会周济养育他们。眼下陈家稍微有点窘迫，袁家、罗家并不会因贫困而发愁。你要谆谆劝导各位妹妹，以能够耐劳忍气为要紧的事。我做官多年，也常常在“耐劳忍气”四个字上下功夫。

鲍超军正月初六泾县一战后，各个地方一直没有再开仗。鲍超军士气恢复旺盛，米粮也很充足，应当可以再振作起来。李秀成再次派贼兵数万人渡江到北岸，除非李续宜和江忠义等人率军前来，不然官兵恐怕难以得手。

我牙疼好多了，近日将到金陵见见你沅叔。这封信送你澄叔一阅，不单独给他写信了。

同治二年正月二十四日

简评

“三纲”的观念已经走进历史，“耐劳忍气”却仍有积极意义。如今每个家庭里的孩子少，家长对孩子多有娇惯，孩子们成长过程中普遍欠缺挫折教育。家长要适当放手，让他们经受岁月风霜的洗礼，“曾益其所不能”，成年后才能有强大的内心和强健的体魄抵御各种困难挫折。

57.

读书持家，莫负好光阴

原文

字谕纪泽儿:

二月二十一日在运漕行次[①]，接尔正月二十二日、二月初三日两禀，并澄叔两信，具悉家中五宅平安。大姑母及季叔葬事，此时均当完毕。

尔在团山嘴桥上跌而不伤，极幸极幸。闻尔母与澄叔之意欲修石桥，尔写禀来，由营付归可也。《礼》云“道而不径，舟而不游”[②]，古之言孝者，专以保身为重。乡间路窄桥孤，嗣后吾家子侄凡遇过桥，无论轿马，均须下而步行。

吾本意欲尔来营见面，因远道风波之险，不复望尔前来，且待九月霜降水落，风涛性定，再行寄谕定夺。目下尔在家饱看群书，兼持门户。处乱世而得宽闲之岁月，千难万难，尔切莫错过此等好光阴也。

余以十六日自金陵开船而上，沿途阅看金柱关、东西梁山、裕溪口、运漕、无为州等处，军心均属稳固，布置亦尚妥当。惟兵力

---

① 行次：指出行时的暂居场所。

② 道而不径，舟而不游：出行时走大路不走小路，过河时坐船而不游泳。古代讲究“身体发肤，受之父母，不敢毁伤”，将爱惜身体视为孝道。

处处单薄，不知足以御贼否。余再至青阳一行，月杪[①]即可还省。南岸近亦吃紧，广匪两股窜扑徽州，古、赖[②]等股窜扰青阳。其志皆在直犯江西以营一饱，殊为可虑。

澄叔不愿受沅之貤封[③]。余当寄信至京，停止此举，以成澄志。尔读书有恒，余欢慰之至。第所阅日博，亦须札记一二条，以自考证。脚步近稍稳重否？常常留心。此嘱。

同治二年二月二十四日

泥汊舟次

译文

写给我儿纪泽：

二月二十一日在运漕行营，接到你正月二十二日、二月初三日的两封信，还有你澄叔的两封信，知晓了家中五宅平安。大姑母和季叔安葬的事情，现在应当都处理完毕了。

你在团山嘴桥上跌倒却没有受伤，真是极其幸运。听你母亲和澄叔的意思是想要修座石桥，你写信禀来，由营中将款项寄回去即可。《礼记》上说“道而不径，舟而不游”，古人说到孝道，特别以保全身体为重。乡间道路狭窄桥梁稀少，以后我们家子侄，只要遇到过桥，无论坐轿骑马，都必须下来步行。

我本想让你来军营见面，但是因为道路遥远长江风浪大，又不希望你来了，暂且等待九月霜降后水位下落、风平浪静，再给

---

① 月杪：指月底。

② 古、赖：指太平军将领古隆贤、赖文鸿。

③ 貤封：受封之人呈请将所受封诰转授亲友。

你寄信定夺。眼下你在家饱览群书，同时管理好家事。身处乱世而能有宽松闲适的岁月，真是千难万难，你一定不要错过这样的大好光阴。

我于十六日从金陵开船溯流而上，沿途检阅金柱关、东西梁山、裕溪口、运漕、无为州等处防务，各地军心都算稳固，布置也算妥当。只是各处兵力都很单薄，不知道是否能够抵御叛贼。我再到青阳去一趟，月底就可以回到省城。南岸防务最近也吃紧了。两广的两股叛贼窜来攻打徽州，古隆贤、赖文鸿等股叛贼窜扰青阳。他们的目标都是直扑江西，以期能够夺取粮食，形势非常叫人担心。

澄叔不愿意接受沅叔的贻封。我会寄信到京城，终止此事，以成全澄叔的心愿。你读书有恒心，我非常高兴欣慰。但是随着阅读越来越广博，也必须记好札记，以便自我考证所学知识。最近脚步有没有稍微稳重些？常常留心啊。特此嘱咐。

同治二年二月二十四日

军舟停靠泥汉古镇

简评

“花有重开日，人无再少年”，父母应该时常与孩子分享些年少时学习和生活的经历，聊聊心路历程，勉励他们珍惜好时节，“莫等闲，白了少年头，空悲切”。

58.

精于小学、熟读成诵，方可作古茂之文章

原文

字谕纪泽儿：

接尔二月十三日禀并《闻人赋》一首，具悉家中各宅平安。

尔于小学训诂，颇识古人源流，而文章又窥见汉魏六朝之门径，欣慰无已。余尝怪国朝大儒如戴东原、钱辛楣①、段懋堂、王怀祖诸老，其小学训诂实能超越近古，直逼汉唐，而文章不能追寻古人深处，达于本而阂②于末③，知其一而昧其二，颇所不解。私窃有志，欲以戴、钱、段、王之训诂，发为班、张、左、郭之文章（晋人左思、郭璞小学最深，文章亦逼两汉，潘、陆不及也）。久事戎行，斯愿莫遂，若尔曹能成我未竟之志，则至乐莫大乎是。即日当批改付归。尔既得此津筏④，以后便当专心一志，以精确之训诂，作古茂之文章。由班、张、左、郭上而扬、马而《庄》《骚》而"六经"，靡不息息相通；下而潘、陆而任、沈而江、鲍、徐、

① 钱辛楣：指钱大昕，清代学者。
② 阂：阻隔、阻碍。
③ "本""末"句：指精通小学，文章水平却不高。
④ 津筏：指渡江之舟，比喻门径、诀窍。

庾，则词愈杂，气愈薄，而训诂之道衰矣。至韩昌黎出，乃由班、张、扬、马而上跻“六经”，其训诂亦甚精当。尔试观《南海神庙碑》《送郑尚书序》诸篇，则知韩文实与汉赋相近；又观《祭张署文》《平淮西碑》诸篇，则知韩文实与《诗经》相近。近世学韩文者，皆不知其与扬、马、班、张一鼻孔出气。尔能参透此中消息，则几矣。

尔阅看书籍颇多，然成诵者太少，亦是一短。嗣后宜将《文选》最惬意者熟读，以能背诵为断，如《两都赋》《西征赋》《芜城赋》及《九辩》《解嘲》之类，皆宜熟读。《选》后之文，如《与杨遵彦书》（徐）、《哀江南赋》（庾）亦宜熟读。又经世之文如马贵与[①]《文献通考》序二十四首，天文如丹元子[②]之《步天歌》（《文献通考》载之，《五礼通考》载之），地理如顾祖禹[③]之《州域形势叙》（见《方舆纪要》首数卷，低一格者不必读，高一格者可读，其排列某州某郡无文气者，亦不必读）。以上所选文七篇三种，尔与纪鸿儿皆当手钞熟读，互相背诵，将来父子相见，余亦课尔等背诵也。

尔拟以四月来皖，余亦甚望尔来，教尔以文。惟长江风波，颇不放心，又恐往返途中抛荒学业，尔禀请尔母及澄叔酌示。如四月起程，则只带袁婿及金二甥同来。如八九月起程，则奉母及弟妹妻女合家同来，到皖住数月，孰归孰留，再行商酌。目下皖北贼犯湖北，皖南贼犯江西，今年上半年必不安静，下半年或当稍胜。尔若于四月来谒，舟中宜十分稳慎。如八月来，则余派大船至湘潭迎接可也。

同治二年三月初四日

---

① 马贵与：指马端临，宋元之际学者。
② 丹元子：隋唐之际隐者，通晓天文。
③ 顾祖禹：清初学者。

译文

写给我儿纪泽：

接到你二月十三日的信和《闻人赋》一首，知晓了家中各宅平安。

你在文字、音韵、训诂方面，很能识别古人的源流，而且文章又能看到汉魏六朝的门道，我很欣慰。我曾经奇怪本朝的鸿学大儒如戴震、钱大昕、段玉裁、王念孙等诸位老先生，他们的文字、音韵、训诂水平实在是可以超越近古，直逼汉唐，但是文章却不能追寻到古人的精微深处，能够通达事物之本却在事物之末上阻碍不通，在其中一个方面非常了解却在另一个方面蒙昧不知，我感到非常不解。我私下立志，要用戴震、钱大昕、段玉裁、王念孙的训诂，生发出班固、张衡、左思、郭璞的文章（晋代人左思、郭璞的文字、音韵、训诂功底最深，文章水平也逼近两汉，是潘岳、陆机赶不上的）。因为长期从事军务，这个愿望没有达成，如果你们能够完成我未完成的志向，那没有比这更让我快乐的事了。你的文章我会马上批改好寄回去。你既然已经找到方法诀窍，以后就应当专心致志，用精确的训诂，写作古雅丰茂的文章。从班固、张衡、左思、郭璞的文章向上追溯到扬雄、司马相如的文章，继而到《庄子》《离骚》，再到"六经"，这些文章无不息息相通；往下到潘岳、陆机，到任昉、沈约，再到江淹、鲍照、徐陵、庾信，他们的文章用词越来越复杂，文气却越来越薄弱，写文章讲求训诂的做法也就日渐衰亡。等到韩愈出现，文章水平直逼班固、张衡、扬雄、司马相如，接近"六经"的高度，他的训诂也非常精当。你试着看看《南海神庙碑》《送郑尚书序》这几篇，就知道韩愈的文章实际上与汉赋很相近；再看看《祭张署文》《平淮西碑》这几篇，就会知道韩愈的文章实际也与《诗经》相近。近世学习韩愈文章的，都不知道他实际上与扬雄、司马相如、班固、张衡风格一脉相承。你能参透这其中的门道，就差不多了。

你阅览的书籍很多，但是能背诵的太少，这也是一大短处。以后应该将《文选》中你最喜欢的篇章熟读，直到可以背诵为止，比如《两都赋》《西征赋》《芜城赋》及《九辩》《解嘲》之类，都应该熟读。《文选》之后的文章，如《与杨遵彦书》（作者徐陵）、《哀江南赋》（作者庾信）也应该熟读。还有经世治国方面如马端临的《文献通考》序言二十四首，天文方面如丹元子的《步天歌》（《文献通考》有载，《五礼通考》也有载），地理方面如顾祖禹的《州域形势叙》（见《方舆纪要》开头数卷，版面上低一格排版的部分不必读，高一格排版的部分可读，其中内容罗列某州某郡、行文没有章法的部分也不必读）。以上所选文章七篇三种，你与纪鸿都应当手抄熟读，互相检查背诵，将来我们父子相见，我也会查考你们背诵的情况。

你打算四月到安徽，我也很希望你来，教你写文章。只是长江风大浪急，叫我很不放心，又害怕你往返途中荒废学业，你禀告你母亲和澄叔，酌情考虑吧。如果四月启程，那就只带袁秉桢女婿和金二外甥同来。如果八九月启程，就陪同你母亲和弟弟妹妹以及你妻子女儿全家一起来，到安徽住数月，谁归谁留，再行斟酌商议。眼下皖北的叛贼进犯湖北，皖南的叛贼进犯江西，今年上半年一定不会安生，下半年或许会稍微好一些。你如果四月来探望我，乘坐舟船要十分稳慎。如果八月来，我派大船到湘潭迎接你们即可。

同治二年三月初四日

简评 要想写得一手好文章，需要有长期的积累。积累的重要途径之一就是熟读成诵。“熟读唐诗三百首，不会吟诗也会吟”，家长一定要督促孩子坚持不懈地去做。背诵虽苦，但只要坚持，一定会有从量变到质变的飞跃。

59.

抗心希古，大慰余怀

原文

字谕纪泽儿：

顷接尔禀及澄叔信，知余二月初四在芜湖下所发二信同日到家，季叔与伯姑母葬事皆已办妥。尔自槠山[①]归来，俗务应稍减少。

此间近日军事最急者，惟石涧埠毛竹丹、刘南云[②]营盘被围。自初三至初十，昼夜环攻，水泄不通。次则黄文金大股由建德窜犯景德镇。余本檄鲍军救援景镇，因石涧埠危急，又令鲍改援北岸。沅叔亦拨七营援救石涧埠。只要守住十日，两路援兵皆到，必可解围。又有捻匪由湖北下窜，安庆必须安排守城事宜。各路交警，应接不暇，幸身体平安，尚可支持。

《闻人赋》圈批发还，尔能抗心希古[③]，大慰余怀。纪鸿颇好学否？尔说话走路比往年较迟重否？

---

① 槠山：指曾纪泽岳父刘蓉家，刘氏是槠山望族。

② 毛竹丹、刘南云：指毛有铭、刘连捷，均为湘军将领。

③ 抗心希古：抗，通“亢”，高尚，此处作使动用法。希，期望。

付去高丽参一斤，备家中不时之需。又付银十两，尔托槠山为我买好茶叶若干斤。去年寄来之茶，不甚好也。此信送与澄叔一看，不另寄。奏章谕旨一本查收。

同治二年三月十四日

译文

写给我儿纪泽：

刚刚接到你的信和澄叔的信，了解到我二月初四在芜湖下所发出的两封信同一天到家，你季叔和大姑母安葬的事情都已经办妥了。你从槠山回来，家务琐事应该会稍有减少。

这边军事形势最紧急的地方，要数石涧埠毛有铭、刘连捷的营盘被包围。从初三到初十，叛贼昼夜围攻，水泄不通。其次要数黄文金所率大股叛贼从建德窜扰进犯景德镇。我本来命令鲍超军救援景德镇，但是因为石涧埠战况危急，又命令他改去支援北岸。沅叔也分拨七个营前去救援石涧埠。只要能守卫十天，两路援军都赶到，一定可以解围。又有捻军叛匪从湖北往下游窜犯，安庆必须安排守城事宜。各路战场交相警报，应接不暇。所幸我身体平安，还可以支撑。

《闻人赋》已经圈批过发还，你志存高远，期望效法先贤，令我特别欣慰。纪鸿是不是很好学？你说话走路有没有比往年稍微迟缓稳重些？

寄去高丽参一斤，以备家中不时之需。再寄银子十两，你委托槠山那边的人为我买好点的茶叶若干斤。去年寄来的茶叶，不怎么好。这封信呈送澄叔一阅，我不另外写信了。同时寄回奏章谕旨一本，记得查收。

同治二年三月十四日

简评

曾国藩看到曾纪泽写文章能够“抗心希古”，感到非常欣慰。曾国藩写文章非常注意学习借鉴，几乎是逢信必讲。指导孩子在广泛阅读基础上熟读背诵，会对提升孩子的写作水平有重要帮助。

60.

读书应有恒，应试须细检

原文

字谕纪鸿儿：

接尔禀件，知家中五宅平安，子侄读书有恒，为慰。

尔问今年应否往过科考①，尔既作秀才，凡岁考、科考，均应前往入场，此朝廷之功令②，士子之职业也。惟尔年纪太轻，余不放心，若邓师能晋省送考，则尔凡事有所禀承，甚好甚好。若邓师不赴省，则尔或与易芝生先生同住，或随罣山、镜和、子祥诸先生同伴，总须得一老成者照应一切，乃为稳妥。

尔近日常作试帖诗否？场中细检一番，无错平仄，无错抬头也。此次未写信与澄叔，尔为禀告。

同治二年五月十八日

---

① 科考：清代各省在三年一次的乡试前举办甄别考试，达标者方可参加乡试。后文岁考指各省每年对秀才进行的例行考试，考后评定学习等次，赏优罚劣。

② 功令：指朝廷录用和考核人才的法规。

译文

写给我儿纪鸿：

接到你的信，知道家中五宅平安，子侄读书都有恒心，我很欣慰。

你问今年是否应该参加科考，你既然已经是秀才了，那凡是岁考、科考，都应该前往入场，这是朝廷录用和考核人才的法令，也是读书人的职责所在。只是你年纪太轻，我不放心，如果邓汪琼先生能到省城送考，你凡事都可以请教，那样会非常好。如果邓先生不到省城，你或者与易良翰先生同住，或者与罩山、镜和、子祥诸位先生同伴，总须一位老成的人照应一切，才算稳妥。

你近日常作试帖诗吗？入场考试的时候要仔细检视一番，不要在诗句平仄上犯错，也不要在文章抬头处犯错。这次没有写信给澄叔，你把信的内容禀告他。

同治二年五月十八日

简评

对待孩子成长，有的家长是甩手掌柜，有的家长是贴身保姆，一正一反都不应该。完全放手则孩子难以形成规矩意识，事无巨细则孩子难以自立。应该像曾国藩一样，早早开始培养，重要节点适当给予指点，甚至施以援手，通过“扶上马，送一程”的教育方式，循序渐进地培养孩子的自立能力。

61.

勿贪娘家荣华富贵，谨奉公婆敬事丈夫

原文

字谕纪鸿:

接尔澄叔七月十八日信并尔寄泽儿一缄，知尔奉母于八月十九日起程来皖，并三女与罗婿一同前来。

现在金陵未复，皖省南北两岸群盗如毛，尔母及四女等姑嫂来此，并非久住之局。大女理应在袁家侍姑[①]尽孝，本不应同来安庆，因榆生在此，故吾未尝写信阻大女之行。若三女与罗婿，则尤应在家事姑事母，尤可不必同来。余每见嫁女贪恋母家富贵而忘其翁姑者，其后必无好处。余家诸女，当教之孝顺翁姑，敬事丈夫，慎[②]无重母家而轻夫家，效浇俗[③]小家之陋习也。三女夫妇若尚在县城、省城一带，尽可令之仍回罗家奉母奉姑，不必来皖。若业已开行，势难中途折回，则可同来安庆一次，小住一月二月，余再派人送归。其陈婿与二女，计必在长沙相见，不可带之同来。俟此间军务大顺，余寄信去接可也。

同治二年八月初四日

---

① 姑：指婆婆。

② 慎：千万、一定，一般用在否定句。

③ 浇俗：指轻薄的风气。

译文

写给纪鸿：

接到你澄叔七月十八日的信和你寄给泽儿的一封信，知道你将陪同母亲于八月十九日启程到安徽来，三女儿和罗允吉女婿一同前来。

现在金陵还没有克复，安徽省长江南北两岸贼匪多如牛毛，你母亲和四女儿等姑嫂到这里来，并非可以久住的局面。大女儿理应在袁家侍奉婆婆以尽孝道，本不应该一起来安庆，因为袁秉桢女婿在这里，所以我也没有写信阻止大女儿出行。至于三女儿和罗允吉女婿，则尤其应该在家侍奉婆婆、侍奉母亲，尤其可以不必一起前来。我过去每每见到嫁出去的女儿贪恋娘家富贵而把公婆忘在一边的，其后一定不会有好下场。我家这些女儿，应该教育她们孝顺公婆，恭敬侍奉丈夫，千万不要看重娘家轻视夫家，效仿家风轻薄的小门小户的陋习。三女儿夫妇如果还在县城、省城一带，尽可让他们仍回罗家侍奉母亲、侍奉婆婆，不必到安徽来。如果已经启程，势必难以中途折返，则可以同来安庆一趟，小住一个月两个月，我再派人送他们回去。陈远济女婿和二女儿，预计一定会在长沙与你们见面，不可带他们同来。等这边军事进展很顺利时，我再寄信去接他们即可。

同治二年八月初四日

简评

无论自己对女儿如何想念，都一定要狠下心来让她们以婆家为生活重心。这样的父亲看似绝情实则最是有情，这样的父爱看似轻薄实则最为厚重。“父母之爱子，则为之计深远。”为人父母者，应该明白这样简单的道理：孩子生活得幸福，比伴你左右更为重要。

62.

不误挂旗，不扰官民

原文

字谕纪鸿:

尔于十九日自家起行，想九月初可自长沙挂帆东行矣。船上有大“帅”字旗，余未在船，不可误挂。经过府县各城，可避者略为避开，不可惊动官长，烦人应酬也。

余日内平安。沅叔及纪泽等在金陵亦平安。此谕。

同治二年八月十二日

译文

写给纪鸿:

你于十九日从家里启程，想必九月初可从长沙乘船东行。船上有“帅”字大旗，我不在船上，不可误挂。经过府县各城，可避开的都尽量避开，不可惊动官长，劳烦他人应酬。

我近日平安。沅叔和纪泽等人在金陵也很平安。就说这些。

同治二年八月十二日

简评

一个人的真正修养，集中体现在无人监督之时。尤其是官宦子弟，依仗父母权势“拉大旗作虎皮”的做派屡见不鲜。曾国藩及时提醒孩子，把防范措施做到前面。这样的做法每个父母都须学习，针对孩子成长路上可能出现的偏差，及早出手，多加提醒，防患于未然。

63. 一切以“勤谦”二字为主

原文

字谕纪泽儿:

二十四日申正之禀，二十六申刻接到。余于二十五日巳刻抵金陵陆营，文案各船亦于二十六日申刻赶到。

沅叔湿毒未愈，而精神甚好。伪忠王曾亲讯一次，拟即在此杀之。由安庆咨行[①]各处之折，在皖时未办咨札稿，兹寄去一稿。若已先发，即与此稿不符，亦无碍也。刻折稿寄家可一二十分，或百分亦可。沅叔要二百分，宜先尽沅叔处，此外各处不宜多散。

此次令王洪升[②]坐轮船于二十七日回皖，以后送包封者仍坐舢板归去。包封每日止送一次，不可再多。尔一切以“勤谦”二字为主。至嘱。

顷见安庆付来之咨行稿甚妥，此间稿不用矣。

同治三年六月二十六日酉刻

① 咨行：清代地方督抚呈文具奏重要情况，须将内容通知相关衙署官员，称为咨行。相关文件即为咨文，也称咨札。

② 王洪升：无考，似为曾国藩部属。

译文

写给我儿纪泽：

二十四日申正时刻的信，二十六日申刻收到。我于二十五日巳刻抵达金陵陆军大营，运送公文案卷的各条船也于二十六日申刻赶到。

沅叔所得的湿毒病还未痊愈，但是精神很好。我曾经亲自审讯李秀成一次，打算就在此地将他正法。从安庆往各处咨行的奏折稿，在安徽时没有办结的咨札稿，现在寄去一稿。如果已经发出了，即使与这一稿不一样，也没有关系。刻印的奏折稿可以寄家一二十份，或者一百份也可以。沅叔要二百份，应该先尽量满足沅叔处需要，其他各处不宜多分发。

这次命令王洪升坐轮船于二十七日回安徽，以后送文件包裹者仍旧坐舢板回去。文件包裹每日只送一次，不能再多了。你一切行动要以“勤谦”二字为原则。千万牢记。

刚才看到安庆发来的咨文很是妥当，这边起草的稿件不要用了。

同治三年六月二十六日酉刻

简评

即使是传送文件这样的小事，曾国藩也要求孩子节省物力，可见他真是夙夜在公的模范。身教胜于言传，在一举一动之间，他就把这样的品格教授给了孩子。父母要记得，教子先正己，如果己身不正，那教育就好似空中楼阁，没有根基，更无法服人。

64.

凡事亲力亲为，于繁华时存平常心

原文

字谕纪泽：

日内北风甚劲，未接包封及尔禀信，余亦未发信也。

伪忠王自写亲供，多至五万余字。两日内看该酋亲供，如校对房本①误书，殊费目力。顷始具奏洪、李②二酋处治之法。李酋已于初六正法，供词亦钞送军机处矣。

沅叔拟于十一二等日演戏请客，余亦于十五前后起程回皖。日内因天热事多，尚未将江西一案③出奏，计非五日不能核定此稿。老年畏热，亦畏案牍之繁难。余将来到金陵，即在英王府寓居，顷已派人修理矣。此谕。

同治三年七月初七日

---

① 房本：即房墨。清代科举考试后将试卷汇编成册，称为房墨。

② 洪、李：分别指洪仁达、李秀成，二人在金陵城破后被俘，后被杀。

③ 江西一案：当时江西省南康县前后两任知县互相攻讦，朝廷命曾国藩查办。

译文

写给纪泽：

这几天北风很强劲，没有接到文件包裹和信件，我也没有发信。

李秀成自己书写的供状，多达五万余字。这两天看这个匪首的亲供，好比校对房墨试卷和错误书籍，非常耗费眼力。刚刚才开始具文呈奏洪、李二位匪首的处治方法。李秀成已于初六日被正法，供词也已抄送军机处了。

沅叔打算十一、十二等日演戏请客，我也将于十五日前后启程返回安徽。这几天因为天热事多，尚未将江西南康前后两任知县互相攻讦之案的调查处理情况上奏朝廷，算起来没有五天核定不了这份奏稿。人老了怕热，也畏惧处理公文的烦琐困难。我以后到金陵，就在英王府寓居，刚才已经派人去操办了。就说这些。

同治三年七月初七日

简评

湘军攻破金陵，曾国荃大肆庆祝，曾国藩却形色如常，心心念念的还是各类公务。宠辱不惊，是人生的大境界。涵养孩子的心胸，要从生活的点滴处做起。父母要保持平常心，每临大事有静气，切莫喜怒无常。

65.

进身之始，务知自重

原文

字谕纪鸿:

自尔起行后，南风甚多，此五日内却是东北风，不知尔已至岳州否?

余以二十五日至金陵，沅叔病已痊愈。二十八日戮洪秀全之尸，初六日将伪忠王正法。初八日接富将军[①]咨，余蒙恩封侯，沅叔封伯。余所发之折，批旨尚未接到，不知同事诸公得何懋赏[②]。然得五等[③]者甚少。余借人之力以窃上赏，寸心不安之至。

尔在外以“谦谨”二字为主。世家子弟，门第过盛，万目所属。临行时，教以三戒之首末二条，及力去“傲惰”二弊，当已牢记之矣。场前不可与州县来往，不可送条子。进身[④]之始，务知自重，酷热尤须保养身体。此嘱。

同治三年七月初九日

① 富将军：指富明阿，时任江宁将军。

② 懋赏：指褒奖赏赐。

③ 五等：指公、侯、伯、子、男五等爵位。

④ 进身：指通过科举考试取得功名，开始做官。

译文

写给纪鸿:

自从你启程出发后，南风很多，这五天里却是东北风，不知你已到岳州没有?

我于二十五日到金陵，沅叔的病已经痊愈。二十八日戮洪秀全之尸，初六日将李秀成正法。初八日接富明阿将军咨文，我蒙皇上洪恩被封侯，沅叔被封伯。我所呈的奏折，批还的圣旨还没有接到，不知各位同事会获得何等褒奖赏赐。然而得到五等爵位的人很少。我凭借众人的力量却窃据上等赏赐，内心极度不安。

你在外要以谦虚谨慎为做事原则。世家子弟，门第太过兴盛，是万众瞩目的焦点。你临行时，我教育你的三条戒律中首末两句，以及努力克服骄傲懒惰两个弊病的嘱咐，应该都牢记了吧。进考场前不可与州县长官来往，不可递条子求得关照。这是走入仕途的开端，务必要知道自重。天气酷热尤其需要保养身体。就说这些。

同治三年七月初九日

简评

人生的起步阶段，身姿是否端正，步伐是否稳健，关乎一生的走向。孩子初出茅庐，容易被急功近利的心态左右，这个时候来自父母的指导非常重要。父母要有一颗平常心，要保持正能量，多传授好经验，帮助孩子开好局、起好步，为成功的人生奠基。

66.

借人之力而窃上赏，寸心深抱不安

原文

字谕纪泽儿:

初九日接尔初六申刻之禀，知二十三日之折批旨尚未到皖，颇不可解，岂已递至官相[①]处耶?

各处来信皆言须用贺表[②]，余亦不可不办一分。尔请程伯敷[③]为我撰一表，为沅叔撰一表。伯敷前后所作谢折太多，此次拟另送润笔费三十金，盖亦仅见之美事也。

得五等之封者似无多人。余借人之力而窃上赏，寸心深抱不安。从前三藩之役，封爵之人较多。求阙斋[④]西间有《皇朝文献通考》一部，尔试查《封建考》中三藩之役共封几人，平准部封几人，平回部封几人，开单寄来。

① 官相: 指官文，时任文华殿大学士、湖广总督。清代不设宰相职，时人一般将大学士称为“相”。

② 贺表: 指臣子为庆贺国家喜庆之事而上的奏章。

③ 程伯敷: 指程鸿诏，曾国藩机要幕僚。

④ 求阙斋: 曾国藩的书房。

伪幼主有逃至广德之说，不知确否。此谕。

同治三年七月初九日

译文

写给我儿纪泽：

初九日接到你初六日申刻所写的信，知道了二十三日奏折的批还圣旨还没有寄到安徽，这让人很难理解，难道是已经递送到官文大学士那里了吗？

各处来的信都说必须要用贺表，我也不得不准备一份。你请程鸿诏为我撰写一份贺表，也为沅叔撰写一份。程鸿诏前后所作的谢恩奏折太多了，这次打算另外送润笔费三十两，这也算是难得的美事。

得到五等封爵的好像没有多少人。我凭借他人的力量窃据上等封赏，内心深感不安。从前平定三藩之乱的战役，获得封爵的人较多。求阙斋西间有《皇朝文献通考》一部，你试着去查查《封建考》中平定三藩之乱后封爵几人，平定准噶尔之乱后封爵几人，平定回部之乱后封爵几人，开列名单寄过来。

伪幼主洪天贵福有逃到广德的说法，不知是否确切。就说这些。

同治三年七月初九日

简评

攻破金陵，曾国藩并不贪功。他认为功劳是大家的，为封赏之事反复思忖，还要求曾纪泽查阅过去封赏的成例。这种安排，一则锻炼曾纪泽的办事能力，二则让曾纪泽学习领军的方式方法。从力所能及的事情开始，试着做父母的帮手，是提升孩子办事能力的重要途径。

67.

十余载征战终立不世之功，城破日请赏愧对三湘子弟

原文

字谕纪泽：

今早接奉二十九日谕旨，余蒙恩封一等侯、太子太保、双眼花翎，沅叔蒙恩封一等伯、太子少保、双眼花翎，李臣典[①]封子爵，萧孚泗男爵。其余黄马褂九人，世职十人，双眼花翎四人（余兄弟及李、萧）。恩旨本日包封抄回。兹先将初七之折寄回发刻，李秀成供明日付回也。

同治三年七月初十日辰刻

译文

写给纪泽：

今天早上接奉二十九日的谕旨。我蒙皇上洪恩被封一等侯、

① 李臣典：湘军将领。后文萧孚泗亦是。曾国荃部攻克金陵，叙功时二人位列一二。

太子太保，赏戴双眼花翎；你沅叔蒙皇上洪恩被封一等伯、太子少保，赏戴双眼花翎；李臣典被封子爵；萧孚泗被封男爵。其余还有九人被赏赐黄马褂，十人获得世袭官职，赏戴双眼花翎者四人（我们兄弟俩和李臣典、萧孚泗）。恩旨今天用文件包裹抄录寄回。现先将初七日的奏折寄回刻印，李秀成的供状明天寄回去。

同治三年七月初十日辰刻

简评

十万三湘子弟跟随曾国藩出生入死，驰骋征战十余载。金陵城破之日，获得封赏者却仅寥寥数人。曾国藩心中愧疚难当，念及阵亡将士更是难以自持。

68.

戏酒等事，深以为苦

原文

字谕纪泽：

此间初十、十一二等日戏酒三日，沅叔料理周到，精力沛然，余则深以为苦。亢旱酷热，老人所畏，应治之事多阁废者。江西周、石一案，奏稿久未核办，尤以为疚。自六月二十三日起，凡人证皆由余发给盘川，以示体恤。尔托子密①告知两司②可也。

鄂刻地图，尔可即送一分与莫偲老。《轮船行江说》，三日内准付回，另纸缮写，粘贴大图空处。万篪轩、忠鹤皋③及泰州、扬州各官日内均来此一见。李少泉④亦拟来一晤，闻余将以七月回皖，遂不来矣。此谕。

同治三年七月十三日巳刻

---

① 子密：指钱应溥，曾国藩幕僚。

② 两司：布政使司、按察使司，是明清掌管一省民政和司法事务的最高官署。

③ 万篪轩、忠鹤皋：分别指万启琛、忠廉，时任江宁布政使、江宁织造。

④ 李少泉：指李鸿章，书信中也称其为少荃、李宫保等。

译文

写给纪泽：

这边初十、十一、十二等日演戏宴饮三天，沅叔安排周到，精力充沛，我则深深感到演戏宴饮是苦差事。大旱酷热，老人畏惧，应该做的事有好多被耽误搁置了。江西南康前后两任知县互相攻讦的案子，奏稿很久没有核实办理，我为此特别内疚。自六月二十三日起，凡是案件相关证人都由我发给路费，以表示体恤。你托钱应溥告知布政使司、按察使司官员即可。

湖北刻印的地图，你可以马上送一份给莫友芝。《轮船行江说》三日内一定寄回去，另外用纸缮写，粘贴在大图的空白处。万启琛、忠廉以及泰州、扬州各位官员近日都到这里来见面。李鸿章也打算来这里见一面，听说我将在七月回安徽，就不来了。就说这些。

同治三年七月十三日巳刻

简评

纵观曾国藩的一生，做学问始终是他内心的追求，做官领兵虽是勉力为之但一样成就斐然。他凡事全力以赴，把全部精力用在做事上，向来无意宴饮娱乐。父母应该教育孩子，要及早确定人生的目标并为之付出全部的精力，不要耽于玩乐，因为理想实现的快乐才是人生最大的快乐。

69.

寻清净处，处积搁事

原文

字谕纪泽：

二日未接尔禀，盖北风阻滞之故。此间十七日大风大雨，萧然便有秋气。

富将军今日来拜，畅谈一切。余拟明日登舟，乘坐民船，不求其快。舟中须作周、石狱事一折，非三四日不能了。沅叔处无一人独坐之位，无一刻清净之时，故未办也。其他积阁之事亦尚不少，皆须在船一为清理。到皖当在月杪矣。此嘱。

同治三年七月十八日

译文

写给纪泽：

两天没有接到你的信，大概是北风阻滞的原因。这边十七日大风大雨，秋风萧索就有了秋天的气息。

富明阿将军今早来拜访，我们谈了很多，也很尽兴。我打算明天登舟，乘坐民船，不要求多快。在船上要拟江西南康前后两任知县互相攻讦之案的奏折，没有三四天时间完成不了。在沅叔那边没有一个能坐下来的位置，没有一刻能清净的时间，所以拖到现在还没有办。其他积压耽搁的事情还有不少，都须在船上一起清理。到达安徽应当在月底了。特此嘱咐。

同治三年七月十八日

简评

曾国藩被称为“完人”不是没有道理的。他身上有非常多优秀的品质，处理公务向来坚持不耽误、不积压。大多真正有所成就的人，做事都秉承“一日事一日毕”的原则。父母可以引导孩子每天完成一个“小目标”，不焦躁也不拖拉，点滴积累，一定可以积“小成”为“大成”。

70.

居功不自傲，同力报国家

原文

字谕纪泽：

余于十九日回拜富将军，即起程回皖，约行七十里乃至棉花堤。今日未刻发报后，长行顺风，行七十里泊宿，距采石不过十余里。

接奉谕旨，诸路将帅督抚均免造册造报销①，真中兴之特恩也。顷又接尔十八日禀，抄录封爵单一册。我朝酬庸②之典，以此次最隆，愧悚战兢，何以报称！尔曹当勉之矣。

同治三年七月二十日

译文

写给纪泽：

我于十九日回访富明阿将军后，立即启程回安徽，约行七十里才到棉花堤。今天未刻发送信息后，一路顺风远行，行驶了

① 造册造报销：清军制度，军费须经烦琐手续方可报销。湘军攻克金陵后，户部奏请湘军军费简列清单即可，作为恩典之一。

② 酬庸：指赏功。

七十里停泊住宿，距离采石矶不过十余里远。

接奉圣上谕旨，各路将帅督抚都免于造册报销军费的烦琐工作，这真是中兴时代的特殊恩典。刚刚又接到你十八日的信，以及抄录的封爵名单一册。我朝奖赏功臣的恩典，以这一次最为隆重，愧疚惶恐、战战兢兢，如何才能报答朝廷的恩典！你们要以此勉励自己啊。

同治三年七月二十日

简评

攻克金陵，朝廷的恩典远不及预期。曾国藩和孩子谈及此事，却对内心的失望只字不提，只有许多勉励的话语。不管身处何种境遇，他传递给孩子的都是满满的正能量，鼓励他们一身正气，昂扬积极。曾国藩这样做人和教子，难怪世人称颂。

71.

谨言慎行，注意择交

原文

字谕纪鸿：

自尔还湘启行后，久未接尔来禀，殊不放心。今年天气奇热，尔在途次平安否？

余在金陵与沅叔相聚二十五日，二十日登舟还皖，体中尚适。余与沅叔蒙恩晋封侯伯，门户太盛，深为祗惧[①]。尔在省以“谦敬”二字为主，事事请问意臣、芝生两姻叔，断不可送条子，致腾物议[②]。十六日出闱，十七八拜客，十九日即可回家。九月初在家听榜信后，再起程来署可也。择交是第一要事，须择志趣远大者。此嘱。

同治三年七月二十四日

旧县舟次

① 祗惧：指敬惧谨慎。
② 物议：指公众非议。

译文

写给纪鸿：

自从你启程返回湖南后，很久没有接到你的来信，很不放心。今年天气非常热，你在途中是否平安?

我在金陵与沅叔相聚二十五日，二十日乘船返回安徽，身体还算安适。我与沅叔蒙圣上洪恩晋封侯伯，门户太过兴盛，内心深感敬惧不安。你在省城要以“谦敬”二字为做事原则，事事请教郭崑焘、易良翰二位姻叔，万万不可送条子做请托之事，引发他人非议。十六日考完出考场，十七、十八日访客，十九日就可以回家了。九月初在家听到发榜消息后，再启程到官署来就可以。择友是第一要事，应当选择志趣远大的人做朋友。特此嘱咐。

同治三年七月二十四日

舟停旧县

简评

“择交”是每个人成长过程中的必修课。孩子的价值观还不够成熟，常被主观感受左右，如果父母不给些指引，交到些狐朋狗友也并不令人意外。近朱者赤，近墨者黑，交友要交志趣远大之人，父母一定要给孩子申明这个道理。

72.

撑持门户，从端正内教开始

原文

字谕纪泽、纪鸿：

余于初四日自邵伯开行后，初八日至清江浦。闻捻匪张、任、牛①三股并至蒙、亳②一带，英方伯③雉河集营被围，易开俊④在蒙城，亦两面皆贼，粮路难通。余商昌岐带水师由洪泽湖至临淮，而自留此待罗、刘旱队至乃赴徐州。

尔等奉母在寓，总以"勤俭"二字自惕，而接物出以谦慎。凡世家之不勤不俭者，验之于内眷⑤而毕露。余在家深以妇女之奢逸为虑。尔二人立志撑持门户，亦宜自端内教始也。余身尚安，癣略甚耳。

同治四年闰五月初九日

---

① 张、任、牛：分别指捻军将领张宗禹、任柱、牛洛红。

② 蒙、亳：分别指安徽蒙城、亳州。

③ 英方伯：指英翰，时任安徽布政使，书信中也称其为英西林。

④ 易开俊：湘军将领。后文昌岐指黄翼升，罗、刘指罗麓森、刘松山，均为湘军将领。

⑤ 内眷：指家中女眷。

译文

写给纪泽、纪鸿：

我于初四日从邵伯启程后，初八日到达清江浦。听说捻匪张宗禹、任柱、牛洛红所率领的三股叛贼都已到达蒙城、亳州一带，英翰在雉河集的大营被包围。易开俊在蒙城，也是两面受敌，粮路难通。我和黄翼升商议由他带水军由洪泽湖到临淮，我自己留在这里等待罗麓森、刘松山的陆军到达后再赶赴徐州。

你们在家侍奉母亲，总要以“勤俭”二字提醒自己，待人接物要谦虚谨慎。凡是不勤劳不俭朴的世家，从内眷的表现就可以看得一清二楚。我在家非常担心女眷贪图奢侈安逸。你们二人立志撑持门户，也应该从端正对妻子儿女的教育开始。我身体还算康健，只是癣疾略微严重了些。

同治四年闰五月初九日

简评

世人都说，父母是孩子的镜子，孩子是父母的缩影。孩子身上体现的不只是他自己的修养，还有他父母的教养。所以，“端内教”一定要从“正己身”开始。孔子说：“其身正，不令而行；其身不正，虽令不从。”为人父母者，一定要谨记这句话。

73.

功成不忘抬轿人，后辈夜饭不用荤

原文

字谕纪泽儿：

接尔两次安禀，具悉一切。尔母病已痊愈，罗外孙[①]亦好，慰慰。

余到清江已十一日，因刘松山未到，皖南各军闹饷，故尔迟迟未发。雉河、蒙城等处日内亦无警信。罗茂堂[②]等今日开行，由陆路赴临淮。余俟刘松山到后，拟于二十一日由水路赴临淮。身体平安，惟廑念湘勇闹饷，有弗戢自焚[③]之惧，竟日忧灼。蒋之纯[④]一军在湖北，业已叛变，恐各处相煽，即湘乡亦难安居。思所以痛惩之之法，尚无善策。

杨见山[⑤]之五十金，已函复小岑[⑥]，在于伊卿[⑦]处致送。邵世

---

① 罗外孙：指曾国藩三女儿与三女婿罗允吉的孩子。

② 罗茂堂：指罗麓森，湘军将领。

③ 弗戢自焚：比喻不知收敛自取其祸。

④ 蒋之纯：指蒋凝学，湘军将领。

⑤ 杨见山：指杨岘，曾国藩幕僚。

⑥ 小岑：指欧阳兆熊，曾国藩好友，书信中也称其为晓岑等。

⑦ 伊卿：指潘鸿焘，曾国藩幕僚，当时负责钱粮事宜。

兄[1]及各处月送之款，已有一札，由伊卿长送矣。惟壬叔[2]向按季送，偶未入单。刘伯山书局撤后，再代谋一安砚之所。该局何时可撤，尚无闻也。

寓中绝不酬应，计每月用钱若干？儿妇诸女，果每日纺绩有常课否？下次禀复。

吾近夜饭不用荤菜，以肉汤炖蔬菜一二种，令其烂如臡[3]，味美无比，必可以资培养（菜不必贵，适口则足养人），试炖与尔母食之（星冈公好于日入时手摘鲜蔬，以供夜餐。吾当时侍食，实觉津津有味，今则加以肉汤，而味尚不逮于昔时）。后辈则夜饭不荤，专食蔬而不用肉汤，亦养生之宜，且崇俭之道也。颜黄门（之推）[4]《颜氏家训》作于乱离之世，张文端（英）[5]《聪训斋语》作于承平之世，所以教家者极精。尔兄弟各觅一册，常常阅习，则日进矣。

同治四年闰五月十九日

清江浦

---

① 邵世兄：指邵顺年，曾国藩好友邵懿辰之子。

② 壬叔：指李善兰，其应曾国藩之邀入安庆编书局翻译西学书籍。后文刘伯山指刘毓崧，在安庆编书局任校勘。

③ 臡（ní）：指带骨肉酱。

④ 颜黄门（之推）：指颜之推，南北朝至隋初时学者，著有《颜氏家训》。

⑤ 张文端（英）：指张英，清代康熙朝大学士，著有《聪训斋语》。

译文

写给我儿纪泽:

接到你的两封请安信，知晓了全部情况。你母亲的病已经痊愈，罗外孙也很好，倍感欣慰。

我到清江浦已经十一日，因为刘松山没有到，皖南各军因拖欠军饷闹事，所以我迟迟没有出发。雉河、蒙城等处这些天也没有警报。罗麓森等今天出发，由陆路赶赴临淮。我等刘松山到达后，拟于二十一日由水路赶赴临淮。我身体平安，只是挂念湘军士兵闹饷，害怕他们不知收敛带来祸患，整天忧心焦灼。蒋凝学军在湖北，已经发生哗变，恐怕各处相互煽动，就算是湘乡老家也难以安居。我因此思考严厉惩办他们的方法，到现在还没有好的对策。

杨岘的五十两银子，我已经给欧阳兆熊回信，由潘鸿焘那里致送。邵顺年世兄和各处每月应送款项，我已经发过一封信，由潘鸿焘长期致送。只是李善兰那里，过去一直是按季致送，这是个别情况没有写进名单。书局裁撤后，要再帮刘毓崧谋一份安身立命的工作。书局什么时候裁撤，还没有消息。

家里完全没有应酬的话，每个月要用多少钱？儿媳妇和各个女儿，每天确实能够把纺织当作日常功课吗？下次来信告诉我。

我最近晚饭不吃荤菜，用肉汤炖蔬菜一两种，让它们烂如肉酱，味美无比，一定可以为身体提供滋养（菜不必多贵，适口就足以滋养人），试着给你母亲炖着吃（我祖父星冈公喜欢在日落时亲手采摘新鲜蔬菜，用以晚餐食用。我当时侍奉他吃饭，实在是感觉津津有味。现在加上肉汤，味道却还不如那时候）。晚辈晚上不吃荤菜，专食蔬菜而不加肉汤，很适合养生，而且是崇尚俭朴的方法。颜之推的《颜氏家训》作于战乱的时代，张英的《聪训斋语》作于太平年代，其中家教的道理都非常精到。你们兄弟俩分别寻找一本，常常阅读学习，则每天都会有进步。

同治四年闰五月十九日

清江浦

简评

曾国藩能得人心，有一个重要原因是他知人善任且真诚待人。他自己无法专心治学，但他延请众多大家进入幕府，给他们提供做学问的条件。甚至在编书局被裁撤后，还专门费心安排一位幕僚的出路。这么周到的安排，真是可钦可佩。

74. 有气则有势，有识则有度，有情则有韵，有趣则有味

原文

字谕纪泽、纪鸿儿：

余于二十五六日渡洪泽湖面二百四十里，二十七日入淮。二十八日在五河停泊一日，等候旱队。二十九日抵临淮。闻刘省三[①]于二十四日抵徐州，二十八日由徐州赴援雉河。英西林于二十六日攻克高炉集。雉河之军心益固，大约围可解矣。罗、张、朱[②]等明日可以到此，刘松山初五六可到。余小住半月，当仍赴徐州也。毛寄云年伯二十五日至清江，急欲与余一晤。余二十八日寄一信，因太远，止其来临淮。

尔写信太短。近日所看之书，及领略古人文字意趣，尽可自摅所见，随时质正。前所示有气则有势，有识则有度，有情则有韵，有趣则有味，古人绝好文字，大约于此四者之中必有一长。尔所阅

① 刘省三：指刘铭传，淮军将领。

② 罗、张、朱："罗"应指前信所言罗麓森，"张"似指张树声，"朱"似指朱品隆，均为湘军将领。

古文，何篇于何者为近？可放论而详问焉。鸿儿亦宜常常具禀，自述近日工夫。此示。

同治四年六月初一日

译文

写给我儿纪泽、纪鸿：

我于二十五、二十六日横渡洪泽湖面二百四十里，二十七日进入淮河。二十八日在五河停泊一天，等待陆军。二十九日抵达临淮。听说刘铭传于二十四日抵达徐州，二十八日由徐州赶赴支援雉河。英翰于二十六日攻克高炉集。雉河军队的军心日益稳固，大约可以解围了。罗麓森、张树声、朱品隆等人明日可以到这里，刘松山初五、初六日可以到达。我在这里小住半个月，仍然会赶赴徐州。毛鸿宾年伯二十五日到清江，急切想要与我一见。我于二十八日寄出一封信，因为距离太远，阻止他来临淮。

你写信太短。近日所看的书，领略到的古人文字意趣，尽可以抒发所见所感，随时向我质询就正。之前我和你说过，文章有气则有势，有识则有度，有情则有韵，有趣则有味。古人的上好佳作，大概这四点中必有其一。你所阅读的古文，哪一篇和哪一条相近啊？大可放言谈论并详细问我。鸿儿也应该常常写信禀告，自述近日情况。就写这些。

同治四年六月初一日

简评

教学教学，只教不学会导致教而无功。曾国藩把自己总结的作文规律教给孩子，同时下达了练习任务，就是要孩子回去对照教学内容分析“何篇于何者为近”，方法严谨科学。父母教授孩子知识，也可以适当布置些作业。熟能生巧，孩子在练习中，可以将技巧和规律掌握得更牢固。

75.

旦夕祸福，且听天命；万物同理，四象相通

原文

字谕纪泽、纪鸿：

今日接小岑信，知邵世兄一病不起，实深伤悼。位西[①]立身行己、读书作文俱无差谬，不知何以家运衰替若此，岂天意真不可测耶？尔母之病，总带温补之剂，当无他虞。罗氏外孙及朱金权已痊愈否？

此间大水异常，各营皆已移渡南岸。惟余所居淮北两营，系罗茂堂所带，二日内尚可不移。再长水八寸，则危矣。阴云郁热，雨势殊未已也。

邵世兄处，应送奠仪五十金。可由家中先为代出，有便差来营即付去。滕中军[②]所带百人，可令每半月派一兵来，此不必定候家乡长夫送信。余托陈小浦[③]买龙井茶，尔可先交银十六两，亦候下次兵来时付去。邵宅每月二十金，尔告伊卿照常致送否？须补一公

① 位西：指邵懿辰，即文中邵世兄之父。
② 滕中军：无考。清代，中军一般指督抚卫队的统领，故此人似为曾国藩亲兵统领。
③ 陈小浦：指陈方坦，曾国藩幕僚。

牍否？尔每旬至李宫保处一谈否？幕中诸友凌晓岚[①]等，相见契惬否？气势、识度、情韵、趣味四者，偶思邵子“四象”之说[②]可以分配。兹录于别纸，尔试究之。

同治四年六月十九日

译文

写给纪泽、纪鸿：

今日接到欧阳兆熊的信，知道邵顺年世兄一病不起，实在叫人深深伤痛哀悼。邵懿辰先生做人处事、读书写作都没有差错，不知为什么家运衰败成这样，难道真的是天意不可预测吗？你母亲的病，身边常备温补的药剂，应该没有什么可担心的。罗家外孙和朱金权已经痊愈了吗？

这里发大水，迥异于往常，各营都已经渡河移驻南岸。只有我所在的淮北两营，由罗麓森所带领，两天内还可以暂不移驻。假如再涨水八寸，就很危险了。阴云密布天气闷热，雨势还没有停下的迹象。

邵顺年世兄那里，应该致送奠仪五十两银子。可以先由家中代出，等有便差到大营中来我再付回去。滕中军所带的百余人，可叫他每半月派一士兵来我这里，这样就不必等家乡的长夫送信

① 凌晓岚：指凌焕，李鸿章幕僚。

② 邵子“四象”之说：指北宋理学家邵雍对《易经》加以丰富阐释而形成的学说。邵用“四象”（太阳、太阴、少阳、少阴）和“四体”（太刚、太柔、少刚、少柔）的概念来区分世间万物。曾国藩受其学说的启发，将所谓文章“四者”（气势、识度、情韵、趣味）分别对应“四象”，阐释自身的文学思想。

了。我托陈方坦买龙井茶，你可以先交给他十六两银子，也等下次士兵到军营中的时候付银子回去。邵家每月的二十两银子，你告诉潘鸿焘照常致送了吗？需不需要补一张公函啊？你每旬到李鸿章那里谈一谈了吗？他幕府中的各位友人如凌焕等，你们彼此相处契合惬意吗？气势、识度、情韵、趣味这四者，我偶然想到和邵雍的“四象”之说可以分别搭配。现在抄录在单独一张纸上，你试着研究研究。

同治四年六月十九日

简评

曾国藩将治学心得与孩子交流，仿佛交流对象不是儿子，而是朋友。虽然辈分有差异，学识有差别，但是能够俯下身子和孩子做朋友，无疑会给孩子极大的鼓励。今天的父母，也可以试着将自己的人生感悟、求知体会与孩子交流，相信他们会沿着先辈指引的道路，不断思考提升，有所收获。

76.

共生共荣，兄弟情深

原文

字谕纪泽：

二十三日接尔十七日禀，并汪刻《公羊》、陈刻《后汉书》、茶叶、腊肉等事具悉。

二十四日接奉寄谕，知沅叔已简授山西巡抚。谕旨咨少泉宫保处，尔可借阅。沅叔闰五月初六至十四之病，不知此时痊愈否。余须寄信嘱其北上陛见之便，且至徐州兄弟相会。

陈刻《二十四史》颇为可爱，不知其错字多否？《几何原本》可先刷一百部。曾恒德[1]无事，亦可来营。余又有取阅之书，可令滕中军派兵送来，录如别纸。

…………

同治四年六月二十五日

① 曾恒德：曾氏族人，在曾国藩手下做事。

译文

写给纪泽：

二十三日接到你十七日的信，还有汪刻本《春秋公羊传》、陈刻本《后汉书》以及茶叶、腊肉等事情都知晓了。

二十四日接奉朝廷寄来的谕旨，知道你沅叔已经被授职为山西巡抚。谕旨已经行咨文至李鸿章那里，你可以借阅。沅叔闰五月初六日至十四日的病，不知道此时痊愈没有。我必须寄信嘱咐他借北上面见圣上的便利，到徐州我们兄弟相会一次。

陈刻本《二十四史》很叫人喜欢，不知道里面错字多不多？《几何原本》可以先印刷一百部。曾恒德要是手头没事，也可以到大营来。我又有需要取阅的书，可让滕中军派兵送来，书单抄录在另一张纸上。

…………

同治四年六月二十五日

简评

曾国藩的成功，离不开几位兄弟的鼎力相助。他尤其看重兄弟和睦这一点，在给孩子的遗言里也对此加以强调。现代社会兄弟姐妹稀少，又大多散居各地，以致兄弟姐妹之间亲情疏离。父母们不妨把曾氏兄弟的故事讲给孩子听，告诉他们“兄弟同心，其利断金”的道理，相信会对孩子有所启发。

77.

少年文字贵在气象峥嵘

原文

字谕纪泽、纪鸿儿:

纪泽于陶诗之识度不能领会，试取《饮酒》二十首、《拟古》九首、《归园田居》五首、《咏贫士》七首等篇反复读之，若能窥其胸襟之广大、寄托之遥深，则知此公于圣贤豪杰皆已升堂入室。尔能寻其用意深处，下次试解说一二首寄来。

又问“有一专长，是否须兼三者，乃为合作”，此则断断不能。韩无阴柔之美，欧无阳刚之美，况于他人而能兼之？凡言兼众长者，皆其一无所长者也。

鸿儿言此表范围曲成①，横竖相合，足见善于领会。至于纯熟文字，极力揣摩固属切实功夫，然少年文字，总贵气象峥嵘，东坡所谓蓬蓬勃勃如釜上气。古文如贾谊《治安策》、贾山《至言》、太史公《报任安书》、韩退之《原道》、柳子厚《封建论》、苏东坡《上神宗书》，时文如黄陶庵、吕晚村、袁简斋、曹寅谷②，墨卷③如《墨

① 范围曲成：意为确定了规范，会有多方面功用。

② 黄陶庵、吕晚村、袁简斋、曹寅谷：分别指黄淳耀、吕留良、袁枚、曹之升，均为明清时文大家。

③ 墨卷：原指科举考试的考卷，后来也指刻印供人学习的中榜者范文。

选观止》《乡墨精锐》中所选两排三叠[1]之文，皆有最盛之气势。

尔当兼在气势上用功，无徒在揣摩上用功。大约偶句多，单句少，段落多，分股少，莫拘场屋[2]之格式。短或三五百字，长或八九百字、千余字，皆无不可。虽系“四书”题，或用后世之史事，或论目今之时务，亦无不可。总须将气势展得开，笔仗使得强，乃不至于束缚拘滞，愈紧愈呆。

嗣后尔每月作五课揣摩之文，作一课气势之文。讲揣摩者送师阅改，讲气势者寄余阅改。“四象”表[3]中，惟气势之属“太阳”者，最难能而可贵。古来文人虽偏于彼三者，而无不在气势上痛下功夫。两儿均宜勉之。此嘱。

同治四年七月初三日

译文

写给我儿纪泽、纪鸿：

纪泽对陶渊明诗歌中体现出的学识气度还不能领会，试着选取《饮酒》二十首、《拟古》九首、《归园田居》五首、《咏贫士》七首等篇反复诵读，如果能够窥见陶渊明胸襟的广大、内涵的深远，就能知道此先生在圣贤豪杰之林中已经是殿堂级人物。你如果能探寻到他作品的深远用意，下次试着解读一二首寄过来。

---

① 两排三叠：八股文每段均有两股排比对偶的句子，称为“两排”，因其反复出现，称为“三叠”。

② 场屋：指科场。

③ “四象”表：前信中，曾国藩为所谓文章“四者”（气势、识度、情韵、趣味）对应“四象”的情况专门绘制的表格。

来信又问道“文章具备了一项专长，是否应该兼具其他三项才是符合要求的作品”，这是断然不可能的。韩愈文章缺乏阴柔之美，欧阳修文章没有阳刚之美，何况其他人，更不可能兼而有之。大凡说能够兼具众长的，都是一无所长的。

鸿儿说这张表划定了规范，横竖结合，有多方面功用，这足以看出他善于领会。至于练就纯熟的文字，极力打磨当然属于必须做的工作，然而少年的文字，总是以气象峥嵘为贵，也就是苏轼所说的蓬蓬勃勃像锅上蒸汽一样。古文如贾谊《治安策》、贾山《至言》、司马迁《报任安书》、韩愈《原道》、柳宗元《封建论》、苏轼《上神宗书》，八股文如黄淳耀、吕留良、袁枚、曹之升等人的作品，中榜者范文如《墨选观止》《乡墨精锐》中所选的两排三叠的文章，都具有最为强盛的气势。

你应当同时在文章气势上用功，不要只在打磨文字上用力。大概要诀是多用偶句，少用单句，多分段落，少用分股，不要拘泥于科场考试的格式。短篇或者三五百字，长篇或者八九百字、千把字，都没有关系。虽然是“四书”中的题目，但是或引用后世的史事，或评论当下的时务，均无不可。总须将气势展开，使文章的风格得以强化，才不会被束缚拘泥，越缩手缩脚文章就越呆板。

今后你每月作五篇讲求文字打磨的文章，作一篇讲求气势铺陈的文章。讲求文字打磨的文章呈送老师阅读批改，讲求气势铺陈的文章寄给我阅读批改。我寄给你的四象表当中，只有气势属于“太阳”，最难能可贵。古往今来的文人写作文章，即使是偏于另外三样的，也无不在气势上下了苦功。你们俩都应该在这方面勉励自己。特此嘱咐。

同治四年七月初三日

简评

曾国藩在古文上着力很多，他在信中提及的“多用偶句，少用单句；多分段落，少用分股”“在文章气势上用功，不要只在打磨文字上用力”，对提升文章的水平有立竿见影的作用。孩子们初学作文，应当引导他们多掌握些类似的规律，这样可以少走不少弯路。

78.

凡事求得情趣韵味，方可历久不衰

原文

字谕纪泽：

福秀[①]之病，全在脾亏，余前信已详言之。今闻晓岑先生峻补脾胃，似亦不甚相宜。凡五藏极亏者，皆不受峻补也。尔少时亦极脾亏，后用老米炒黄，熬成极酽之稀饭，服之半年，乃有转机。尔母当尚能记忆。金陵可觅得老米否？试为福秀一服此方。开生[②]到已数日，元征[③]信接到，兹有复信，并邵二世兄[④]信。尔阅后封口交去。渠需银两，尔陆续支付可也。

《义山集》似曾批过，但所批无多。余于道光二十二、三、四、五、六等年，用胭脂圈批。唯余有丁刻《史记》（六套，在家否？）、王刻韩文（在尔处）、程刻韩诗（最精本）、小本杜诗、康刻《古文辞类纂》（温叔带回，霞仙借去）、震川集（在季师处）、

① 福秀：指曾广璇，曾纪泽长女。
② 开生：指刘翰清，曾国藩幕僚。
③ 元征：指方骏谟，曾国藩幕僚。
④ 邵二世兄：依后信判断，当指邵懿辰之侄邵长年，书信中也称其为邵世兄、邵子晋等。邵懿辰长子邵顺年去世后，由邵长年撑持邵家门户。

山谷集（在黄恕皆[1]家）首尾完毕，余皆有始无终，故深以无恒为憾。近年在军中阅书，稍觉有恒，然已晚矣。故望尔等于少壮时，即从“有恒”二字痛下功夫。然须有情韵趣味，养得生机盎然，乃可历久不衰。若拘苦疲困，则不能真“有恒”也。

密禀悉，当细察耳。

同治四年七月十三日

译文

写给纪泽：

福秀的病，全由脾亏所致，我前面的信中已经详细说了。今天听说欧阳兆熊先生在猛补脾胃，好像也不是特别适宜。大凡五脏极亏的人，都不耐受猛补。你年少时也是脾亏很严重，后来用老米炒黄了，熬成特别浓稠的稀饭，服食了半年，才有转机。你母亲应该还能记起此事。金陵能找到老米吗？你试着让福秀服用这个方子。刘翰清已经到了数天了，方骏谟的信已经收到，现在有复信，还有给邵长年世兄的信。你阅后封口给他们送去。他们需要的银两，你陆续支付即可。

《义山集》我似乎曾经批阅过，但是批阅不多。我于道光二十二、二十三、二十四、二十五、二十六等年，用胭脂色毛笔圈批的。我只把丁刻《史记》（六套，在家吗？）、王刻《昌黎先生集》（在你那里）、程刻《韩愈诗集》（最精本）、小本《杜甫诗集》、康刻《古文辞类纂》（温叔带回的，被刘蓉先生借去了）、

① 黄恕皆：指黄倬，曾国藩好友。

《归有光文集》（在季芝昌先生那里）、《黄庭坚文集》（在黄倬家）从头到尾批阅了一遍，其余的书都有始无终，所以我为自己没有恒心深深遗憾。这些年在军中读书，感觉稍微有些恒心了，但是为时已晚。所以希望你们在青少年时，就从“有恒”这两个字上狠下功夫。然而终须在读书中觅得情趣意韵，使得内心生机盎然，才能历久不衰。如果被束缚其中倍感疲乏困苦，就不能真正做到“有恒”了。

密信知悉，应该仔细观察。

同治四年七月十三日

简评

只有感觉要做的事情有趣味，心中才有欲望坚持下去，学习也不例外。父母督促孩子学习，一定要注意方式、方法，对孩子兴趣索然的地方不要有过于苛刻的要求。最好是发掘孩子的兴趣点，激发孩子自我学习的兴趣。在兴趣的驱使下，孩子能够学得更积极、更主动、更有成效。

79.

嘉礼尽可安和中度，成礼最宜桑梓之地

原文

字谕纪泽、纪鸿儿：

郭宅姻事[①]，吾意决不肯由轮船海道行走。嘉礼尽可安和中度，何必冒大洋风涛之险？至成礼，或在广东或在湘阴，须先将我家或全眷回湘，或泽儿夫妇送妹回湘，吾家主意定后，而后婚期之或迟或早可定，而后成礼之或湘或粤亦可定。

吾既决计不回江督之任，而全眷犹恋恋于金陵，不免“武仲据防”[②]之嫌，是尔母及全眷早迟总宜回湘。全眷皆须还乡，四女何必先行？吾意九月间，尔兄弟送家属悉归湘乡。经过省城时，如吉期在半月之内，或尔母亲至湘阴一送亦可。如吉期尚遥，则纪泽夫妇带四妹在长沙小住，届期再行送至湘阴成婚。

至成礼之地，余意总欲在湘阴为正办。云仙姻丈[③]去岁嫁女，既可在湘阴由意城主持，则今年娶妇，亦可在湘阴由意城主持。金陵至湘阴近三千里，粤东至湘阴近二千里。女家送三千，婿家迎

---

① 郭宅姻事：指曾国藩四女曾纪纯出嫁广东巡抚郭嵩焘之子郭依永事。

② 武仲据防：春秋时鲁国大夫臧武仲因罪出奔他国，却不肯让出封地防邑，直到国君加封臧氏后人，方才作罢。意指不在其位，却贪恋在位时的荣华。

③ 云仙姻丈：指郭嵩焘，也作“筠仙姻丈”。

二千，而成礼于累世桑梓之地，岂不尽美尽善？尔以此意详复筠仙姻丈一函，令崔成贵[1]等由海道回粤。余亦以此意详致一函，由排单[2]寄去，即以此信为定。喜期定用十二月初二日，全眷十月上旬自金陵启行，断不致误。如筠仙姻丈不愿在湘阴举行，仍执送粤之说，则我家全眷暂回湘乡，明年再商吉期可也。

鸿儿之文气势颇旺，下次再行详示。尔母须用茯苓，候至京之便购买。余以二十四日自临淮起行，十日无雨，明日可到徐州矣。途次平安，勿念。

同治四年八月初三日

译文

写给我儿纪泽、纪鸿：

四女儿出嫁郭家之事，我的意思是绝不能乘坐轮船走海路。婚礼要尽可能祥和平安、中规中矩，何必去冒海洋风浪波涛之险呢？至于结婚仪式，或者在广东或者在湘阴，必须先将我们家或者全体家眷都送回湖南，或者泽儿夫妇送四妹回湖南。我们家主意确定后，婚期或早或晚才可以定下来，然后在湖南还是广东举行仪式也才能定下来。

我已经决计不再担任两江总督之职，但是全体家眷还对金陵恋恋不忘，这不免有“不在其位却贪其福”的嫌疑，所以你母亲和全体家眷早晚都要回湖南。既然全体家眷都须还乡，四女儿何

---

① 崔成贵：无考。似为郭嵩焘派往金陵商议儿女婚事之人。

② 排单：清代驿站传递信息，邮件每到一站均须登记造册以备查询，称为排单。代指驿站传递。

必先行？我的意思是，九月间你们兄弟送家属悉数回湘乡。经过省城时，如果婚期在半个月之内，你母亲去湘阴送一下也可以。如果婚期还很遥远，那纪泽夫妇带着四妹在长沙小住一段时间，到婚期再送到湘阴成婚。

至于婚礼仪式的地点，我的意思总是觉得在湘阴最为合适。既然郭嵩焘姻丈去年嫁女儿，可以在湘阴由郭崑焘主持，那么今年娶儿媳妇，也可以在湘阴由郭崑焘主持。金陵到湘阴将近三千里，广东到湘阴将近二千里。女方家送亲送三千里，女婿家迎亲迎二千里，然后在世世代代居住的故里举行仪式，岂不是尽善尽美吗？你把这个意思详细写一封信回复郭嵩焘姻丈，让崔成贵等人由海路回广东。我也把这个意思详细写一封信给郭嵩焘，由各地驿站传送过去，就以我写的这封信为准。婚期定在十二月初二日，全体家眷十月上旬从金陵启程，断然不会误期。如果郭嵩焘姻丈不愿意在湘阴举行婚礼，仍然坚持要我们到广东送亲的说法，那我们家全体家眷就暂且先回湘乡，明年再商量良辰吉日即可。

鸿儿的文章，气势很旺，下次再详细说。你母亲须用茯苓，等到京城时再顺便购买。我于二十四日从临淮启程，十天没有下雨，明天就可以到徐州了。一路平安，勿念。

同治四年八月初三日

简评

贪恋繁华之地，好像也是人之常情。以曾氏兄弟之功，举家住金陵，并不过分。但是曾国藩治家极严，决计辞任之后让全体家眷回湖南湘乡，高风亮节让人钦佩。人在顺境时的行为处事，尤其能看出他的修养。遇有大事喜事，父母能够心静如水、泰然处之，这样的正面示范会影响孩子一生。

80.

亲送良友，哀恸未央

原文

字谕纪泽：

邵世兄开来行略[1]等件收到，位西先生遗文亦阅一过。本月当作墓铭，出月亲为书写，仍付金陵，交张氏兄弟钩刻。大约刊刻、拓印须三个月工夫，年底乃可葴事。尔告邵子晋急急返杭料理葬事，以速为妙。此石不宜埋藏土中，将来或藏之邵氏家庙，或嵌之邵家屋壁，或一二年后，于墓之址丈余另穿一小穴补行埋之亦无不可。此次不可待碑成再定葬期也。

同治四年八月十三日

① 行略：指为写作墓志铭所准备的死者生平事迹材料。

译文

写给纪泽：

邵长年世兄开列的邵懿辰先生生平事迹材料收到，先生的遗文我也已经看过一遍。这个月我会写墓志铭，下个月亲自书写，仍然寄付金陵，交给张氏兄弟钩刻。从刊刻到拓印大约需要三个月工夫，年底才可以完成。你告诉邵长年赶紧返回杭州料理安葬事宜，最好迅速一些。这块石碑不宜埋藏土里，将来或许可以藏到邵氏家庙，或者嵌入邵家房屋墙壁，或者一二年后，在墓地一丈远的地方另外挖一小穴补埋进去亦无不可。这次不能等碑刻好再定葬期了。

同治四年八月十三日

简评

曾国藩十分重视友情。邵懿辰去世后，他亲写墓志，供养遗属等。这些事情他都是交代曾纪泽去做。人情世故皆是文章，尤其是家族中的长子，让他经受锻炼，及早成长起来，才担得起撑持门户、爱护养育弟弟妹妹的责任。

81.

终身读书，终身受用

原文

字谕纪泽：

王船山[①]先生《书经稗疏》三本、《春秋家说序》一薄本，系托刘韫斋[②]先生在京城文渊阁钞出者。尔可速寄欧阳晓岑丈处，以便续行刊刻。刘松山前借去鄂刻地图七本，兹已取回。尚有二十六本在金陵，可寄至大营，配成全部（此书金陵寓中尚有十余部，尔珍藏之，将来即以前代之图用朱笔写于此图之上）。

《全唐文》太繁，而郭慕徐[③]处有专集十余种，其中有《韩昌黎集》，吾欲借来一阅，取其无注，便于温诵也。又《文献通考》（吾曾点过田赋、钱币、户口、职役、征榷、市籴、土贡、国用、刑、舆地等门者）、《晋书》、《新唐书》（要殿本，《晋书》兼取李芋

① 王船山：指王夫之，明清之际思想家、学者。其作品集《船山遗书》是在曾国藩兄弟倡议和支持下刊印的。

② 刘韫斋：指刘崐，时任太仆寺卿，后任湖南巡抚等职。

③ 郭慕徐：指郭阶，李鸿章幕僚。其妹为郭筠，后嫁与曾纪鸿。

仙[1]送毛刻本[2]）均取来，以便翻阅。《后汉书》亦可带来（殿本）。此嘱。

同治四年八月十九日

译文

写给纪泽：

王夫之先生的《书经稗疏》三本、《春秋家说序》一薄本，是我托刘崐先生在京城文渊阁抄录出来的。你可以速寄到欧阳兆熊那里，以便于接下来《船山遗书》的刊刻。刘松山之前借去的湖北刻印地图七本，现在已经取回。还有二十六本在金陵，可以寄送到大营来，配成全套（此书在金陵家中还有十余部，你要珍藏好，将来就把前代地图用红笔标到此图上）。

《全唐书》太繁杂了，而郭阶那里有专集十余种，其中有《韩昌黎集》，我想要借来一阅，主要是它不加注解，便于温习朗诵。还有《文献通考》（我曾经圈点过此书田赋、钱币、户口、职役、征榷、市籴、土贡、国用、刑、舆地等门类）、《晋书》、《新唐书》（要武英殿版本的，《晋书》也要李士棻送我的汲古阁刻本）都取来，以便我翻阅之用。《后汉书》也可以带来（武英殿版本的）。特此嘱咐。

同治四年八月十九日

---

① 李芋仙：指李士棻，曾国藩门生，家富藏书。

② 毛刻本：指明末清初毛晋刊刻的版本，又称汲古阁本。

简评

曾氏子弟大多学养深厚，这应该是受了曾国藩很大影响。直到离世前，曾国藩仍然手不释卷。很多当代的父母自己不读书，却总苛求孩子读书，这实在不可取。哪怕只是一些感兴趣的小书，闲时翻翻，也一定开卷有益。如果能和孩子一起读，那就更好了，不但能收获快乐，还能收获陪伴和成长。

82.

远离华靡之地，但求一家独俭

原文

字谕纪泽、纪鸿:

家眷旋湘，应俟接筠仙丈复信乃可定局。余意姻期果是十二月初二，则泽儿夫妇送妹先行，至湘阴办喜事毕，即回湘乡，另觅房屋。觅妥后，写信至金陵，鸿儿奉母并全眷回籍。若婚期改至明年，则泽儿一人回湘觅屋，冢妇[①]及四女皆随母明年起程。

黄金堂之屋，尔母素不以为安，又有塘中溺人之事，自以另择一处为妥。余意不愿在长沙住，以风俗华靡，一家不能独俭。若另求僻静处所，亦殊难得，不如即在金陵多住一年半载亦无不可。泽儿回湘与两叔父商，在附近二三十里觅一合式之屋，或尚可得。星冈公昔年思在牛栏大丘起屋，即鲇鱼坝萧祠间壁也，不知果可造屋以终先志否。又油铺里系元吉公[②]屋，犁头嘴系辅臣公[③]屋，不知可买庄兑换或借住一二年否。富圫[④]可移兑否？尔禀商两叔，必可设法办成。

---

① 冢妇：指大儿媳妇。

② 元吉公：指曾国藩天祖曾贞祯。

③ 辅臣公：指曾国藩高祖曾尚庭。

④ 富圫：曾国藩家乡地名，曾家宅第即坐落于富圫。

尔母既定于明年起程，则松生[1]夫妇及邵小姐[2]之位置，新年再议可也。近奉谕旨，饬余晋驻许州。不去则屡违诏旨，又失民望；遽往则局势不顺，必无成功。焦灼之至。余不多及。

…………

同治四年八月二十一日

译文

写给纪泽、纪鸿：

家眷回湖南的事，应该等收到郭嵩焘姻丈的回信才能定下来。我的意思是婚期如果确定在十二月初二日，那泽儿夫妇就送妹妹先行出发，到湘阴办完喜事，就回湘乡，另外寻觅房屋。寻好之后，写信到金陵来，鸿儿再侍奉母亲和全体家眷回老家。如果婚期改到明年，那就泽儿一个人先回湖南寻觅房屋，大儿媳妇和四个女儿都跟随母亲明年启程回乡。

黄金堂的房屋，你母亲一向认为不安宁，又发生过池塘中淹死人的事情，自然还是另寻住处较为妥当。我本意不愿在长沙居住，因为长沙风俗华丽奢靡，我们一家人无法独守俭约。如果另外寻求一个僻静的住所，也很困难，不如就在金陵多住一年半载也没什么不可。泽儿回湘乡与两位叔父商量，在附近二三十里寻觅一合适的房屋，或许还能找到。我祖父星冈公过去想在牛栏大丘建房，就是鲶鱼坝萧家祠堂隔壁，不知那里是否真能建屋以完

---

① 松生：指陈远济。

② 邵小姐：指邵懿辰之女。邵懿辰死后，曾国藩将其妻女接到军中照料。

成先人的遗愿。另外油铺里有我天祖元吉公的房屋，犁头嘴有我高祖辅臣公的房屋，不知是否可以买个田庄兑换或者借住一二年。富圫的房屋可以用来兑换吗？你禀告两位叔叔，和他们商量，必定可以设法办成。

你母亲既然已经定了明年启程，那陈远济女婿和邵小姐的安排，可以过了年再行商议。最近接奉谕旨，命令我进驻许州。不去就会屡次违背圣上旨意，又会让百姓失望；仓促赶去局势又不顺利，一定不会成功。真是无比焦灼。别的不多说了。

…………

同治四年八月二十一日

简评

远有孟母三迁，近有曾父择居。可怜天下父母心，父母选择居所的首要考量一定是孩子。今人虽难有孟母曾父的气魄，但是为孩子创造好的学习环境的做法却可以借鉴。住所未必要富丽堂皇，却一定要清静安宁。在温馨环境里长大的孩子，他的内心一定会充满阳光。

83. 尽其在我，听其在天

原文

字谕纪泽儿：

尔十一后连日患病，十六尚神倦头眩，不知近已痊愈否？

吾于凡事皆守“尽其在我，听其在天”① 二语，即养生之道亦然。体强者，如富人因戒奢而益富；体弱者，如贫人因节啬而自全。节啬非独食色之性也，即读书用心，亦宜检② 约，不使太过。余“八本匾”③ 中，言养生以少恼怒为本，又尝教尔胸中不宜太苦，须活泼泼地养得一段生机，亦去恼怒之道也。

既戒恼怒，又知节啬，养生之道已“尽其在我”者矣。此外寿之长短，病之有无，一概“听其在天”，不必多生妄想去计较他。凡多服药饵，求祷神祇，皆妄想也。吾于医药、祷祀等事，皆记星

① 尽其在我，听其在天：类似“尽人事，听天命”。

② 检：通“俭”。

③ 八本匾：前信中所言“八本”（“读古书以训诂为本，作诗文以声调为本，养亲以得欢心为本，养生以少恼怒为本，立身以不妄语为本，治家以不晏起为本，居官以不要钱为本，行军以不扰民为本”），曾国藩书写牌匾挂于家中，称为“八本匾”。

冈公之遗训[1]，而稍加推阐，教示后辈。尔可常常与家中内外言之。尔今冬若回湘，不必来徐省问，徐去金陵太远也。

近日贼犯山东，余之调度概咨少荃宫保处。澄、沅两叔信附去查阅，不须寄来矣。此嘱。

同治四年九月初一日

译文

写给我儿纪泽：

你十一日之后连日患病，十六日还精神疲倦头晕目眩，不知最近完全好了没有？

我对凡事都遵守“尽其在我，听其在天”的原则，就算是养生之道也是这样。体质强健的人，好比富人因为戒除奢靡而愈加富裕；体质柔弱的人，好比因为节制俭约而自我保全。节制俭约不单单是说饮食和美色，即使是读书思考，也应该俭约，不应用力过度。我所写的“八本匾”中，说到养生以少恼怒为本，也曾经教育你心中不要太过苦闷，应该心态活泼以滋养勃勃生机，这也是去除恼怒的方法。

能够戒除恼怒，又能懂得节制俭约，养生方面我们已经“尽其在我”了。此外生命的长短，疾病的有无，一概“听其在天”，不必再多去胡思乱想心生计较。凡是过多服药、祈求神灵，都是妄想。我对于医药、祈祷、祭祀等事情，一概谨记祖父星冈公的

① 星冈公之遗训：指前信中所言“三不信”（“三者，曰僧巫，曰地仙，曰医药，皆不信也”）。

遗训，再稍微加以推论阐释，用以教育后辈。你可以常常与家里内外上下所有人讲。今年冬天你如果回湖南，不必到徐州来省亲看望，徐州距离金陵太远了。

近日叛贼进犯山东，我的调度一概咨行到李鸿章那里了。澄叔、沅叔两位叔父的信附过去供你查阅，不用再寄回来了。特此嘱咐。

同治四年九月初一日

简评

我们总是勉励自己“尽其在我”，却没有几人肯接受“听其在天”。随着慢慢成熟，人最终都要接受自己的平凡，但却总是无法说服自己接受孩子的平凡。其实，不妨放下执念想一想，我们的孩子能够平安、健康、阳光，已经是莫大的幸福，上天已经足够眷顾。各安天命也是一种人生的大智慧。

84.

顺逆寻常事，生死平常心

原文

字谕纪泽:

十七日接尔初十日禀，知尔病三次翻复，近已痊愈否？舢板尚未到徐，而此间群贼萃于铜、沛二县，攻破民圩[①]颇多。与微山湖相近，湖中水浅，近郡处又窄，舢板或畏贼不欲进耶？马步贼约六七万，火器虽少而剽悍异常，看来凶焰尚将日长。吾已定与贼相终始，故亦安之若素。

文辅卿[②]自京来此，言近事颇详。九叔浮言渐息，霞仙虽降调，而物望尚好。云仙众望较减，天眷亦甚平平。顷接云信，婚期已改明年，然则尔今冬亦可不回湘矣。原信抄去一阅。尔母健饭，大慰大慰。

同治四年九月十八日

---

① 民圩：圩，指防止水漫低田的土堤。因人多地少，圩内多建有聚居村落。捻军兴起，地方士绅加固土圩以拒农民军，称为民圩。

② 文辅卿：指文翼，曾国藩幕僚。

译文

写给纪泽：

十七日接到你初十日的信，知道你的病反复三次，最近已经完全好了吗？送信的小船还没有到徐州，这边的叛贼群聚于铜山、沛县这两个县，攻破很多民圩。徐州距离微山湖很近，微山湖的水很浅，靠近郡城的地方水道又很狭窄，小船或许是畏惧叛贼而不敢前进吧？叛贼的马军和步军约有六七万人，他们火器虽然少但是却异常剽悍，看起来嚣张气焰还将持续很长时间。我已经决心与叛贼决战到底，所以也就平常心对待了。

文翼从京城到这里来，详细地谈论了最近发生的事。关于你沅叔的流言渐渐平息，刘蓉先生虽然被降职调动，但是威望还不错。郭嵩焘的民望有所降低，圣上的恩眷也很平常。刚刚接到他的信，婚期已经改到明年了，既然这样你今冬可以不回湖南了。原信抄送给你一阅。你母亲饮食很好，我倍感欣慰。

同治四年九月十八日

简评

“至人无己，神人无功，圣人无名”实在是常人难以企及的人格高度。曾国藩并不反对孩子淡泊名利，却又极力主张知行合一。看似矛盾的态度下面，其实蕴藏着希望孩子远离是非和盼望他们做经世之才的复杂心态。或许这是为人父母者的普遍想法，如何拿捏和取舍，曾国藩的态度能给我们很多借鉴。

85.

万事明其理方能求其精

原文

字谕纪泽:

兹将邵位西墓铭付回。其兄之名空二字，尔可填写，交匠人钩摹刊刻。季公墓铭，匠人刻出太时俗，无深厚之意，余字尚不如是薄也。尔可教张氏二匠，用刀须略明行气之法。刀下无气，则顺修逆描，全失劲健之气矣。

《几何原本序》付去照收。余十九日复奏李公入洛、李丁迭迁[①]一疏，尔可至李宫保署查阅。此嘱。

同治四年九月二十五日

① 李公入洛、李丁迭迁：清廷谕旨李鸿章入河南征剿捻军，李宗羲升任江宁布政使，丁日昌升任两淮盐运使。此举意在分曾氏兄弟及湘军派系之权。

译文

写给纪泽：

现将邵懿辰先生的墓志铭寄回。他兄长名字的地方空了二字，你可以填写完整，交给匠人勾线摹写加以刊刻。季芝昌先生的墓志铭，匠人刻出的样子太过俗气，缺乏深厚的意韵，我的字还不至于如此轻薄。你可以指导工匠张氏兄弟，用刀必须略微明了运气行笔的方法。刻字没有笔力和气度，那么不管是顺修还是逆描，都会全然失去字体劲健的气息。

《几何原本序》寄回去，注意查收。我十九日复奏李鸿章入河南征剿叛贼以及关于李宗羲、丁日昌二人升迁的奏疏，你可以到李鸿章官署查看。特此嘱咐。

同治四年九月二十五日

简评

凡事都是入门容易深入难，粗通容易精通难。要想深入和精通，没有捷径可走。除去勤学苦练，还得有那么一点点悟性。所谓“学而不思则罔”说的就是这个道理。就像曾国藩指导孩子书法一样，引导孩子在练习过程中发现规律、掌握规律，就是帮助他们提升学业水平的重要一步。

86.

莳养花竹，饱看山水

原文

字谕纪泽、纪鸿：

二十六日接纪泽二十日排递之禀。纪鸿初六日舢板带来禀件、衣书，今日派夫往接矣。李老太太[①]病势颇重，近日略愈否？深为系念。泽儿肝气痛病亦全好否？尔不应有肝郁之症，或由元气不足，诸病易生，身体本弱，用心太过。上次函示以节啬之道，用心宜约，尔曾体验否？

张文端公（英）所著《聪训斋语》，皆教子之言。其中言养身、择友、观玩山水花竹，纯是一片太和生机，尔宜常常省览。鸿儿体亦单弱，亦宜常看此书。吾教尔兄弟，不在多书，但以圣祖之《庭训格言》（家中尚有数本）、张公之《聪训斋语》（莫宅有之，申夫[②]又刻于安庆）二种为教，句句皆吾肺腑所欲言。

以后在家则莳养[③]花竹，出门则饱看山水，环金陵百里内外，可以遍游也。算学书切不可再看，读他书亦以半日为率。未刻以后，即宜歇息游观。古人以惩忿窒欲为养生要诀。惩忿即吾前信所

---

① 李老太太：指李鸿章母亲。

② 申夫：指李榕，曾国藩幕僚。

③ 莳养：栽种培养。

谓“少恼怒”也，窒欲即吾前信所谓“知节啬”也。因好名好胜而用心太过，亦欲之类也。药虽有利，害亦随之，不可轻服。切嘱。

同治四年九月晦日[①]

译文

写给纪泽、纪鸿：

二十六日接到纪泽二十日通过驿站传递过来的信。纪鸿初六日通过舢板带来的信件、衣物、书籍，今天我派长夫去接了。李鸿章母亲的病情很严重，近日有没有略微好一点？我很挂念。泽儿肝气疼痛的病全好了吗？你不应该有肝气郁结的病症，或许是因为身体元气不足，各种疾病容易滋生，身体本来就羸弱，再加上用心太过。上次写信教育你节制俭约的道理，用心也应该节制，你可曾按我说的体验过？

张英所著的《聪训斋语》，里面都是教子的语言。其中说养生、交友、游观山水、赏玩花竹的部分，完全是一派冲和自然、生机勃勃的气象，你应该常常阅览自省。鸿儿的体质也较单薄孱弱，也应该常常阅看此书。我教育你们兄弟，没有依据太多书，只以圣祖康熙帝的《庭训格言》（家中还有几本）、张英的《聪训斋语》（莫友芝那里有，李榕又在安庆刊刻过）这两种来教，这两本书里面的每一句都是我想说的肺腑之言。

以后在家里就栽花种竹，出门就饱览山水，金陵周边百里内外，都可以游个遍。算学书籍万万不可再看，读其他书也要以半

① 晦日：指农历每月最后一日。

天为限。未刻以后，就应该歇息游览。古人以克制愤怒和抑制欲望作为养生的要诀。克制愤怒就是我前信所说的“少恼怒”，抑制欲望就是我前信所说的“知节啬”。因为追求美誉、争强好胜而太过用心，也是放任欲望。药物虽然有用处，但是害处也随之而来，不可轻易服用。一定牢记。

同治四年九月二十九日

简评

鼓励孩子养花种草、养鱼喂猪，撵着孩子放下书本去游山玩水，这样的父母真的不多见。谁能想到一百五十多年前的“老夫子”就是这样做的。读万卷书、行万里路、交八方友都是学习，身心健康、见识广博、朋友遍地也是财富，所以多学学“老夫子”的做法，也许就是培养像曾纪泽、曾纪鸿一样优秀儿女的正确道路。

87.

有赏有罚，领军之道

原文

字谕纪泽儿:

初三夜蒋大春[①]到，接尔二十六日早一禀。具知李老太太病已痊愈，尔病亦好，慰慰。

此间之贼于二十九日稍与徐郡派出之马队接仗，其夜即窜萧县，初一二日窜又渐远，现尚不知果窜何处。

各兵既力求宽限，以后即限九日，以八百里之程，每日仅走九十里，并非强人所难。仍须立一课程[②]：早到一日赏三百，早二日赏六百；迟一日打四十，二日打八十革去。

张文端公《聪训斋语》兹付去二本，尔兄弟细心省览，不特于德业有益，实于养生有益。

余身体平安，惟精神日损，老景逐增，而责任甚重，殊为悚惧。

同治四年十月初四日

---

① 蒋大春：似为送信长夫。

② 课程：指考核标准。

译文

写给我儿纪泽：

初三日夜蒋大春到大营，接到你二十六日早晨的一封信。详细知道了李鸿章母亲的病已经完全好了，你的病也好了，非常欣慰。

这边的叛贼二十九日略微与徐州派出的马队接仗，晚上就窜往萧县，初一初二日又逃窜到更远的地方，现在还不知道到底窜到哪里去了。

各位送信士兵既然力求宽限时间，那以后就限定为九日，以八百里的距离计算，每天仅走九十里，这就不算强人所难了。但仍然要确立一个标准：早到一日赏三百钱，早到二日赏六百钱；迟到一日杖打四十，迟到二日杖打八十另加开除。

现寄回去两本张英的《聪训斋语》，你们兄弟细心阅读自省，不单对修德有帮助，对养生也有益处。

我的身体平安，只是精神日渐损耗，老迈的症状越来越多，但是责任很重，我特别忧心恐惧。

同治四年十月初四日

简评

曾国藩管理送信士兵，先定规矩，然后以结果为依据，有赏有罚。他把这些讲给孩子，就是希望对他们有所启发。父母教育孩子，尤其是小孩子，先确定目标再根据结果有赏有罚，的确是不错的方法。

88.

好书可祛病延年，最难是躬行实践

原文

字谕纪泽、纪鸿：

贼自初三、四两日在丰县为潘军[①]所败，仓皇西窜，行至宁陵，又为归德周盛波[②]一军所败。据擒贼供称，将窜湖北，不知确否。此间俟幼泉[③]游击之师办成，除四镇[④]大兵外，尚有两支大游兵，尽敷剿办。但求朱、唐、金军[⑤]遣撤不生事变，则诸务渐有归宿矣。

泽儿身体复元，思来徐州省觐。余拟于今冬至曹、济、归、陈四府巡阅地势，现尚未定，尔暂不必来。如余不赴齐、豫，尔至十二月十五以后前来徐州，侍余度岁可也。

彭笛仙[⑥]在粮台，尔常相见否？其学问长处究竟何如？《聪训

---

① 潘军：指淮军潘鼎新部。

② 周盛波：淮军将领。

③ 幼泉：指李鸿章之弟李昭庆。

④ 四镇：曾国藩剿捻，确定安徽临淮、河南周家口、江苏徐州、山东济宁为四大军事重镇。其中，周家口也写作周口。

⑤ 朱、唐、金军：分别指湘军将领朱品隆、唐义训、金国琛所带的部队。

⑥ 彭笛仙：指彭嘉玉，曾国藩幕僚。

斋语》，余以为可却病延年。尔兄弟与松生、慕徐常常体验否？可一禀及。此嘱。

同治四年十月十七日

译文

写给纪泽、纪鸿：

叛贼初三、初四两天在丰县被潘鼎新军击败，仓皇向西流窜，跑到宁陵，又被在归德的周盛波军击败。据所抓叛贼供述，他们将窜向湖北，不知道是否准确。这边在等李昭庆的游击军整训完毕，到时候除了四大重镇的军队，还能有两支游击军，剿办叛匪已经足够。只求朱品隆、唐义训、金国琛三军在遣散裁撤过程中不生事端，各项事务就都能有始有终了。

泽儿的身体康复，想来徐州探亲看望。我打算今冬到曹州、济宁、归德、陈州四府巡察地势，现在还没有最终确定，你暂时不必来。如果我不前往山东、河南，你可以在十二月十五日以后到徐州来，陪我过年即可。

彭嘉玉在粮草基地，你们经常相见吗？他的学问和专长水平究竟如何？《聪训斋语》这本书，我认为可以祛病延年。你们兄弟和陈远济女婿、郭阶经常躬行实践吗？可以写封信谈谈体会。特此嘱咐。

同治四年十月十七日

简评

人道是知易行难，父母往往过于关注孩子对书本知识是否掌握，却对他们能否践行不够重视。父母不单要学习曾国藩给孩子推荐好书，指导孩子读书，检查孩子学习进度，也要像他一样，常常和孩子探讨心得体会，给予孩子启发。在举一反三的过程中，孩子就能把知识理解得更透彻，践行得更彻底。

89.

厚积薄发，相时而动

原文

字谕纪泽、纪鸿：

余近日身体平安。捻匪自窜河南后，久无消息。十九日之折，顷接寄谕，业经照准。

明年寓中请师。顷桐城吴汝纶挚甫[①]来此，渠以本年连捷[②]，得内阁中书，告假出京。余劝令不必遽尔进京当差，明年可至余幕中专心读书，多作古文。因拟请其父吴元甲[③]号育泉者至金陵教书，为纪鸿及陈婿之师。育泉以廪生举孝廉方正[④]，其子汝纶，系一手所教成者也。挚甫闻此言欣然乐从，归告其父，想必允许。惟澄、沅叔已答应将富圫让与我家居住，明岁将送全眷回湘，吴来金陵，恐非长久之局。挚甫由徐赴金陵，余拟派差官送之。尔可与之面一切。

① 吴汝纶挚甫：吴汝纶，字挚甫，曾国藩幕僚。
② 连捷：连续报捷，指新科举人再中进士。吴汝纶同治三年中举人，同治四年中进士。
③ 吴元甲：吴汝纶之父，书信中也称其为育泉、穜泉翁等。
④ 孝廉方正：清代在科举考试外特设的选人科目。

鸿儿每十日宜写一禀，字宜略大，墨宜浓厚。此嘱。

同治四年十月二十四夜

译文

写给纪泽、纪鸿：

我近日身体平安。捻匪自从窜往河南后，很久没有消息。刚刚接到寄来的谕旨，十九日的奏折已经照折批准。

明年家中选请老师。刚刚桐城吴汝纶（字挚甫）到这里来，他去年中举人，今年再中进士，受职内阁中书，现在请假出京。我劝他不必着急进京当差，明年可以到我幕府中专心读书，多作古文。因而我打算请他父亲吴元甲（号育泉）到金陵来教书，为纪鸿和陈远济女婿做老师。育泉以廪生身份被举荐孝廉方正，他的儿子汝纶就是他一手教成的。吴汝纶听到这话欣然听从，归乡禀告父亲，想必一定会被应允。只是澄叔、沅叔已经答应将富圫之宅让给我们家居住，明年将送全体家眷回湘乡，吴老先生来金陵，恐怕不是长久之计。吴汝纶由徐州赴金陵，我打算派差官送他前往。你可以与他见面商量相关事宜。

鸿儿应该每十天写一封信，字体应该略大些，用墨应该略浓厚些。特此嘱咐。

同治四年十月二十四日夜

简评

曾国藩延揽社会精英进入幕府，却并不安排太多任务，只提供条件供他们安心读书。这虽是他“会做人”的表现，却也反映出他凡事不急于求成的人生态度。他对孩子也是这样，勉励孩子们沉得住气、耐得住心、守得住寂寞。今天的父母以先贤为镜，闲暇时反思教育孩子急于求成的心态，对比之下一定会有所启发。

90.

凡事须细心，事事有回音

原文

字谕纪泽：

彭宫保[1]尚在安庆，松生陪王益梧[2]去，恐无所遇，抑别有他营耶？

日内贼尚在河南，吴中丞[3]疏称豫省情形万难，供职无状，请另简贤能。谕旨又催移营，现因湖团一案[4]关系极大，必须在徐料理，新年后将移驻河南之周家口。尔可于腊月来徐省觐，随同度岁。由金陵坐船至清江，清江雇王家营轿车至徐，余派弁至清江迎接。大约水陆不过十二三日程耳。季荃[5]无病，何必托词不来？

《聪训斋语》俟觅得再寄。余前信欲乞慕徐斋头《全唐文》残本中韩文一种，尔曾与慕徐说及否？《明史》亦未带来。其时尔疾未痊，鸿儿看信或不细心。尔腊月来营，可将此二书带来。《明史》

---

① 彭宫保：指彭玉麟，湘军水师统帅。

② 王益梧：指王先谦，时为翰林院庶吉士。

③ 吴中丞：指吴昌寿，时为河南巡抚。

④ 湖团一案：当时山东流民进入苏北，与当地农户争抢湖田，双方爆发武装冲突。

⑤ 季荃：指李鹤章，李鸿章之弟。

即将陈刻本带来亦可，王氏《广雅疏证》可附带也。

尔岳霞仙先生因杨厚庵[①]代陕绅奏留，仍抚秦中。金陵已见邸钞否？

同治四年十一月初六日

译文

写给纪泽：

彭玉麟还在安庆，陈远济女婿陪王先谦过去找他，恐怕碰不到，或者是还有别的打算？

这些天叛贼还在河南，吴昌寿上疏称河南省各方面情况非常困难，自己任职毫无建树，请朝廷另选贤能。谕旨又催促移驻军营，因为湖团一案的关系极大，我必须在徐州处理，将于新年移驻河南周家口。你可以腊月来徐州省亲探望，和我一起过年。你由金陵坐船到清江，从清江雇王家营的马车来徐州，我派士卒到清江迎接。大概水路加陆路不过十二三天的路程。李鹤章没有病，何必找托词不来啊？

《聪训斋语》一书等我寻到再寄。你前信想要郭阶所藏《全唐文》残本中的韩愈文集，你曾经和郭阶说起过这事吗？《明史》也没有带来。当时你的疾病还没有痊愈，鸿儿看信或许不够细心。你腊月到大营来，可以将这两本书带来。《明史》的话，就将陈刻本带来即可，王念孙的《广雅疏证》可以一起带来。

---

① 杨厚庵：指杨岳斌，时任陕甘总督。

你岳父刘蓉先生因为杨岳斌总督代当地士绅奏请留任，所以仍然任陕西巡抚，金陵已经看到这件事的邸报了吗？

同治四年十一月初六日

简评 交代去做的事情有没有回音，往往是我们判断一个人是否靠谱的重要标准。父母应该从小培养孩子这样的意识，教育孩子在接到任务的时候不懂就问，过程中遇到问题及时沟通，有进展及时相告等。三岁看小，七岁看老，小时做事严谨细致，长大后更能踏实可靠。

91.

行文处事重依据

原文

字谕纪泽、纪鸿:

尔母之信，欲令泽儿夫妇先归，而自带鸿儿留金陵，以便去余稍近，声息易通。余明年正月即移驻周家口，该处距汉口八百四十里，距长沙一千六百余里，距金陵亦一千三百余里。两边皆系陆路，通信于金陵，与通信于长沙，其难一也。泽儿来此省觐，送余移营起程后即回金陵。全眷仍以三月回湘为妥。吴育泉正月上学，教满两月，如果师弟相得，或请之赴湖南，或令纪鸿、陈婿随吴师来余营读书亦无不可。家中人少，不宜分作两处住也。

余日来核改水师章程，将次完竣。惟提、镇以下至千、把[①]，每年各领养廉[②]若干，此间无书可查，泽儿可翻《会典》[③]，查出寄来（难钞许多，将书数本折角寄）。凡经制之现行者查典，凡因革之有由者查事例。武职养廉，记始于乾隆四十七年“补足名粮

---

① 提、镇、千、把：分别指提督、总兵、千总、把总，均为武官等级。

② 养廉：即养廉银，指清代为求“高薪养廉”，在官员日常俸禄外发放的补贴。

③《会典》：指《大清会典》，记载清朝政务典例的书籍。

案”[①]内。文职养廉，记始于雍正五年“耗羡归公案”[②]内。尔细查武养廉数目，即日先寄。又提督之官，见《明史·职官志》“都察院”条内，本与总督、巡抚等官皆系文职而带兵者，不知何时改为武职。尔试翻寻《会典》，或询之凌晓岚、张啸山[③]等，速行禀复。

同治四年十一月十八日

译文

写给纪泽、纪鸿：

你母亲的信上说，想让泽儿夫妇先回湖南，而自己带着鸿儿留在金陵，这样距离我比较近，彼此信息易通。我明年正月就移驻周家口，那里距离汉口八百四十里，距离长沙一千六百余里，距离金陵也有一千三百余里。两边都是陆路，那儿与金陵、长沙通信，都是一样困难。泽儿到这里来省亲探望，送我移驻启程后就回金陵。全体家眷还是三月回湖南比较妥当。吴元甲老师正月开始教学，教满两个月，如果老师学生互相适应，或者可以请他到湖南，或者可以让纪鸿、陈远济女婿随他到我大营来读书也可以。家中人少，不适合分作两处居住。

我近日来一直在核改水师的章程，将要完成了。只是提督、总兵往下到千总、把总，每年可以各领到养廉银多少，这边没

① 补足名粮案：清代前期，在日常俸禄外，官府为武官发放部分“随粮”作为供养随员家属的补贴。乾隆年间，取消“随粮”，为武官发放养廉银。

② 耗羡归公案：清代前期，官府征收赋税，以弥补损耗为名另行征税，称为“耗羡”。雍正年间，实行“耗羡归公”，并为文官发放养廉银。

③ 张啸山：指张文虎，曾国藩幕僚。

有书可以参考。泽儿可以翻阅《会典》，查出答案寄来给我参考（内容太多难以抄记，把有相关内容的几本书折角寄过来）。凡是仍在实行的正式制度就查原来的规定，凡是因事发生变革的制度就查引发变革的事例。武职官员发放养廉银，记录始于乾隆四十七年的“补足名粮案”。文职官员发放养廉银，记录始于雍正五年的“耗羡归公案”。你细查一下武职养廉银的数目，查到马上先寄来。另外，提督这个官职，见于《明史·职官志》“都察院”条目内，本来与总督、巡抚等一样都是带兵的文职，不知何时改为武职了。你试着翻寻一下《会典》，或者询问一下凌焕、张文虎等人，把结果尽快回复我。

同治四年十一月十八日

简评

凡事看重依据，并非一定是因循守旧。做任何一项工作，都要结合当前实际，参考前人智慧，这样才能行稳致远。曾国藩修订规章，交代孩子查询历史典籍，就是以实际行动传达做事切忌拍脑袋决策这样一种态度。作文有所本，做事有所依，这些都是当代父母应该教给孩子的内容。

92.

重依据，不唯依据

原文

字谕纪泽:

蒋大春赍到《会典》五册、《明史》一册。国初提督尚文武兼用，厥后专用武职，不知始于何时。前明有挂印总兵，以总兵而挂平西将军、征南将军等印。国朝总兵亦间存挂印之名，而实无真印，不知何年并挂印之名而去之。尔试问刘伯山能记之否。水师章程定于十二月出奏。如其查不出，亦不要紧，凡办事不必定讲考据也。

尔来徐州，初十后即可起程。余于十二三派员至清江接护。北徐严寒甚于金陵，尔最畏寒，宜有以筹备之。或谓洋绒做棉袄棉裤之里最暖，但棉不宜厚。尔至扬州买三四丈带来。余不悉。

同治四年十一月二十九日

译文

写给纪泽：

蒋大春带来《会典》五册、《明史》一册。本朝之初提督一职还是文官、武官并用，之后专门使用武官，不知从什么时候开始的。之前明朝有挂印总兵，以总兵之职挂平西将军、征南将军等印。本朝的总兵偶尔也有保留挂印之名的，但实际上并没有真正的将军大印，不知从什么时候开始把这个挂印的名号也去掉了。你试着问问刘毓崧能不能记得。水师章程定于十二月上奏。如果他查不出来，也不要紧，办事也不一定非要讲依据。

你到徐州来，初十后就可以启程。我于十二三日派人到清江迎接陪护。北方的徐州气候比金陵严寒，你最怕冷，应该对此有所准备。有人说用洋绒做棉袄棉裤的内里最暖，但是棉布不宜太厚。你到扬州买三四丈带来。别的不多说了。

同治四年十一月二十九日

简评

这封信所谈的内容与上一封信是辩证关系。做事情既要讲依据，又不能只讲依据。事物在不断发展变化，不管不顾只求依据就会走入故步自封的死胡同。类似的问题很多，其中折射的人生哲理和智慧，父母都可以带着孩子一起探讨和体会。

93.

熬过极困极难时候，守得云开见月明

原文

字谕纪鸿：

尔学柳帖《琅琊碑》，效其骨力则失其结构，有其开张[①]则无其抗搏[②]。古帖本不易学，然尔学之尚不过旬日，焉能众美毕备，收效如此神速？余昔学颜柳帖，临摹动辄数百纸，犹且一无所似。余四十以前在京所作之字，骨力间架皆无可观，余自愧而自恶之。四十八岁以后，习李北海《岳麓寺碑》，略有进境，然业历八年之久，临摹已过千纸。今尔用功未满一月，遂欲遽跻神妙耶？余于凡事皆用"困知勉行"[③]功夫，尔不可求名太骤，求效太捷也。

以后每日习柳字百个，单日以生纸临之，双日以油纸摹之。临帖宜徐，摹帖宜疾，专学其开张处。数月之后，手愈拙，字愈丑，意兴愈低，所谓"困"也。困时切莫间断，熬过此关，便可少进。再进再困，再熬再奋，自有亨通精进之日。不特习字，凡事皆有极困极难之时，打得通的，便是好汉。

---

① 开张：近似前文所言"结构"。

② 抗搏：近似前文所言"骨力"。

③ 困知勉行：语出《中庸》，指在克服困难中获取新知识，在努力践行中涵养好品德。

余所责尔之功课，并无多事，每日习字一百，阅《通鉴》五叶，诵熟书一千字（或经书，或古文、古诗，或八股试帖，从前读书即为熟书，总以能背诵为止，总宜高声朗诵），三、八日作一文一诗。此课极简，每日不过两个时辰，即可完毕，而看、读、写、作四者俱全。余则听尔自为主张可也。

尔母欲与全家住周家口，断不可行。周家口河道甚窄，与永丰河相似，而余住周家口亦非长局，决计全眷回湘。纪泽俟全行复元，二月初回金陵。余于初九日起程也。此嘱。

同治五年正月十八日

译文

写给纪鸿：

你学习柳公权字帖《琅琊碑》，仿效他的笔画力量就会在间架结构方面有缺失，具备了他的间架结构又会失去他的笔画力量。古代字帖本来就不容易学，何况你学习还不到十天，怎么可能各方面长处都具备，收效这么神速啊？我过去学习颜真卿和柳公权的字帖，临摹起来动辄就是数百张，还是一点也不像。我四十岁以前在京城所写的字，力量骨架都没有值得看的地方，我自觉惭愧而心生厌烦。四十八岁以后，开始学习李邕的《岳麓寺碑》，稍微有些长进，然而也已经历时八年之久，临摹已过千张。现在你学习用功不满一个月，就想迅速达到神妙的境界吗？我做所有的事都依靠“困知勉行”的功夫，你不可以急于求名，急于见效。

以后每天练习柳公权字体数百个，单数日用生纸临帖，双数日用油纸摹帖。临帖应该慢一些，摹帖应该快一些，专门学习他字体的结构特点。数月之后，手越来越笨，字越来越丑，兴趣越来越低，这就是所谓“困”。这个时候切记不要中断，熬过这个关口，便会有些许进步。再进步就会再“困”，再熬过就会再有进步，自然会有融会贯通、不断精进的时日。不只是写字，凡事皆有极其困难的时候，能够战胜这些考验的，就是好汉。

我要求你做的功课，并没有多少事，每天写字一百个，阅读《资治通鉴》五页，朗诵“熟书”一千字（或经书，或古文、古诗，或八股试帖，以前读过的书就是所谓“熟书”，总归要以能背诵为止，总归要高声朗诵），逢三、逢八的日子作一篇文章一首诗。这些功课极其简单，每天不过两个时辰就能完成，而且看、读、写、作四者都齐备了。其余的就听你自作主张好了。

你母亲想要和全体家眷住周家口，这万万不可。周家口河道很窄，和家乡永丰河差不多，而且我住在周家口也不是长久之计，我决计让全体家眷回湖南。纪泽等身体完全康复，二月初回金陵。我将于初九日启程出发。特此嘱咐。

同治五年正月十八日

简评

人的一生，不管是学业还是事业，不管是亲情还是爱情，总会有那么些进退失据的时候。我们苦闷彷徨，看不清方向，找不到出路。真正的强者，都是能够在这些时候平心静气、静待花开的人。不是人人都能做曾国藩，但是人人都可以学习曾国藩，学他看清世事的旷达，学他洞察人性的睿智，也学他循循善诱教育孩子的方法。

94.

临阵磨枪，不快也光

原文

字谕纪鸿:

日内未接尔禀，想阖寓平安。

余定以二月九日由徐州起程，至山东济、兖，河南归、陈等处，驻扎周家口，以为老营。纪泽定于初一日起程，花朝[①]前后可抵金陵，三月初送全眷回湘。

尔出外二年有奇，诗文全无长进，明年乡试，不可不认真讲求八股试帖。吾乡难寻明师，长沙书院亦多游戏征逐之习，吾不放心。尔至安黄后，可与方存之[②]、吴挚甫同伴，由六安州坐船至周家口，随我大营读书。李申夫于八股试帖最善讲说。据渠论及，不过半年，即可使听者欢欣鼓舞、机趣洋溢而不能自已。尔到营后，弃去一切外事，即看《鉴》、临帖、算学等事皆当辍舍，专在八股

---

① 花朝：指花朝节，旧俗以花朝节作为百花生日，民众结伴赏花踏青。具体时间各地不同，清代北方一般以二月十五日、南方一般以二月十二日为花朝节。

② 方存之：指方宗诚，桐城派古文家。

试帖上讲求。丁卯六月回籍乡试，得不得虽有命定，但求试卷不为人所讥笑，亦非一年苦功不可。

同治五年正月二十四日

译文

写给纪鸿：

这些天没有接到你的信，想必全家平安。

我定于二月初九日从徐州启程出发，到山东济宁、兖州，河南归德、陈州等地，驻扎在周家口，作为大本营。纪泽定于初一日启程，花朝节前后可以抵达金陵，三月初送全体家眷回湖南。

你离家在外两年多了，诗文一点长进也没有，明年就要乡试了，不能不认真钻研八股文、试帖诗。我们家乡难以找到好老师，长沙书院又多有宴游玩乐的不良风气，我不放心。你到达安黄之后，可以与方宗诚、吴汝纶一起，由六安州坐船到周家口，到大营来读书。李榕最善于讲解八股文、试帖诗。据他说，不超半年，就能使听课者欢欣鼓舞、兴趣盎然到无法抑制。你到大营后，摒弃一切杂事，就算是看《资治通鉴》、临帖、研究算学等事也都应当舍弃，专门钻研八股文、试帖诗。丁卯六月回原籍乡试，虽然能不能考中自有定数，但就算是为了试卷不被人讥笑，也非要下一年苦功不可。

同治五年正月二十四日

简评

性格沉稳如曾国藩，对孩子也有忍无可忍的时候。孩子总归是孩子，都有心野贪玩的毛病。父母适当时候板起脸来，定规矩、讲原则、说赏罚，很有必要。青少年时期，正是三观建立和形成的时候，这个时候父母帮助孩子锻造积极、向上、勤奋、好学的品格，将使孩子受益一生。

95.

“勿忘”兼“勿助”，方可求长进

原文

字谕纪鸿：

凡作字总要写得秀。学颜、柳，学其秀而能雄；学赵、董，恐秀而失之弱耳。尔并非下等资质，特从前无善讲善诱之师，近来又颇有好高好速之弊。若求长进，须“勿忘”而兼以“勿助”①，乃不致走入荆棘耳。

同治五年二月十八日

兖州行次

译文

写给纪鸿：

大凡写字，总要写得秀美才好。学习颜真卿、柳公权，学到了字体的秀美继而就能悟到字体的雄健；学习赵孟頫、董其昌，就算学到了字体的秀美恐怕也会因笔力柔弱而悟不到精髓。你并

① “勿忘”“勿助”：不抛之脑后，不揠苗助长。

非下等天资，只是从前没有善于教导和循循善诱的老师，近期又有些好高骛远和急功近利。若要求得长进，既要把该做的事放到心上，又不能揠苗助长，这样才不至于陷入困境。

同治五年二月十八日

写于兖州行营

简评

“勿忘”“勿助”两点，是对孩子学习的要求，其实也是对父母教子的要求。当代的父母，把孩子抛诸脑后的不多，揠苗助长的却不少。父母首先要放平教育孩子的心态，其次要学习培养孩子的方法，最后要对教育的成果泰然处之。在平和的心态下养育阳光、乐学、向上的孩子。

96.

养生与治天下，最宜顺其自然

原文

字谕纪泽、纪鸿：

接纪泽在清江浦、金陵所发之信。舟行甚速，病亦大愈，为慰。

老年来，始知圣人教“孟武伯问孝”①一节之真切。尔虽体弱多病，然只宜清静调养，不宜妄施攻治。庄生云：“闻在宥②天下，不闻治天下也。”东坡取此二语，以为养生之法。尔熟于小学，试取“在宥”二字之训诂体味一番，则知庄、苏皆有顺其自然之意。养生亦然，治天下亦然。若服药而日更数方，无故而终年峻补，疾轻而妄施攻伐，强求发汗，则如商君治秦、荆公治宋，全失自然之妙。柳子厚所谓“名为爱之，其实害之”，陆务观③所谓“天下本无事，庸人自扰之”，皆此义也。东坡《游罗浮》诗云：“小儿少

---

① 孟武伯问孝：《论语·为政》载孟武伯向孔子请教孝道，孔子答复父母只担心孩子生病。意为孝子保养好身体就是践行孝道。

② 在宥：在，自在；宥，宽容。二字常用来指代无为而治，用以赞美帝王“仁政”。

③ 陆务观：指陆游。“天下本无事，庸人自扰之”一句实为唐代陆象先所言，此处应为曾国藩误记。

年有奇志，中宵起坐存《黄庭》[1]。”下一“存”字，正合庄子“在宥”二字之意。盖苏氏兄弟父子皆讲养生，窃取黄老[2]微旨，故称其子为“有奇志”。以尔之聪明，岂不能窥透此旨？余教尔从眠、食二端用功，看似粗浅，却得自然之妙。尔以后不轻服药，自然日就壮健矣。

余以十九日至济宁，即闻河南贼匪图窜山东，暂住此间，不遽赴豫。贼于二十二日已入山东曹县境，余调朱星槛[3]三营来济护卫，腾出潘军赴曹攻剿。须俟贼出齐境，余乃移营西行也。

尔侍母西行，宜作还里之计，不宜留连鄂中。仕宦之家，往往贪恋外省。轻弃其乡，目前之快意甚少，将来之受累甚大。吾家宜力矫此弊。余不悉。

同治五年二月二十五日

译文

写给纪泽、纪鸿：

接到纪泽在清江浦、金陵所发的信，知道船行进很快，疾病也已经好很多了，很欣慰。

年老了，才开始明白孔圣人教导孟武伯何为孝道这一节的真切。你虽然体弱多病，但是也只适宜清静调养，不应该轻率地服药治疗。庄子说：“听说过‘在宥’天下，没听说过治理天下。”苏轼拿这两句话作为养生的方法。你对文字、训诂、音韵之学很

---

①《黄庭》：指《黄庭经》，道教典籍，讲养身之术。

② 黄老：指黄帝与老子。黄老学说提倡“无为而治”“道法自然”。

③ 朱星槛：指朱式元，湘军将领。

熟悉，试着找来“在宥”的训释体味一番，就会知道庄子、苏轼都有顺其自然的意味。养生是这样，治理天下也是这样。如果每天更换数个药方服药，没有问题却终年大补，小病小灾就大动干戈、强求发汗，那就好比商鞅治秦、王安石治宋，完全丧失了顺其自然的妙处。柳宗元所说的“名为爱之，其实害之”，陆游所说的“天下本无事，庸人自扰之”，都是这个意思。苏轼《游罗浮山一首示儿子过》诗中说：“小儿少年有奇志，中宵起坐存《黄庭》。”用一个“存”字，正好符合庄子“在宥”二字的含义。这是因为苏氏兄弟父子都讲究养生，暗暗汲取了黄老学说的微言大义，所以他评价儿子“有奇志”。以你的聪明才智，难道看不透其中的意旨吗？我教导你从睡觉、饮食两方面用功，看似粗浅，却是得了自然的妙处。你以后不要轻易服药，自然就会日渐健壮。

我十九日一到济宁，听说河南的叛贼图谋窜往山东，就暂时驻扎在这里，不匆忙赶赴河南了。叛贼二十二日已经进入山东曹县境内，我调动朱式元的三个营来济宁护卫，腾出潘鼎新军到曹县进攻围剿。须等到叛贼被赶出山东境地，我才能移营西行。

你侍奉你母亲西行，应该做好回家乡的打算，不应该在湖北流连。官宦人家，往往贪恋外省生活。轻易离弃自己的家乡，当下能得到的好处很少，将来所受牵累却很多。我们家应该努力矫正这种弊病。别的不一一说了。

同治五年二月二十五日

简评

见微知著是讲解问题的好方法，对年幼的孩子讲“顺其自然”“无为而治”略显晦涩，但是从按时作息、注重饮食两点切入，就容易理解了。大道理说起来慷慨激昂，听起来却未必易于接受。从身边找些活生生的例子以小见大，或许教导的效果会更好。

97.

重情轻物，人走物留

原文

字谕纪泽:

全眷起行已定十七、二十六两日，当可从容料理。得沅叔二月十三日信，定于三月初间赴鄂履任。尔等到鄂，当可少为停留。

贼在山东，余须留于济宁就近调度，不能遽至周家口。纪鸿儿过安庆时，不可轻赴周口，且随母至湖北，再行定计。尔过安庆，往拜吴挚甫之父穜泉翁，观其言论风范，果能大有益于鸿儿否。如其蔼然可亲，尔兄弟即定计请之，同船赴鄂，即在沅叔署中读书。若余抵周家口，距汉口八百四十里，纪鸿省觐尚不甚难。尔则奉母还乡，不必在鄂久住。

金陵署内木器之稍佳者不必带去。余拟寄银三百，请澄叔在湘乡、湘潭置些木器，送于富圫，但求结实，不求华贵。衙门木器等物，除送人少许外，余概交与房主姚姓、张姓，稍留去后之思。

同治五年三月初五日

译文

写给纪泽：

全体家眷的启程日期已经定在十七、二十六两天，应该可以从容准备。收到你沅叔二月十三日的信，得知他定于三月上旬赴湖北履任新职。你们到湖北的时候，应该可以稍作停留。

叛贼还在山东，我必须留在济宁就近调度，不能匆忙前往周家口了。纪鸿经过安庆时，不要贸然前往周家口，暂且跟随母亲到湖北，再商量最终的计划。你经过安庆的时候，前往拜访吴汝纶的父亲穜泉翁，观察他的言行举止，是不是真的能够对鸿儿有很大帮助。如果他和蔼可亲，你们兄弟就可以确定请他授课，同船前往湖北，在沅叔的官署中读书。如果我抵达周家口，那里距离汉口八百四十里远，纪鸿省亲探望也不算困难。你就侍奉母亲还乡，不必在湖北久住。

金陵官署内稍微好点的木器家具不用带走。我打算寄去三百两银子，请澄叔在湘乡、湘潭置办些木器，送到富圫住宅，只求结实，不求华贵。衙门的木器等物品，除去少许送人之外，其余一概交给姚姓、张姓房主，我们走后给他们稍微留点念想。

同治五年三月初五日

简评

曾国藩治家特别讲究俭朴，但是全家返乡时却又叮嘱孩子把生活器具尽数送人，这当然又是他“会做人”的例证，同时也显现出他重情轻物的超凡心态。俭朴是一种自我要求，与厚往薄来的处事态度并不矛盾。“情之所钟，正在我辈”，与人世相逢的奇妙缘分相比，银钱万物算得了什么呢？

98.

莫要太过聪明，人生难得糊涂

原文

字谕纪泽、纪鸿:

顷据探报，张逆[①]业已回窜，似有返豫之意。其任、赖[②]一股锐意来东，已过汴梁，顷探亦有改窜西路之意。如果齐省一律肃清，余仍当赴周家口以践前言。

雪琴[③]之坐船已送到否？三月十七果成行否？沿途州县有送迎者，除不受礼物酒席外，尔兄弟遇之，须有一种谦谨气象，勿恃其清介而生傲惰也。余近年默省之“勤、俭、刚、明、忠、恕、谦、浑”[④]八德，曾为泽儿言之，宜转告与鸿儿。就中能体会一二字，便有日进之象。泽儿天质聪颖，但嫌过于玲珑剔透，宜从“浑”字上用些功夫。鸿儿则从“勤”字上用些功夫。用功不可拘苦，须探讨些趣味出来。

---

① 张逆：指张宗禹，捻军首领，书信中也称其为张总愚等。

② 任、赖：分别指任柱、赖文光，捻军将领。

③ 雪琴：指彭玉麟，湘军水师统帅。

④ 勤、俭、刚、明、忠、恕、谦、浑：指勤奋、节俭、刚直、明达、忠诚、宽恕、谦虚、含浑。

余身体平安，告尔母放心。此嘱。

同治五年三月十四夜

济宁州

译文

写给纪泽、纪鸿：

根据刚刚得到的情报，叛贼张宗禹已经回窜，似乎有返回河南的打算。任柱、赖文光率领的一股叛匪直奔东方而来，已经路过汴梁，刚刚接到情报好像也有改道向西流窜的意图。如果山东省全部肃清了叛匪，我仍然会实践诺言，赶赴河南周家口。

彭玉麟的船已经到了吗？三月十七日能确定成行吗？沿途州县有迎来送往者，除去不接受礼物宴请之外，你们兄弟遇到他们，必须有一种谦虚谨慎的精神风貌，千万不可自恃清高狷介，心生傲慢倦怠。我近些年默默省记的“勤、俭、刚、明、忠、恕、谦、浑”八种品德，我曾经给泽儿讲过，应该转告给鸿儿。能体会其中一二字，就有日日进步的气象。泽儿天资聪颖，但是稍微有些八面玲珑，应该从“浑”字上用些功夫。鸿儿则应该从“勤”字上多下点功夫。用功不要太过于拘束、苦闷，必须从中探求些趣味出来。

我身体平安，禀告你母亲放心。特此嘱咐。

同治五年三月十四日夜

写于济宁州

简评

苏轼有诗“人皆养子望聪明，我被聪明误一生”。大抵智者，总会悟到大智若愚的难得。不要汲汲于孩子一骑绝尘，只要他健康就好；不要醉心于孩子五项全能，只要他快乐就好；不要迷信于孩子超越常人，只要他一般就好。为人父母者，共勉之。

99.

万般皆下品，唯有读书高

原文

字谕纪泽、纪鸿:

接尔二人在裕溪口、在安庆、在九江所发信，知沿途清吉为慰。此时想已安抵湖北。沅叔恩明谊美，必留全眷在湖北过夏。余意业已回籍，即以一直到家为妥。

富圫房屋如未修完，即在大夫第借住。纪鸿即留鄂署读书。世家子弟，既为秀才，断无不应科场之理。既入科场，恐诗文为同人及内外帘[①]所笑，断不可不切实用功。科六与黄宅生[②]若来湖北，纪鸿宜从之讲求八股。湖北有胡东谷[③]，是一时文好手。此外尚有能手否？尔可禀商沅叔，择一善讲者而师事之。

余尚不能遽赴周家口，申夫亦不能遽赴鄂中，道远而逼近贼

---

① 内外帘：乡试、会试时，考生入场则封门，内场、外场以帘间隔，内场考官称内帘官，外场考官称外帘官。

② 科六与黄宅生：指曾国荃次子曾纪官及其老师。

③ 胡东谷：指胡兆春，当时的时文名家。

氛。鸿儿不可冒昧来营，即在武昌沅叔左右苦心作诗文、经策[①]。

同治五年四月二十五日

济宁

译文

写给纪泽、纪鸿：

接到你们二人在裕溪口、安庆、九江所发的信，知道你们一路清平安康很是欣慰。想必此时已经安全抵达湖北。沅叔讲恩情重情谊，一定会留全体家眷在湖北过夏天。我的意思是已经决定回家乡了，就一直到家比较妥当。

富托的房屋如果还没有修完，就在大夫第借住。纪鸿就留在湖北巡抚的衙署读书。世家子弟，既然已经是秀才，断然没有不上科举考场应试的道理。既然进了科举考场，就会担心诗文被同场考生和内外帘考官所耻笑，所以断然不可不切实下功夫学习。纪官侄儿和黄宅生先生如果来湖北，纪鸿应该跟从他们钻研学习八股文。湖北有位胡兆春先生，是写作时文的好手。除此之外还有能手吗？你可以禀告沅叔商量，选择一位善于讲解者跟随学习。

我还不能匆忙赶赴周家口，李榕也不能马上赶赴湖北，路途遥远而且靠近叛贼活动区域。鸿儿不可冒昧到大营来，就在武昌沅叔左右努力习作诗文和经策。

同治五年四月二十五日

写于济宁

---

① 经策：明清乡试题型，一般从“四书”“五经”取题，应试者对经文进行阐释和发挥，结合时势引出判断和策论。

简评

为孩子挑选辅导老师的曾国藩，和今天的父母并无二致。放手让年长的孩子代为决断的曾国藩，却和今日父母有天壤之别。现代家庭里的孩子少，他们的“断奶期”越来越长。孩子想要成长，当然要靠他自己努力，但是父母首先要放得开手。看看先贤，再看看自己，就知道差距在哪里。

100. 读必手抄，熟必背诵

原文

字谕纪泽、纪鸿：

接尔二人禀，知尔九叔母率全眷抵鄂，极骨肉团聚之乐。宦途亲眷，本难相逢，乱世尤难，留鄂过暑，自是至情。

鸿儿与瑞侄①一同读书，请黄泽生②看文，恰与吾前信之意相合。屡闻近日精于举业者言及，陕西路闰生先生（德）③《仁在堂稿》及所选“仁在堂”试帖、律赋、课艺，无一不当行出色，宜古宜今。余未见此书，仅见其所著《柽华馆试帖》，久为佩仰。陕西近三十年科第中人，无不出闰生先生之门，湖北官员中想亦有之。纪鸿与瑞侄等须买《仁在堂全稿》《柽华馆试帖》悉心揣摩，如武汉无可购买，或折差由京买回亦可。

鸿儿信中拟专读唐人诗文。唐诗固宜专读，唐文除韩、柳、李、孙④外，几无一不四六者，亦可不必多读。明年鸿、瑞两人宜

---

① 瑞侄：指曾纪瑞，曾国荃长子。

② 黄泽生：似为前信所言“黄宅生”笔误。

③ 路闰生先生（德）：指路德，清代嘉庆年间进士，后因病辞归陕西，以授课为生，当时享有盛名。

④ 韩、柳、李、孙：分别指唐代文学家韩愈、柳宗元、李翱、孙樵。

专攻八股试帖。选“仁在堂”中佳者，读必手抄，熟必背诵。尔信中言须能背诵乃读他篇，苟能践言，实良法也。读《柽华馆试帖》，亦以背诵为要。对策不可太空。鸿、瑞二人可将《文献通考》序二十五篇读熟，限五十日读毕，终身受用不尽。既在鄂读书，不必来营省觐矣。

同治五年五月十一夜

译文

写给纪泽、纪鸿：

接到你们二人的信，知道你九叔母率领全体家眷抵达湖北，极尽骨肉团聚的快乐。身处仕途的亲眷，本来就难以相逢，在乱世尤其如此，你们留在湖北过夏天，自然是出于至真至纯的情感。

鸿儿和纪瑞侄儿一同读书，请黄宅生先生批改文章，恰好与我之前信上的意思一致。我屡次听近来精于科考的人说起，陕西路德先生的《仁在堂稿》和他所选的“仁在堂”系列试帖诗、律赋文、八股文，都特别专业出色，宜古宜今。我没有见过这本书，仅仅见过他所著的《柽华馆试帖》，一直佩服景仰。陕西近三十年来科举及第的人，无一不是出自路德先生之门，湖北官员中想必也有。纪鸿和纪瑞侄儿等必须买《仁在堂全稿》《柽华馆试帖》悉心揣摩，如果武汉买不到，或者可以托送奏折的人到京城购买带回。

鸿儿在信中说打算专门阅读唐人的诗文。唐诗固然应当专门阅读，唐文名家除去韩愈、柳宗元、李翱、孙樵之外，几乎都是写作四六骈文的，也可以不必多读。明年纪鸿、纪瑞侄儿二人应当专门在八股文、试帖诗方面着力。选择“仁在堂”系列中的佳作，读书时一定配合手抄，熟读之后一定要背诵。你信中说必须背诵过了才去读下一篇，如果真能践行自己说过的话，实在是好办法。读《柽华馆试帖》，也要以背诵为最要紧的事。写对策不能太空洞。纪鸿、纪瑞侄儿二人可以将《文献通考》序二十五篇诵读熟练，限定五十天阅读完毕，将会终身受用不尽。既然在湖北读书了，就不必到大营省亲探望了。

同治五年五月十一日夜

简评

写作策论时文，近似今日写作政论文。写作时，格式词藻是表，文气对策是里。如果对策空洞无物，也便失去了时文的意义。父母教育孩子求真务实，可不单单只是做人方面，作文也一样。要立论鲜明，对策有力，富有针对性，具有可行性，坚决摒弃假、大、空，这样的文章才有意义。

101.

做事勿贪虚名，作文立意先行

原文

字谕纪泽、纪鸿:

沅叔足疼痊愈，深可喜慰。惟外毒遽瘳，不知不生内疾否。

唐文李、孙二家，系指李翱、孙樵。“八家”始于唐荆川[①]之《文编》，至茅鹿门[②]而其名大定，至储欣同人[③]而添孙、李二家。《御选唐宋文醇》[④]亦从储而增为十家。以全唐皆尚骈俪之文，故韩、柳、李、孙四人之不骈者为可贵耳。

湘乡修县志，举尔纂修。尔学未成就，文甚迟钝，自不宜承认，然亦不可全辞。一则通县公事，吾家为物望所归，不得不竭力赞助；二则尔惮于作文，正可借此逼出几篇。天下事，无所为而成者极少，有所贪有所利而成者居其半，有所激有所逼而成者居其半。尔《纂韵》钞毕，宜从古文上用功。余不能文，而微有文名，深以为耻。尔文更浅，而亦获虚名，尤不可也。或请本县及外县之

---

① 唐荆川：指唐顺之，明代文学家，曾编《文编》。

② 茅鹿门：指茅坤，明代文学家，曾编《唐宋八大家文钞》。

③ 储欣同人：指储欣，字同人，清代学者，曾编《唐宋十大家全集录》。

④《御选唐宋文醇》：乾隆帝敕命编撰的唐宋名家文集。

高手为撰修[①]，而尔为协修。吾友有山阳鲁一同通父[②]，所撰《邳州志》《清河县志》(下次专人寄回)，即为近日志书之最善者。此外再取有名之志为式，议定体例，俟余核过乃可动手。

纪鸿前文，申夫改过并自作一文三诗，兹寄去。申夫订于八月至鄂，教授一月，即行回川。渠善于讲说，而讲试帖尤为娓娓可听。鸿儿、瑞侄听渠细讲一月，纵八股不进，试帖必有长进。鸿儿文病在太无拄意[③]，以后以看题及想拄意为先务。

同治五年六月十六日

译文

写给纪泽、纪鸿：

沅叔的足疾完全好了，我为此深感欢喜欣慰。只是外病易好，不知有没有生内病。

前信提及的唐代文学李、孙两名家，是指李翱、孙樵。“唐宋八大家”的提法始于明代唐顺之所编的《文编》，到茅坤编《唐宋八大家文钞》名号才大体确定，至储欣开始增加孙樵、李翱这两家。《御选唐宋文醇》也跟从储欣的提法增为十家。因为整个唐代都崇尚骈俪文体，所以韩愈、柳宗元、李翱、孙樵等不讲究骈体的四家就更为可贵。

湘乡县修县志，推举你编辑修撰。你治学没有成就，作文很是迟钝，自然不应该应承，然而也不可完全推辞。一是因为这是

---

① 撰修：编撰修订，此处用作名词，为主编之意。后文“协修”，意为协助编修，用作名词，为编辑之意。

② 鲁一同通父：指鲁一同，字通父，曾国藩友人。

③ 拄意：立意，中心思想，“拄”即“支撑”。

全县的公事，我们家众望所归，不能不竭力赞助；二是因为你对作文这件事很忌惮，正好可以借此事逼迫自己写作几篇。天下之事，无所求却能成功的极少，有求有取而能成功的占一半，被激励被逼迫而成功的占另一半。你把《篆韵》抄写完毕了，应该从古文上多下功夫。我不善于写文章，却稍有名气，我深感羞愧。你写文章的水平更浅，却也收获了些许虚名，这尤其不应该。也许可以请本县或外县的高手前来作为撰修，你作为协修。我有个朋友，山阳人鲁一同，他所编撰的《邳州志》《清河县志》（下次请专人寄回），是我近日看到的编得最好的方志。此外，应该再选取有名的方志作为样板，确定体例，等我核改过再动手。

纪鸿前面寄来的文章，李榕已经改过并写了一篇文章、三首诗，现在一起寄过去供你参考。李榕定于八月到湖北，教你一个月，就回四川。他善于讲解，讲起试帖诗尤其娓娓动听。鸿儿、纪瑞侄儿听他仔细讲解一个月，纵使八股文没有长进，试帖诗必有进步。鸿儿文章的毛病在于立意不清，以后要把审题和立意作为写文章的首要任务。

同治五年六月十六日

简评

画画讲究“胸有成竹”，阅读和写作也是一样的道理。如果泛泛而读，难免“水过地皮湿”；如果抬笔就写，难免写成流水账。教育孩子读书时先领悟文章的结构脉络，写作时先立意和构思。久而久之，孩子就会对文章有整体的把握，形成好的阅读和写作习惯。

102.

男耕女织，兴旺之象

原文

字谕纪泽、纪鸿儿：

二十五日至宿迁。小舟酷热，昼不干汗，夜不成寐，较之去年赴临淮时，困苦倍之。

吾家门第鼎盛，而居家规模礼节，总未认真讲求。历观古来世家久长者，男子须讲求耕、读二事，妇女须讲求纺绩、酒食二事。《斯干》[①]之诗言帝王居室之事，而女子重在“酒食是议”。《家人卦》[②]以二爻为主，重在中馈[③]。《内则》[④]一篇言酒食者居半。故吾屡教儿妇诸女亲主中馈，后辈视之若不要紧。此后还乡居家，妇女纵不能精于烹调，必须常至厨房，必须讲求做酒、做醯醢[⑤]小菜之类。尔等亦须留心于莳蔬养鱼。此一家兴旺气象，断不可忽。纺

①《斯干》：《诗经·小雅》中名篇。

②《家人卦》：《易经》中一卦。后文所谓“二爻”是指书中提及的，女人要在家中料理饮食等内容。

③ 中馈：指家中酒食之事。

④《内则》：《礼记》中一篇。

⑤ 醯醢（xī hǎi）：指用肉、鱼等制作的肉酱，泛指各种酱菜。

绩虽不能多，亦不可间断。大房[1]唱之，四房皆和之，家风自厚矣。至嘱至嘱。

同治五年六月二十六日

宿迁

译文

写给我儿纪泽、纪鸿：

我于二十五日到达宿迁。小舟里酷热难耐，白天汗如雨下，夜晚难以入眠，和去年前往临淮时相比，困苦加倍。

我们家门第鼎盛，但是居家的规矩和礼数，总是没有认真讲求。历数古往今来家运长久的世家，男子必须讲求耕作、读书两件事，妇女必须讲求纺织、酒食两件事。《斯干》这首诗讲帝王居家之事，里面就说到了女子重在"酒食是议"。《家人卦》以二爻为主，重在讲述家中酒食等事。《内则》这一篇中说酒食方面的内容占一半。所以我屡次教育儿媳妇、几个女儿要主理酒食之事，后辈们却不甚看重。以后回乡居家，妇女们纵使不能精通烹饪，也必须常到厨房，必须讲求酿酒、制作酱菜之类的事情。你们兄弟也必须对种植时蔬、养鱼等事多加留心。这是一个家族兴旺发达的气象，断然不可忽视。纺织即使不能纺多少，也不能间断。老大家倡导，各家都会跟随附和，家风自然而然就会更加醇厚。千万牢记。

同治五年六月二十六日

写于宿迁

① 大房：指长子一系。

简评

曾国藩凡事讲求亲力亲为。他要求孩子们亲自经手耕种、纺织等事，希望孩子们保持和传承寒素家风，力戒纨绔子弟的不良习气。良好的家风会在孩子身上留下闪亮的烙印，可以帮助他们涵养优秀的品格。教育孩子不断传承发扬好的家风，是每个父母都应该做的功课。

103.

家族兴衰、个人穷通，皆系于勤惰

原文

字谕纪泽、纪鸿儿:

在临淮住六七日，拟由怀远入涡河，经蒙、亳以达周家口，中秋后必可赶到。届时沅叔若至德安，当设法至汝宁、正阳等处一会。

余近来衰态日增，眼光益蒙。然每日诸事有恒，未改常度。

尔等身体皆弱。前所示养生“五诀”[①]，已行之否? 泽儿当添“不轻服药”一层，共“六诀”矣。既知保养，却宜勤劳。家之兴衰，人之穷通，皆于勤惰卜之。泽儿习勤有恒，则诸弟七八人皆学样矣。鸿儿来禀太少，以后半月写禀一次。泽儿六月初三日禀亦嫌太短，以后可泛论时事，或论学业也。此谕。

同治五年七月二十日

---

① 五诀: 指曾国藩自己总结的“眠食有恒、惩忿、节欲、每夜临睡洗脚、每日两饭后各行三千步”五条养生方法。

译文

写给我儿纪泽、纪鸿：

我在临淮住了六七日，打算由怀远进入涡河，路经蒙城、亳州到达周家口，中秋后必定可以赶到。届时沅叔如果到达德安，我会设法到汝宁、正阳等处与他相会一次。

我近来衰老的迹象日渐增加，目光日渐模糊。但是每天做事有恒心，没有改变常态。

你们的身体都比较羸弱。前信指示的养生“五诀”，你们已经开始践行了吗？泽儿应该增加“不轻易服药”这一条，共“六诀”。既要知道注意保养，也要记得讲求勤劳。家族兴旺还是衰败，个人穷困还是通达，都能从勤奋或是懒惰这一点验证出来。泽儿能够坚持勤劳做事，那七八个弟弟都会以你为学习的榜样。鸿儿来信太少，以后半月写信一次。泽儿六月初三日的信也太简短，以后可以泛论时事，或者多谈论些学业。就说这些。

同治五年七月二十日

简评

无数事例早已证明，天才出于勤奋。勤奋才能学业进步、家庭兴旺，曾国藩对此几乎是逢信必讲，可见他多么重视。他还注意抓大放小，对曾纪泽尤其严厉，要求老大拿出老大的样子，给弟妹树立榜样。树立一个典型，让其他孩子有样学样，能对孩子起到更强的引领带动作用。

104.

读书要动笔，方能入脑入心

原文

字谕纪泽、纪鸿:

接纪泽两禀，并纪鸿及瑞侄禀信、八股。两人气象俱光昌，有发达之概[①]，惟思路未开，作文以思路“宏开”为必发之品。意义层出不穷，“宏开”之谓也。

余此次行役，始为酷热所困，中为风波所惊，旋为疾病所苦。此间赴周家口尚有三百余里，或可平安耳。

尔拟于《明史》看毕重看《通鉴》，即可便看王船山之《读通鉴论》。尔或间作史论或作咏史诗。惟有所作，则心自易入，史亦易熟，否则难记也。

早间所食之盐姜已完，近日设法寄至周家口。吾家妇女须讲究做小菜，如腐乳、酱油、酱菜、好醋、倒笋之类，常常做些寄与我吃。《内则》言事父母舅姑以此为重。若外间买者，则不寄可也。

同治五年八月初三日

---

① 概：景象，面貌。

译文

写给纪泽、纪鸿：

接到纪泽两封信，还有纪鸿和纪瑞侄儿的信和八股文。两人文章的格局都很明晰通达，整体洋洋洒洒，只是思路没有打开，作文要以思路“宏开”为必备标准。意义层出不穷，就是所谓“宏开”。

我这趟旅程，开始被酷暑困扰，中间被江上风浪惊动，其后又为疾病折磨。这边距离周家口还有三百余里，或许可以平安抵达。

你打算看完《明史》后重看《资治通鉴》，现在就可以顺便阅读王夫之的《读通鉴论》。你可以偶尔作些史论文章或者咏史诗。只有自己写作，看的内容才容易入脑入心，史实才容易记牢，否则很难记忆。

早餐吃的盐姜小菜吃完了，近日设法寄一些到周家口。我们家的妇女必须讲究做小菜的技艺，比如腐乳、酱油、酱菜、好醋、倒笋之类，常常做一些寄给我吃。《内则》篇说侍奉父母公婆要以此为重。如果是外边买的，就不用寄了。

同治五年八月初三日

简评

孩子初学作文，曾国藩要求孩子多做笔记。经过一段时间，他开始要求孩子自己多动笔。只有自己动笔，才能检验自己积累的效果，才能验证自己思路的对错。在学以致用的过程中，孩子的知识基础被夯实，个人潜力被激发，不知不觉学业水平就得到了提升。

105.

亲力亲为，不负所托

原文

字谕纪泽、纪鸿：

接尔等八月初十日禀，知鸿儿生男之喜。军事棘手，衰病焦灼之际，闻此大为喜慰。排行用“浚、哲、文、明”四字。此儿乳名浚一，书名应用“广”字派否，俟得沅叔回信再取名也。

九月初十后，泽儿送全眷回湘，鸿儿可来周家口侍奉左右。明年夏间，泽儿来营侍奉，换鸿儿回家乡试。

余病已痊愈，惟不能用心。偶一用心，即有齿痛、出汗等患。而折片[①]不肯假手于人，责望太重，万不能不用心也。

朱子《纲目》一书，有续修宋元及明合为一编者，白玉堂忠愍公有之，武汉买得出否？若有而字大明显者，可买一部带来。此谕。

同治五年八月二十二日

① 折片：奏折的正本称“奏”，附文称“片”。

译文

写给纪泽、纪鸿:

接到你们八月初十日的信，知道鸿儿喜添儿子。军事形势棘手，体衰多病内心焦灼的时候，我听到这个消息深感欣喜安慰。孩子的排行用“浚、哲、文、明”四个字。这个孩子乳名就叫浚一，至于学名要不要用“广”字，等收到你沅叔的回信再取名。

九月初十以后，泽儿送全体家眷回湖南，鸿儿可以来周家口我身边侍奉。明年夏天，泽儿到大营来侍奉，换鸿儿回家乡试。

我的疾病已经完全好了，只是不能操心。偶尔一操心，就有牙疼、出汗等症状。我不肯让别人代为起草奏折和附片，身上背负的责任和期望太重，绝对不能不用心。

朱熹的《资治通鉴纲目》这本书，有在正本后续修宋元明各朝内容的版本，在你温叔家的白玉堂就有，武汉能买得到吗?如果有而且字大易看，可以买一部带到大营中来。就说这些。

同治五年八月二十二日

简评

曾国藩一生勤勉，凡事都规规矩矩完成，视假手于人为人生耻辱，对偏门捷径嗤之以鼻。很多孩子喜欢抄近道、走捷径，其实父母更应该鼓励孩子按部就班地做事。青少年时期是打基础的阶段，只有按部就班把基础打牢，才能在漫长的人生岁月里不慌不忙。

106.

好而知其恶，恶而知其美

原文

字谕纪泽、纪鸿：

接泽儿八月十八日禀，具悉择期九月二十日还湘。十月二十四日四女喜事，诸务想办妥矣。凡衣服首饰百物，只可照大女、二女、三女之例，不可再加。

纪鸿于二十日送母之后，即可束装来营。自坐一轿，行李用小车，从人或车或马皆可，请沅叔派人送至罗山，余派人迎至罗山。

淮勇不足恃，余亦久闻此言，然物论悠悠，何足深信。所贵好而知其恶，恶而知其美①。省三、琴轩②均属有志之士，未可厚非。申夫好作识微之论，而实不能平心细察。余所见将才杰出者极少，但有志气，即可予以美名而奖成之。

---

① 好而知其恶，恶而知其美：读作好（hào）而知其恶（è），恶（wù）而知其美。

② 省三、琴轩：指刘铭传、潘鼎新。

余病虽已愈，而难于用心，拟于十二日续假一月，十月奏请开缺[①]，但须沅弟无非常之举，吾乃可徐行吾志耳。否则别有波折，又须虚与委蛇也。此谕。

同治五年九月初九日

译文

写给纪泽、纪鸿：

接到泽儿八月十八日的信，知晓了你们择期在九月二十日回湖南。四女儿的婚事定在十月二十四日，各项事情想必已经办妥了。大凡衣服、首饰等各种陪嫁，只可按照大女儿、二女儿、三女儿的先例，不可再另加。

纪鸿二十日送母亲归家之后，就可以收拾行装来大营，你自己坐一轿，行李用一辆小车，随从坐车骑马都可以，请沅叔派人送到罗山，我派人到那里迎接。

淮军不足以依靠，我也很早就听说过这句话。然而悠悠众口，不足以深信。可贵的是，喜欢他却知道他的缺陷，厌恶他却知道他的优点。刘铭传、潘鼎新都是有识之士，不可过多苛责。李榕喜好作一些见微知著的评论，但是实际上并不能平心静气地观察。我所见过的杰出将才寥寥无几，但只要有志气，就可以给予美名赞誉以激励他们成长。

我的病虽然痊愈了，但是仍然不能太过操心，我打算于十二日继续请假一个月，十月就上奏请求开缺，但是你沅叔必须不再

① 开缺：指官员因故无法留任，免除其职务。

做出格的举动，我才能慢慢进行我的计划。否则再有波折，又得帮他去敷衍应对。就说这些。

同治五年九月初九日

简评

曾国藩教育孩子看待人和事，应该客观理性。不少父母习惯于把情绪带给孩子，把个人好恶传递给孩子，这样的做法值得商榷。父母应该教育孩子养成辩证看问题的习惯，培养客观、理性的思维方式。孩子将来踏入社会，客观、理性的思维能够帮助他们更好地面对人生的坎坷和起伏。

107.

所盼功成身退，所恨有心无力

原文

字谕纪泽、纪鸿:

余病大致已好，惟不甚能用心。自度难任艰巨，已于十三日具片续假一月，将来请开各缺。纵不能离营调养，但求事权稍小，责任稍轻，即为至幸。欲求平捻功成从容引退，殆恐不能，即求免于谤议，亦不能也。

捻匪窜过沙河、贾鲁河之北，不知已入鄂境否。若鸿儿尚未回湘，目下亦不必来周口，恐中途适与贼遇。

盐姜颇好，所做椿麸子、酝菜亦好。家中外须讲求莳蔬，内须讲求晒小菜，此足验人家之兴衰，不可忽也。此谕。

同治五年九月十七日

译文

写给纪泽、纪鸿:

我的病大致已经好了，只是不能太过操心。我自己揣度难以担当艰巨的重任，已经于十三日上折呈请继续休假一个月，将来会请求将所任各职开缺。纵使不能离开大营调养，只求能够稍微削减事权，稍微减轻责任，就是最幸运的事了。想要剿平捻匪后从容功成身退，恐怕是不行了，即使只求能够免于被诽谤议论，怕是也做不到。

捻匪已经窜到沙河、贾鲁河北岸，不知是否已经进入湖北境内。如果鸿儿还没有回湖南，眼下也不必来周家口，恐怕中途正好与叛贼相遇。

盐姜小菜很好，家里做的椿麸子、酝菜也很好。居家生活，屋外头必须讲求种植蔬菜，屋里头必须讲求制作小菜，这足以验证一个家庭的兴衰，不可忽视。就说这些。

同治五年九月十七日

简评

每个人的生活，都充满了无力和无奈，这样的情况并不会因为你封侯拜相就有所不同。晚年的曾国藩深感生命之不永，常在给孩子的信中有所感叹。其实，随着孩子年岁增长，父母应该学着和孩子做真正的朋友。父子对坐，一壶茶，一杯酒，畅抒胸怀，互通见解，也是人间少有的惬意。

108.

君子贵于自知，不随众口附和

原文

字谕纪泽儿：

二十四之喜事，不知由湘阴舟次而往乎，抑自省城发喜轿乎？

尔读李义山[①]诗，于情韵既有所得，则将来于六朝文人诗文，亦必易于契合。凡大家、名家之作，必有一种面貌，一种神态，与他人迥不相同。譬之书家羲、献、欧、虞、褚、李、颜、柳，一点一画，其面貌既截然不同，其神气亦全无似处。本朝张得天、何义门[②]虽称书家，而未能尽变古人之貌。故必如刘石庵[③]之貌异神异，乃可推为大家。诗文亦然，若非其貌其神迥绝群伦，不足以当大家之目[④]。渠既迥绝群伦矣，而后人读之，不能辨识其貌，领取其神，是读者之见解未到，非作者之咎也。尔以后读古文古诗，惟当先认其貌，后观其神，久之自能分别蹊径。今人动指某人学某家，大抵多道听途说，扣槃扪烛[⑤]之类，不足信也。君子贵于自知，不必随

---

① 李义山：指李商隐，唐代诗人。

② 张得天、何义门：分别指张照、何焯，清代书法家。

③ 刘石庵：指刘墉，乾隆年间大学士，书法家。

④ 目：名称、评价。

⑤ 扣槃扪烛：比喻不经实践，认识片面。

众口附和也。

余病已大愈，尚难用心，日内当奏请开缺。近作古文二首，亦尚入理，今冬或可再作数首。唐镜海[①]先生没[②]时，其世兄求作墓志，余已应允，久未动笔，并将节略失去。尔向唐家或贺世兄[③]处（蔗农先生子，镜海丈婿也），索取行状节略寄来。罗山[④]文集、年谱未带来营，亦向易芝生先生（渠求作碑甚切）索一部付来，以便作碑，一偿夙诺。

纪鸿初六日自黄安起程，日内应可到此。

同治五年十月十一日

译文

写给我儿纪泽：

二十四日的喜事，不知是从湘阴乘船前往，还是从省城坐喜轿前往啊？

你读李商隐的诗，在情韵方面已经有些心得，那将来对六朝文人的诗文，也一定容易产生共鸣。大凡是大家、名家的作品，必然会有一种风貌、一种神韵，与他人完全不同。比如书法家中的王羲之、王献之、欧阳询、虞世南、褚遂良、李北海、颜真

---

① 唐镜海：指唐鉴，清代理学家。

② 没：通“殁”。

③ 贺世兄：指贺瑗。贺瑗是唐鉴的女婿，也是曾国藩亲家贺长龄的侄子（贺长龄兄弟贺熙龄之子）。

④ 罗山：指罗泽南，曾国藩三女婿罗允吉之父。易良翰（字芝生）为罗泽南弟子，所以后文有“渠求作碑甚切”之语。

卿、柳公权，他们的一点一画，既在风貌上截然不同，又在神韵上全无相似之处。本朝的张照、何焯，虽然号称书法家，但是他们的字没有能够完全改变古人书法的面貌。所以一定要像刘墉那样，字体的风貌、神韵独树一帜，才可以被推举为大家。诗文也是一样的道理，如果风貌、神韵不能异乎寻常，那就不足以被称为大家。如果文章已经做到了异乎寻常，但后人却不能辨识其风貌，领略其神韵，是读者的见地还没有达到那样的高度，不是作者的问题。你以后阅读古文和古诗，最应该先体认它的风貌，然后再体察它的神韵，久而久之自然能够摸清它的门道和路数。现在的人动辄就说某人是学习某大家的，其实大抵都是道听途说，人云亦云，不足以听信。君子贵在有自己的见解，不必随众口附和。

我的病已经差不多好了，但还是不能操心，近日将上奏请求开缺。你寄来的两首近作，还算合乎写作规律，今冬或者可以再作几首。唐鉴先生过世时，他家的公子请求我作墓志，我已经应允，但是久未动笔，还把生平事迹材料丢了。你再向唐家或者贺瑗世兄（贺熙龄先生之子，唐鉴先生女婿）索取一份事迹材料寄来。罗泽南的文集、年谱没有带到大营中来，你也向易良翰先生（他请我写作碑文的心情很急切）索取一部寄来，以便我作碑文，兑现过去的承诺。

纪鸿初六日从黄安启程，这几天应该可以到这里。

同治五年十月十一日

简评

做人不随波逐流，作文讲究独树一帜，这是曾国藩对孩子的要求和期待。真正的智者，从来都能心怀主见，不会人云亦云。父母教育孩子，可以师古但不要因循守旧，可以模仿但不要墨守成规。只有这样，孩子才能真正立世，才能有一番大作为。

109.

婚嫁未必门当户对，称心如意更显珍贵

原文

字谕纪泽：

余于十三日具疏请开各缺，并附片[1]请注销爵秩。二十五日接奉批旨，再赏假一月，调理就痊，进京陛见一次。余拟于正月初旬起程进京。

鸿儿少不更事，欲令尔于十一月十五以后自家来营，随侍进京。尔近日身体强壮否？接尔复禀，果有起行来豫定期，余即令纪鸿由豫回湘。鸿抵湘乡过年，尔抵周口过年，中途可约于鄂署一会。

余近无他苦，惟腰疼畏寒，夜不成寐。群疑众谤之际，此心不无介介。然回思迩年行事，无甚差谬，自反而缩[2]，不似丁冬、戊春[3]之多悔多愁也。到京后，仍当具疏请开各缺，惟以散员留营维系军心，担荷稍轻。尔兄弟轮流侍奉，军务松时，请假回籍省墓一次，亦足以娱暮景。

纪鸿在此体气甚好，心思亦似开朗，惜不能久侍，当令其回家

---

① 附片：附在奏折中兼奏相关事项的文件。

② 自反而缩：反躬自省，自觉正直无愧。缩：直，理直，正直。

③ 丁冬、戊春：指丁巳年（1857年）冬天、戊午年（1858年）春天。当时曾国藩在家乡为父守孝。

事母耳。

再，尔体弱，今年行路太多，如自觉难吃辛苦，即不来侍奉进京，亦不强也（禀商尔母及澄叔议定回信）。若来，则带吴文煜[①]来清检书籍。家中书籍亦须请一人专为料理，否则伤湿伤虫，或在省城书贾中找之。

鸿儿言尔母欲将满女许徐氏。余嫌辈行不合，且诸女许宦家者多不称意，能在乡间许一富家亦好。明春到京，亦可于回都京官中求之也。

同治五年十月二十六日

译文

写给纪泽：

我于十三日奏请将所任各职开缺，并附片请求注销爵位。二十五日接奉批还圣旨，再赏休假一个月，调理痊愈之后，进京陛见圣上一次。我打算正月上旬启程进京。

鸿儿少不更事，我想叫你于十一月十五以后从家中到大营来，跟随侍奉我进京。你近日身体还算强壮吗？等接到你的回信，确定好启程到河南来的日期，我就叫纪鸿从河南回湖南。鸿儿回到湘乡过年，你到周家口来过年，中途可以相约在湖北巡抚衙门你沅叔那里相会一次。

我近期没有其他疾苦，只是腰疼怕冷，晚上无法入睡。身处众人怀疑、诽谤的时刻，我心里无法完全释怀。然而反思这些年

① 吴文煜：无考，似为曾家雇工。

的行为处事，也没有什么差池，反躬自省，自觉正直无愧，不像丁巳年冬天、戊午年春天那样，几多悔恨，几多愁绪。到京城后，我仍会呈请将所任各职开缺，只以散员身份留在大营中维系军心，身上的负担和责任可以稍微轻松一些。你们兄弟轮流前来侍奉，等到军务比较轻松的时候，能够请假回原籍为先人扫一次墓，也足以愉悦晚年的时光。

纪鸿在这边身体气色很好，心胸好像也变得开阔了，可惜不能在此长久侍奉，应当叫他回家侍奉你母亲了。

还有，你身体比较弱，今年跑路太多，如果自己感觉难以承受奔波之苦，就不用来侍奉我进京了，不必勉强（禀告你母亲和澄叔，商量好之后给我回信）。如果要来，就带吴文煜来清点检查书籍。家中的书籍也须请一个人专门管理，否则容易受潮、虫蛀，或许可以在省城的书贩中找一个人。

鸿儿说你母亲想要将小女儿许配给徐家。我嫌他们辈分不合，而且我们家许配给官宦家庭的各个女儿，生活大多不够称心如意，如果能在乡间许配一户富裕家庭也很好。明年春天到京城，也可以在回城的京官中寻找合适人家。

同治五年十月二十六日

简评

曾国藩为几个女儿选定的夫家，大多是自己知交故友的孩子。遗憾的是，几个女儿并不幸福。所以，等到小女儿谈婚论嫁的时候，他才有了“乡间许一富家亦好”之语。当代的父母，更应该有这样的智慧，孩子喜欢就好，孩子安定就好，不必是知交故友，更不必攀权附贵，毕竟婚姻关乎孩子一生幸福，毕竟幸福无关权势。

110.

出世以避祸，居安而思危

原文

字谕纪泽:

二十六日寄去一信，令尔于腊月来营，侍余正月进京。继又念尔体气素弱，甫经到家，又行由豫入都，驰驱太劳。且余在京不过半月两旬，尔不随侍亦无大损。而富圫新造家室，尔不在家即有所损。兹再寄一信止尔之行。尔仍居家侍母，经营一切。腊月不必来营，免余惦念。

余定于正初北上，顷已附片复奏，届时鸿儿随行。二月回豫，鸿儿三月可还湘也。余决计此后不复做官，亦不作回籍安逸之想，但在营中照料杂事，维系军心。不居大位享大名，或可免于大祸大谤。若小小凶咎，则亦听之而已。

余近日身体颇健，鸿儿亦发胖。家中兴衰，全系乎内政之整散。尔母率二妇诸女，于酒食、纺绩二事，断不可不常常勤习。目下官虽无恙，须时时作罢官衰替之想。至嘱至嘱。

同治五年十一月初三日

译文

写给纪泽：

二十六日给你寄去一封信，叫你腊月到军营中来，正月侍奉我进京。继而又想到你身体向来羸弱，刚刚到家又要出门到河南再到京城，舟车劳顿太过辛苦。而且我在京城不过半月二十天，你不在旁陪侍也没什么问题。富圫正在新建房屋，你不在家的话，可能会有损失。现在再寄一封信制止你出行。你还是待在家里侍奉母亲，经营打理家里的事情。腊月就不必到军营里来了，以免我心里惦念。

我定于正月初北上，不久前已经给朝廷复奏，到时候鸿儿随我一起去。二月回河南，鸿儿三月可以回湖南。我已经下定决心今后不再做官，也不抱回到故乡安享清福的念头，只在军营中照料杂事，维系军心。不在重要位置，不享大的名声，也许能够免于大的灾祸大的诽谤。如果是小灾小祸，就听之任之好了。

我最近身体状况很好，鸿儿也胖了。一个家族的兴衰，全在于家中内务是整肃还是散漫。你母亲带着二位儿媳和女儿们，对酒食和纺织这两件事，一定不能不勤加练习。眼下官位虽稳，可也要时时做好被罢官和家族衰落的打算。千万牢记。

同治五年十一月初三日

简评

人在宦海，总有沉浮。即使位极人臣，曾国藩也常常教育孩子要有居安思危的意识。现在的孩子身居太平盛世，大都缺乏忧患意识。父母不妨多带孩子到艰苦的地方看看，多让孩子听听老一辈忆苦思甜的故事，教导他们安不忘危，万一身遭变故，不致慌乱无措。

111.

劳逸结合，一畅天机

原文

字谕纪泽:

自接尔十月初九日一禀，久无续音。不知二十四日果办喜事否？全家已抵富圫否？

此间军事，东股任、赖窜入光、固，贼势已衰。西股张总愚久踞秦中华阴一带，余派春霆往援，大约腊初可以成行。霞仙迫不及待寄来一信，峻辞诃责，甚至以杨嗣昌[1]比我，余不能堪，此后亦不复与通信矣。

十七日复奏不能回江督本任一折，刻木质关防留营自效一片[2]，兹抄寄家中一阅。若果能开去各缺，不过留营一年，或可请假省墓。但平日虽有谗谤之言，亦不乏誉颂之人，未必果准悉开诸缺耳。

---

① 杨嗣昌：明末崇祯年间兵部尚书，对待关外清军一心主和，贻误战机；镇压农民起义军指挥失当，畏罪自杀。

② 木质关防留营自效一片：关防是印章的一种。清朝惯例，正式官职用正方大印、朱红印泥，称“印”；非正式官职用长方形印、紫红印泥，称“关防”。正式钦差用铜印，非正式钦差用木印。曾国藩几次上疏请将所任各职开缺，仅留营作散员督战，“留营自效一片”是指他曾上奏朝廷：“刊用木质关防一颗，其文曰‘协办大学士两江总督一等侯行营关防’。”

纪鸿在此体气甚好，月余未令作文，听其潇洒闲适，一畅天机。腊月当令与叶甥开课作文。尔胆怯等症由于阴亏，朱子所谓气清者魄恒弱。若能善睡酣眠，则此症自去矣。

同治五年十一月十八日

译文

写给纪泽：

自从接到你十月初九的一封信，很久没有接续的音讯。不知道二十四日到底有没有办喜事啊？全家已经抵达富圫了吗？

这边的军事形势，东边任柱、赖文光一股窜入光山、固始，但是势头已经衰弱。西边张宗禹一股长期盘踞在陕西华阴一带，我派鲍超前往救援，大约腊月初可以成行。刘蓉先生迫不及待寄过来一信，严词责问，甚至将我比作杨嗣昌，我不能忍受，以后也不再和他通信了。

十七日复奏朝廷不能回任两江总督之职的奏折，说到刻木质关防、留营效力的附片，现抄寄回家中一阅。如果真能将我所任各职开缺，那就不过再留营中一年，或许可以请假回家扫墓。只是平时虽然有谗言诽谤，但是也不乏称颂赞誉我的人，未必真会准许将我所任各职开缺。

纪鸿在这边身体气色很好，我已经一个多月没给他布置作文了，听任他潇洒闲适，尽情释放天性。腊月应当叫他和镇镛外甥开始上课作文了。你胆怯等症状是阴亏所致，朱子说气质清雅的人心魄常常较弱。如果能够睡好睡实，那这些症状都会自然消失。

同治五年十一月十八日

简评

曾纪鸿年少贪玩，对学业不甚上心，曾国藩对此很是担心。但是，他还是给孩子放了长假，希望他劳逸结合。孩子终归是孩子，玩耍也是他们认识世界的方式，父母不应该单纯以成人的标准要求孩子，还要结合他们的年龄思考问题。给他们更多的时间，或许会对学业有更好的促进。

112.

远亲不如近邻

原文

字谕纪泽：

此间军事，任、赖由固始窜至鄂境，该逆不得逞志于鄂，势必仍回河南。张逆入秦，已奏派春霆援秦，本月当可起程。惟该逆有至汉中过年、明春入蜀之说，不知鲍军追赶得及否。

本日折差回营，十三日又有满御史[①]参劾，奉有明发谕旨[②]，兹钞回一阅。余拟再具数疏婉辞，必期尽开各缺而后已。将来或再奉入觐之旨，亦未可知。尔在家料理家政，不复召尔来营随侍矣。

李申夫之母尝有二语云：“有钱有酒款远亲，火烧盗抢喊四邻。”戒[③]富贵之家不可敬远亲而慢近邻也。我家初移富圫，不可轻慢近邻。酒饭宜松[④]，礼貌宜恭。或另请一人款待宾客亦可。除不管闲事，不帮官司外，有可行方便之处，亦无吝也。此谕。

同治五年十一月二十八日

---

① 满御史：清代中央各衙署主官满、汉各一人，以满为尊。

② 明发谕旨：清代谕旨的传送方式分“廷寄”和“明发”两种。明发谕旨的主要内容是重大政令、重要国事和人事任免等。

③ 戒：通“诫”。

④ 松：宽松，此处引申为标准宽松，即舍得之意。

译文

写给纪泽：

这边的军事形势，任柱、赖文光一股由固始窜到湖北境内，这股叛贼不能在湖北实现图谋，势必还会返回河南。张宗禹一股叛贼窜到陕西，我已经上奏派鲍超率军前去援助，本月应该可以启程。只是该股叛贼有到汉中过年、明年入蜀的说法，不知道鲍超军能不能追赶得上。

今天传送奏折的人回大营，十三日又有满族御史弹劾我，接奉的明发谕旨，现在抄录回去一阅。我打算再拟写几份奏疏婉言请辞，一定要把全部职务开缺才作罢。将来或许还会接到入朝陛见的圣旨，也说不准。你在家里主持家事，不再招呼你到大营来侍奉了。

李榕的母亲曾有两句话说："款待远亲的时候有钱也有酒，但是一旦遇到失火盗贼却还是得靠街坊四邻。"这是告诫富贵家庭一定不要只亲敬远亲却怠慢了近邻。我们家刚刚搬到富圫，不可轻慢近邻。招呼酒饭要舍得，相处要礼貌恭谨。或者另外单请一人专门款待宾客也可以。除去不管闲事，不帮打官司之外，有可以行方便的地方，也不要吝啬。就说这些。

同治五年十一月二十八日

简评

人人都有教育孩子的心得，但不是人人都会教育孩子既讲原则又讲灵活。曾国藩教育孩子要友邻睦邻，凡事多行方便，但是又划定了明确的规矩，强调“不管闲事，不帮官司”。孩子成长过程中要学习的东西很多，而“完成好规定动作，处理好自选动作”就是其中重要一课。

113.

不必代代做官，但要代代读书

原文

字谕纪泽儿:

余自奉回两江本任之命，十七、初三日两次具疏坚辞，皆未俞允，训词肫挚，只得遵旨暂回徐州接受关防，令少泉得以迅赴前敌①，以慰宸廑②。余自揣精力日衰，不能多阅文牍，而意中所欲看之书又不肯全行割弃，是以决计不为疆吏，不居要任。两三月内，必再专疏恳辞。

朱金权利令智昏，不耐久坐，余在徐州已深知之。今年既请彭芳六③照管书籍、款接人客，应将朱金权辞绝之，并请澄叔专信辞谢，乃有凭据。

余近做书箱，大小如何廉舫④八箱之式。前后用横板三块，如吾乡仓门板之式。四方上下，皆有方木为柱为匡，顶底及两头用板装之。出门则以绳络之而可挑，在家则以架乘之而可累两箱、三

---

① 令少泉得以迅赴前敌：之前李鸿章以江苏巡抚职务署理两江总督，曾国藩接受总督关防后，李鸿章方才交接赶赴前线。

② 宸廑：宸，北极星，代指帝王；廑，挂念。

③ 彭芳六：曾家新请的管家。

④ 何廉舫：指何栻，曾国藩幕僚。

箱、四箱不等。开前仓板则可作柜，再开后仓板则可过风。当作一小者送回，以为式样。吾县木作最好而贱，尔可照样做数十箱，每箱不过费钱数百文。读书乃寒士[①]本业，切不可有官家风味。吾于书箱及文房器具，但求为寒士所能备者，不求珍异也。家中新居富圫，一切须存此意。莫作代代做官之想，须作代代做士民之想。门外挂匾不可写“侯府”“相府”字样。天下多难，此等均未必可靠，但挂“宫太保第”一匾而已。

吾明年正月初赴徐，纪鸿随往。二月半后天暖，令鸿儿坐炮船至扬州，搭轮船至汉口，三月必可到家。郭婿[②]读书何如？详写告我。此信呈澄叔一阅。

同治五年十二月二十三日

译文

写给我儿纪泽：

我自从接奉朝廷回任两江总督本职的命令，已经于十七日、初三日两次呈奏坚决辞任，都没有得到圣上允许，圣上的训词真挚诚恳，我只能遵旨暂时回徐州接受总督的关防，让李鸿章得以迅速赶赴前线，以抚慰圣上的挂念之情。我自觉精力日渐衰减，不能多看文书，然而心中想看的书又不肯全部舍弃，因而下定决心不再做封疆大吏，不再居重要职位。两三个月之内，我一定会再专门上疏恳请辞任。

---

① 寒士：此处指穷苦书生，中下层士人。

② 郭婿：指郭依永，曾国藩四女婿，郭嵩焘之子。

朱金权利令智昏，不能忍耐久坐，我在徐州的时候已经很清楚。今年既然已经请了彭芳六照管书籍、款待宾客，就应该将朱金权辞退，并请澄叔专门写信辞退，这样才有凭据。

我近日在制作书箱，大小和何栻做的八个箱子类似。前后各用三块横板，像咱们乡间仓门板的样子。四方上下，都用方木条做柱子、横框，顶面、底面和前后两头装上板子。出门就用绳索笼络可以担挑，在家则用架子盛放，可以累放两箱、三箱、四箱不等。打开前仓板就可以做柜子，再打开后仓板就可以通风。我会制作一个小箱送回去，作为式样。我们县的木工最好，工钱也便宜，你可以按照式样制作数十个箱子，每个箱子不过花费数百文钱。读书是寒士的本业，切不可有官宦世家的习气。我对于书箱和文房器物，只求寒士所能置办的样式，不求珍贵奇异。我们新近搬到富圫居住，一切也要按照这个意思置办。不要心存代代做官的念头，必须有代代做读书人的打算。家门外的挂匾不可以写“侯府”“相府”字样。天下多难，爵位官位都未必可靠，只挂“宫太保第”一个匾额就可以了。

我明年正月初赶赴徐州，纪鸿随我前往。二月中以后天气转暖，我叫鸿儿乘坐炮船到扬州，搭轮船到汉口，三月一定可以到家。郭依永女婿读书怎么样？来信详细告诉我。将这封信呈送你澄叔一阅。

同治五年十二月二十三日

简评

曾国藩一生起起伏伏，他最看重的还是太子老师这个身份，哪怕只是荣誉称号；兜兜转转，他对孩子最想说的还是发愤读书这个嘱咐，哪怕只是日常叮咛。不管到了什么时代，“知识改变命运，奋斗成就人生”是不灭的真理。激励孩子好好读书，应该是父母教育孩子过程中常念常新的主题。

114.

淡泊明志，宁静致远

原文

字谕纪泽：

纪鸿病，请一医来诊，鸿儿乃天花痘喜也。余深用忧骇，以痘太密厚，年太长大，而所服之药无一不误。阖署惶恐失措，幸托痘神佑助，此三日内转危为安。兹将日记由鄂转寄家中，稍为一慰。再过三日灌浆[①]，续行寄信回湘也。

尔七律十五首圆适深稳，步趋义山，而劲气倔强处颇似山谷。尔于情韵、趣味[②]二者皆由天分中得之。凡诗文趣味约有二种：一曰诙诡之趣，一曰闲适之趣。诙诡之趣，惟庄、柳之文，苏、黄之诗。韩公诗文，皆极诙诡。此外实不多见。闲适之趣，文惟柳子厚游记近之，诗则韦、孟、白傅均极闲适。而余所好者，尤在陶之五古、杜之五律、陆之七绝，以为人生具此高淡襟怀，虽南面王[③]不

① 灌浆：此处指天花病程的一个阶段，疱疹里面的液体化脓，疱疹在皮肤表面凸起。因与谷物成熟过程中的灌浆阶段类似，故亦俗称灌浆。

② 情韵、趣味：曾国藩总结的所谓文章“四者”（气势、识度、情韵、趣味）之二。

③ 南面王：古代以坐北朝南为尊，帝王理政皆南向而坐，故称帝王尊位为“南面”。王，音 wàng，意为称王。

以易其乐也。尔胸怀颇雅淡，试将此三人之诗研究一番，但不可走入孤僻一路耳。

余近日平安，告尔母及澄叔知之。

同治六年三月二十二日

译文

写给纪泽：

纪鸿生病了，请了一位医生来诊治，鸿儿是出天花了。我非常担忧害怕，因为痘疮太密太厚，鸿儿年龄已大，所服用的药物又没有一样是对的。整个官署的人都惶恐失措，幸亏有痘神保佑帮助，病情在三天内转危为安，现将日记通过湖北转寄家中，稍微作为安慰。再过三日痘疮灌浆，我会接着再寄信回湖南告知你们。

你写的十五首七律诗风格圆融深稳，效仿李商隐，但是在刚劲奇崛的地方，又很像黄庭坚。你在情韵、趣味两方面都很有天赋。大凡诗文的趣味，约有两种，一种叫作诙谐奇诡的趣味，一种叫闲适自然的趣味。诙谐奇诡的趣味，只在庄子、柳宗元的文章，苏轼、黄庭坚的诗歌中有。韩愈的诗文，也都很诙谐奇诡。此外实在是不多见。自然闲适的趣味，文章只有柳宗元游记的感觉接近，诗歌则韦应物、孟浩然、白居易的作品都极其闲适。我所喜好的，尤其要算陶渊明的五言古诗、杜甫的五言律诗、陆游的七绝诗，我想人生如果能够具备此等高远淡泊的情怀，即使称王称帝也不能交换这种快乐。你情怀淡雅，试着将这三个人的诗歌研究一番，但是注意不要走到孤僻的路子上。

我近日平安，禀告你母亲和澄叔知晓。

同治六年三月二十二日

简评

读书的快乐即使南面称王也不交换，只有爱书嗜书之人才有这样的感慨。尽管如此，曾国藩还是提醒孩子，不可陷入孤僻的境地。父母可以引导孩子志存高远，但是也要时刻提醒孩子注重知行合一。高远的志趣并不能成为人消极避世的理由，而应该化作经世致用的动力。

115.

志趣高坚，襟怀闲远

原文

字谕纪泽：

鸿儿出痘，余两次详信告知家中，此六日尤为平顺，兹钞六日日记寄沅叔转寄湘乡，俾全家放心。余忧患之余，每闻危险之事，寸心如沸汤浇灼。鸿儿病痊后，又以鄂省贼久踞臼口、天门，春霆病势甚重，焦虑之至。

尔信中述左帅密劾次青，又与鸿儿信言闽中谣歌[①]之事，恐均不确。余闻少泉言及闽绅公禀留左帅，幼丹[②]实不与闻。特因官阶最大，列渠首衔。左帅奏请幼丹督办轮船厂务，幼已坚辞，见诸廷寄矣。余于左、沈二公之以怨报德[③]，此中诚不能无芥蒂，然老年笃畏天命，力求克去褊心忮心[④]。尔辈少年，尤不宜妄生意气，于二公但不通闻问而已，此外着不得丝毫意见。切记切记。

---

① 闽中谣歌：指同治五六年间福建流传的歌谣《竹枝词》。歌谣内容为诽谤左宗棠任闽浙总督期间重用湖南老乡。

② 幼丹：指沈葆桢，其后不久接任福建船政大臣一职。

③ 左、沈二公之以怨报德：指左宗棠、沈葆桢二人由曾国藩保荐出任要职，后因歧见和冲突与其分道扬镳。

④ 褊心忮心：狭隘心胸，嫉恨情绪。

尔禀气太清。清则易柔，惟志趣高坚，则可变柔为刚；清则易刻，惟襟怀闲远，则可化刻为厚。余字汝曰“劼刚”，恐其稍涉柔弱也。教汝读书须具大量，看陆诗以导闲适之抱，恐其稍涉刻薄也。尔天性淡于荣利，再从此二事用功，则终身受用不尽矣。

同治六年三月二十八日

译文

写给纪泽：

鸿儿生痘疮，我两次写信告知家中详细情况，这六天尤其平安顺遂，现将这六天的日记寄给沅叔再转寄回湘乡，以使全家放心。我担忧焦虑之余，每当听到危险的事情，内心都如开水烫淋。鸿儿的病痊愈以后，又因为湖北的叛贼长期盘踞臼口、天门，鲍超的病情严重，焦虑到极点。

你信中说左宗棠秘密弹劾李元度，又在给鸿儿的信中说福建歌谣中伤本省官员的事，恐怕都不准确。我听李鸿章说福建的士绅一起写信挽留左宗棠，沈葆桢实际上并不知情。只是因为他的官阶最高，所以把他列在了联名信的首位。左宗棠奏请沈葆桢督办轮船厂务，沈葆桢已经坚决辞谢，这件事在廷寄谕旨上可以看到。我对于左宗棠、沈葆桢二人以怨报德，内心当然不可能毫无芥蒂，然而年老了很是敬畏天命，力求克服狭隘嫉恨的情绪。你们这一辈的少年，尤其不应该妄自意气用事，对他们二人只是不通信不过问而已，此外用不着有丝毫意见。切记切记。

你天生气质太过清雅。清雅则容易柔弱，只有志趣高洁坚定，方可变柔弱为刚强；清雅则容易刻薄，只有胸怀闲适高远，方可化刻薄为宽厚。我给你取字“劼刚”，就是担心你稍微有些柔弱。我教育你读书必须要有宽宏的气量，看陆游的诗以导引闲适的情怀，就是担心你稍微有些刻薄。你天性淡泊名利，如果再在这两件事上用功，则可以终身受用不尽。

同治六年三月二十八日

简评

俗话说，十指连心，孩子虽然年少，却也总有一种强烈的为父母分忧的愿望。父母在欣慰之余，应该保持清醒和理性，像曾国藩一样开导孩子，教育他们不必过多代入父母的遭遇和情感，父母的事情父母会处理，他们可以提建议、讲想法，但是不要让上一辈的恩恩怨怨再传递到自己身上。

116.

勤俭孝友，不忮不求[1]

原文

余即日前赴天津，查办殴毙洋人焚毁教堂一案[2]。外国性情凶悍，津民习气浮嚣，俱难和协，将来构怨兴兵，恐致激成大变。余此行反复筹思，殊无良策。余自咸丰三年募勇以来，即自誓效命疆场，今老年病躯，危难之际，断不肯吝于一死，以自负其初心。恐邂逅及难，而尔等诸事无所禀承，兹略示一二，以备不虞。

余若长逝，灵柩自以由运河搬回江南归湘为便。中间虽有临清至张秋一节须改陆路，较之全行陆路者差易。去年由海船送来之书籍、木器等过于繁重，断不可全行带回，须细心分别去留。可送者分送，可毁者焚毁，其必不可弃者乃行带归，毋贪琐物而花途费。其在保定自制之木器全行分送。沿途谢绝一切，概不收礼，但水陆略求兵勇护送而已。

余历年奏折，令夏吏择要钞录，今已钞一多半，自须全行择钞。钞毕后存之家中，留于子孙观览，不可发刻送人，以其间可存者绝少也。

---

① 此文在曾国藩日记中记作“遗令”。原文抬头处无发信对象，从内文判断，应为曾国藩写给两个儿子的遗书。

② 殴毙洋人焚毁教堂一案：1870 年发生的“天津教案”。

余所作古文，黎莼斋[①]钞录颇多，顷渠已照钞一分寄余处存稿。此外黎所未钞之文寥寥无几，尤不可发刻送人，不特篇帙太少，且少壮不克努力，志亢而才不足以副之，刻出适以彰其陋耳。如有知旧劝刻余集者，婉言谢之可也。切嘱切嘱。

余生平略涉儒先之书，见圣贤教人修身，千言万语，而要以不忮不求为重。忮者，嫉贤害能，妒功争宠，所谓“怠者不能修，忌者畏人修”[②]之类也。求者，贪利贪名，怀土怀惠，所谓“未得患得，既得患失”[③]之类也。忮不常见，每发露于名业相侔、势位相埒之人；求不常见，每发露于货财相接、仕进相妨之际。将欲造福，先去忮心，所谓“人能充无欲害人之心，而仁不可胜用也”[④]；将欲立品，先去求心，所谓“人能充无穿窬之心，而义不可胜用也”。忮不去，满怀皆是荆棘；求不去，满腔日即卑污。余于此二者常加克治，恨尚未能扫除净尽。尔等欲心地干净，宜于此二者痛下功夫，并愿子孙世世戒之。附作《忮求诗》二首录右。

历览有国有家之兴，皆由克勤克俭所致。其衰也，则反是。余生平亦颇以“勤”字自励，而实不能勤。故读书无手钞之册，居官无可存之牍。生平亦好以“俭”字教人，而自问实不能俭。今署中内外服役之人，厨房日用之数，亦云奢矣。其故由于前在军营，规

---

① 黎莼斋：指黎庶昌，曾国藩幕僚、门生，“曾门四弟子”之一。曾过世后，为曾编定年表、文集。

② 怠者不能修，忌者畏人修：语出韩愈《原毁》，意为自己懒惰不去做，却嫉妒别人努力的成果。

③ 未得患得，既得患失：语出《论语·阳货》，意为没有的时候想得到，得到了又怕失去。

④ 人能充无欲害人之心，而仁不可胜用也：与下句“人能充无穿窬之心，而义不可胜用也”均语出《孟子·尽心下》，意为人如果能把不害人的心思扩充，那仁德将用之不尽；人如果能把不偷不抢的心思扩充，那正义将用之不尽。

模宏阔，相沿未改。近因多病，医药之资漫无限制。由俭入奢易于下水，由奢反俭难于登天。在两江交卸时，尚存养廉二万金。在余初意，不料有此，然似此放手用去，转瞬即已立尽。尔辈以后居家，须学陆梭山[①]之法，每月用银若干两，限一成数，另封秤出。本月用毕，只准赢余，不准亏欠。衙门奢侈之习，不能不彻底痛改。余初带兵之时，立志不取军营之钱以自肥其私，今日差幸不负始愿。然亦不愿子孙过于贫困，低颜求人，惟在尔辈力崇俭德，善持其后而已。

孝友[②]为家庭之祥瑞。凡所称因果报应，他事或不尽验，独孝友则立获吉庆，反是则立获殃祸，无不验者。吾早岁久宦京师，于孝养之道多疏，后来展转兵间，多获诸弟之助，而吾毫无裨益于诸弟。余兄弟姊妹各家，均有田宅之安，大抵皆九弟扶助之力。我身殁之后，尔等事两叔如父，事叔母如母，视堂兄弟如手足。凡事皆从省啬，独待诸叔之家则处处从厚，待堂兄弟以德业相劝、过失相规，期于彼此有成，为第一要义。其次则“亲之欲其贵，爱之欲其富”[③]，常常以吉祥善事代诸昆季默为祷祝，自当神人共钦。温甫、季洪两弟之死，余内省觉有惭德。澄侯、沅甫两弟渐老，余此生不审能否相见。尔辈若能从“孝友”二字切实讲求，亦足为我弥缝缺憾耳。

---

① 陆梭山：指陆九韶，宋代学者。

② 孝友：指孝敬父母，友爱兄弟。

③ 亲之欲其贵，爱之欲其富：语出《孟子·万章上》，意为亲近爱护他，就希望他变得富贵。

附《忮求诗》二首：

善莫大于恕，德莫凶于妒。
妒者妾妇行，琐琐奚比数。
己拙忌人能，己塞[①]忌人遇。
己若无事功，忌人得成务。
己若无党援，忌人得多助。
势位苟相敌，畏逼又相恶。
己无好闻望，忌人文名著。
己无贤子孙，忌人后嗣裕。
争名日夜奔，争利东西骛。
但期一身荣，不惜他人污。
闻灾或欣幸，闻祸或悦豫。
问渠何以然，不自知其故。
尔室神来格[②]，高明鬼所顾。
天道常好还，嫉人还自误。
幽明[③]丛诟忌，乖气相回互。
重者灾汝躬，轻亦减汝祚[④]。
我今告后生，悚然大觉寤。
终身让人道，曾不失寸步。
终身祝人善，曾不损尺布。

① 塞：不顺。
② 格：至。
③ 幽明：此处指昼夜。
④ 祚：福气。

消除嫉妒心，普天零甘露。
家家获吉祥，我亦无恐怖。
（右《不忮》）

知足天地宽，贪得宇宙隘。
岂无过人姿[①]，多欲为患害。
在约每思丰，居困常求泰。
富求千乘车，贵求万钉带。
未得求速偿，既得求勿坏。
芬馨[②]比椒兰，磐固方泰岱。
求荣不知餍，志亢神愈忲[③]。
岁燠[④]有时寒，日明有时晦。
时来多善缘，运去生灾怪。
诸福不可期，百殃纷来会。
片言动招尤[⑤]，举足便有碍。
戚戚抱殷忧，精爽日凋瘵[⑥]。
矫首望八荒，乾坤一何大！
安荣无遽欣，患难无遽憝。
君看十人中，八九无倚赖。
人穷多过我，我穷犹可耐。

---

① 姿：资质、品格。
② 馨：比喻美好的名声。
③ 忲：奢侈。
④ 燠：暖、热。
⑤ 尤：抱怨。
⑥ 瘵：凋敝。

而况处夷[1]途，奚事生嗟忾？

于世少所求，俯仰有余快。

俟命[2]堪终古，曾不愿乎外。

（右《不求》）

同治九年六月初四日

译文

我这几天就前往天津，查办殴毙洋人焚毁教堂一案。外国人性情凶悍，天津民风浮躁嚣张，双方矛盾难以调和协商。将来因结怨引发战争，恐怕将激起重大事变。我此行反复筹划思考，根本没有好办法。我自咸丰三年筹组湘军，就立下誓言舍命疆场，如今年老体病，身处危难之际，断然不会辜负初心，吝啬一死。只是担心突然遭遇死难，导致你们处理各方面的事情无所依据，现在略微指示一二，以防万一。

我如果去世，灵柩自然是通过运河运回江南回归家乡最为便利。中间虽然有临清至张秋一段须改陆路行进，但与全程走陆路相比还是要稍微容易些。去年通过海船运来的书籍、木器等过于繁重，断然不可全部带回，必须细心区别以决定去留。可以送人的分别送人，可以销毁的尽数烧掉，那些绝对不能遗弃的才带回去，不要贪恋琐碎的东西而浪费路费。在保定自制的木器全部分别送人。沿途谢绝一切吊唁，一概不许收礼，只在水路、陆路运

① 夷：平坦。

② 俟命：乐天知命。

输时请兵勇略微护送一下即可。

我历年的奏折，令夏姓小吏择取重要者进行抄录，现今已经抄录了一多半，自然是要全部择要抄录的。抄完后存在家里，留给子孙观览，不可以刊刻送人，因为中间值得留存的内容非常少。

我所作的古文，黎庶昌抄录很多，不久前他已经照抄一份寄到我这里留存。他没有抄录的文章寥寥无几，那些文章尤其不可刊刻送人，不只是因为篇目太少，还因为少壮时不够努力，志大才疏，刊刻出来正好彰显我的鄙陋。如果有知交旧友劝你们刊刻我的文集，婉言谢绝即可。千万牢记。

我平生对先贤大儒的著作略有涉猎，见圣贤教人修身，千言万语之中，最重要的是不忮不求。“忮”，是指嫉贤害能，妒功争宠，所谓“怠者不能修，忌者畏人修”之类。“求”，是指贪利贪名，想要土地又想要好处，所谓“未得患得，既得患失”之类。“忮”这一类行为不常见，每每显露在名声功业相当、势力地位相近的人身上；“求”这类行为也不常见，每每显露在财货往来、升迁竞争的时候。想要造福众生，先要去除“忮”的心思，所谓“人能充无欲害人之心，而仁不可胜用也”。想要树立高尚品格，先要去除“求”的心思，所谓“人能充无穿窬之心，而义不可胜用也”。“忮”的心思不去除，内心都是荆棘；“求”的心思不去除，满心都是卑鄙。我对两者常常加以克制，遗憾的是尚未扫除干净。你们想要心地干净，必须在这二者上面痛下功夫，同时希望子孙世世代代以此为戒。附上我作的《忮求诗》二首，抄录在下面。

纵览历代王侯将相的兴旺，都是克勤克俭所致。他们的衰败，则反之。我平生也很注重以“勤”字自勉，但是实际上做不到真正的“勤”。所以读书没有手抄的册子，做官没有值得留存的文书。平生也喜欢以“俭”字教育别人，但扪心自问实际上也做不到真正的“俭”。现在官署中内外做事的人数、厨房中每日花费的钱数，也称得上是奢侈了。原因是之前在军营中，各项花费巨大，沿袭习惯没能改变。最近又因为身体多病，医药的花费没有节制。由节俭变为奢侈，和下水一样容易；由奢侈回归节俭，却难于登天。在交卸两江总督之职时，还存有养廉银二万两。在我最初的想法里，不知道有这笔钱，然而像现在这样放手去用，转瞬就已经用尽了。你们这一辈人以后居家，必须学习陆九韶的方法，对每月用银的量，限定一个数目，单独称量出来封好。本月过完，只许有盈余，不许有亏欠。衙门里的奢侈习惯，不能不彻底改变。我刚带兵的时候，立志不拿取军营里的钱来中饱私囊，今日很幸运做到了不负初心。然而也不愿意子孙过于贫困，低三下四求人，只是希望你们这一辈人努力崇尚节俭的品德，以后能好好保持。

孝敬父母、友爱兄弟是家庭吉祥的征兆。大凡人们所说的因果报应，其他事情或许不能完全应验，唯独孝敬父母、友爱兄弟可以马上带来吉祥喜庆，反之则马上带来灾殃祸害，没有不应验的。我早年长期在京城做官，在孝敬扶养父母方面有很多疏忽，后来辗转在外领军打仗，获得各位弟弟很多帮助，但我却丝毫没有带给他们什么好处。我的各位兄弟姐妹家，均有田地房产安居乐业，基本都是九弟扶持帮助的。我死之后，你们要像侍奉父亲一样侍奉二位叔叔，侍奉母亲一样侍奉叔母，把堂兄弟看成亲兄弟。凡事都遵从节省的原则，唯独对待各位叔叔家要处处往厚待方向去，对待各位堂兄弟要从立德立业的角度相互勉励，有过失加以规劝，期待彼此都有所成就，这是第一要义。其次就是“亲之欲其贵，爱之欲其富”，常常多行善事好事为各位堂兄弟祈祷祝福，自然而然地神明、凡人都会被你们感动。温甫、季洪二位弟弟的死，我心怀愧疚。澄侯、沅甫二位弟弟也渐渐老去，我这辈子不知道还能不能再与他们相见。你们这一辈如果能从“孝友”这两个字上切实讲求，也足以为我弥补缺憾。

附《忮求诗》二首：

论善行，没有什么比宽恕更伟大；论德行，没有什么比嫉妒更可怕。

妒人者多妇人行径，琐碎细事不可胜数。

自己蠢笨就嫉妒他人贤能，自己落魄就嫉妒他人好运。

自己无功，就嫉妒他人成功。

自己无援，就嫉妒他人多助。

势力地位相匹敌，就害怕被人赶上厌恶别人。

自己没有好名声，就忌恨别人文章声名卓著。

自己子孙不争气，就忌恨别人子孙过得好。

为了争名逐利，日夜奔忙。

只想一己之荣，不顾他人死活。

听到他人罹祸，就会庆幸喜悦。

问他为何如此，他还恬不知耻。

举头三尺有神明。

都说天道好轮回，嫉恨别人最终贻误自己。

不分昼夜去做责骂忌恨的事，终归会被乖戾之气伤到自己。

重者会让灾祸降临到你身上，轻者也会减少你自身的福气。

我今天告诫后生，一定要警醒领悟。

终身给人让路，也不会耽误自己半步。

终身为人祝福，也不会损失一尺粗布。
人人消除嫉妒之心，普天之下喜降甘露。
家家收获吉祥如意，我也不再害怕恐惧。
（以上即《不忮》诗）

人生知足就会感觉天地宽广，贪得无厌即使宇宙也觉狭隘。
每个人都有过人的品格，只是因为欲求太多方才引发灾祸。
窘迫的时候常想丰裕，穷困的时候常想安泰。
富裕了又想华车丽服，富贵了还想奇珍异宝。
得不到时迫不及待，已经如愿还要千秋万代。
期望名声像椒兰一样香气绵长，身份地位像泰山一样稳固。
追求荣华富贵永远不知满足，亢进的欲念愈发泛滥。
岁月轮回冷暖相接，日月交替阴晴不定。
运气来时多有善缘，运气离弃多生灾祸。
各种福分无可预期，各种灾祸纷至沓来。
只言片语动辄得咎，举手投足就生嫌隙。
神情忧愁心怀殷忧，心情沉重精神落寞。
抬头环望四野八方，朗朗乾坤何其宽广！
荣华不会突然兴盛，灾祸也难快速消弭。
你看天下芸芸众生，十之八九无所依赖。
比我穷困比比皆是，我若穷困还可忍耐。
何况身处平坦大道，何事值得忧愁愤慨？
身处世间少些欲求，俯仰之间多些畅快。
乐天知命终此一生，安守本分无所奢求。
（以上即《不求》诗）

同治九年六月初四日

简评

在这封信里，我们看到了一位伟大父亲的形象，也读出了一位平凡父亲的心思。“勤俭孝友、不忮不求”几个字，高度概括了曾国藩一生的人格追求，也高度浓缩了他的教育理念。他自觉来日无多，留下洋洋洒洒近两千字，满满都是肺腑之言，读来全是谆谆教导。对凡人关注的银钱地产只字不提，却对孩子如何立德立身处处提点，其中蕴含的教育理念和教育观点发人深省。为人父母者，不妨多读几遍，一定会有别样的感悟，一定会有更多的心得。

117.

慎独、主敬、求仁、习劳[①]

原文

一曰慎独则心安

自修之道，莫难于养心。心既知有善知有恶，而不能实用其力以为善去恶，则谓之“自欺”。方寸之自欺与否，盖他人所不及知，而己独知之。故《大学》之“诚意”章，两言慎独。果能好善如好好色，恶恶如恶恶臭[②]；力去人欲，以存天理[③]，则《大学》之所谓“自慊”[④]，《中庸》之所谓“戒慎恐惧”[⑤]，皆能切实行之。即曾子之所谓“自反而缩”，孟子之所谓“仰不愧”“俯不怍”[⑥]，所谓“养心莫善于寡欲”，皆不外乎是。

故能慎独，则内省不疚，可以对天地、质鬼神，断无行有不

---

① 据文末附记所述，本篇四条是曾国藩为自省和教子而作的日记。经查曾国藩日记，本篇写成日期为同治九年十一月初四日。

② 好善如好好色，恶恶如恶恶臭：读作好（hào）善如好（hào）好（hǎo）色，恶（wù）恶（è）如恶（wù）恶（è）臭（xiù）。

③ 力去人欲，以存天理：理学讲究“存天理、灭人欲”，讲究人伦纲常和自我克制。

④ 自慊：自我满足。

⑤ 戒慎恐惧：类似“慎独”之意。

⑥ “仰不愧”“俯不怍”：即“仰不愧于天，俯不怍于人”，类似“上对得起天，下对得起人”之意。

慊、于心则馁之时。人无一内愧之事，则天君[1]泰然。此心常快足宽平，是人生第一自强之道，第一寻乐之方，守身之先务也。

二曰主敬则身强

“敬”之一字，孔门持以教人，春秋士大夫亦常言之，至程、朱则千言万语不离此旨意。内而专静纯一，外而整齐严肃，“敬”之功夫也；“出门如见大宾，使民如承大祭”[2]，“敬”之气象也；修己以安百姓，笃恭而天下平，“敬”之效验也。程子谓“上下一于恭敬，则天地自位，万物自育，气无不和，四灵毕至[3]，聪明睿智，皆由此出。以此事天飨帝”，盖谓“敬”则无美不备也。

吾谓“敬”字切近之效，尤在能固人肌肤之会、筋骸之束。“庄敬日强，安肆日偷”[4]，皆自然之征应。虽有衰年病躯，一遇坛庙祭献之时，战阵危急之际，亦不觉神为之悚，气为之振，斯足知“敬”能使人身强矣。若人无众寡，事无大小，一一恭敬，不敢懈慢，则身体之强健，又何疑乎？

三曰求仁则人悦

凡人之生，皆得天地之理以成性，得天地之气以成形。我与民物，其大本乃同出一源。若但知私己，而不知仁民爱物，是于大本一源之道已悖而失之矣。至于尊官厚禄，高居人上，则有拯民溺救民饥之责；读书学古，粗知大义，即有觉后知、觉后觉之责。若但

---

① 天君：代指内心。

② 出门如见大宾，使民如承大祭：语出《论语·颜渊》。

③ 四灵毕至：指麟、凤、龟、龙四种神兽一起出现，代指国泰民安。

④ 庄敬日强，安肆日偷：语出《礼记·表记》。

知自了而不知教养庶汇，是于天之所以厚我者，辜负甚大矣。

孔门教人，莫大于求仁，而其最切者，莫要于“欲立立人，欲达达人”数语。立者自立不惧，如富人百物有余，不假外求；达者四达不悖，如贵人登高一呼，群山四应。人孰不欲己立己达？若能推以立人、达人，则与物同春矣。

后世论求仁者，莫精于张子[①]之《西铭》。彼其视民胞物与[②]，宏济群伦，皆事天者性分当然之事。必如此，乃可谓之人；不如此，则曰悖德，曰贼。诚如其说，则虽尽立天下之人，尽达天下之人，而曾无善劳之足言，人有不悦而归之者乎？

四曰习劳则神钦

凡人之情，莫不好逸而恶劳。无论贵贱、智愚、老少，皆贪于逸而惮于劳，古今之所同也。人一日所着之衣、所进之食，与一日所行之事、所用之力相称，则旁人韪[③]之，鬼神许之，以为彼自食其力也。若农夫织妇，终岁勤动，以成数石[④]之粟，数尺之布；而富贵之家终岁逸乐，不营一业，而食必珍羞，衣必锦绣，酣豢高眠，一呼百诺，此天下最不平之事，鬼神所不许也，其能久乎？

古之圣君贤相，若汤之“昧旦丕显”[⑤]，文王“日昃不遑”[⑥]，周

---

① 张子：指张载，北宋理学家。

② 民胞物与：《西铭》中有言“民吾同胞，物吾与也”，意为万民都是我的同胞，万物都是我的同类。

③ 韪：是，对。

④ 石（dàn）：计量单位。

⑤ 昧旦丕显：语出《尚书》“先王昧爽丕显，坐以待旦。”昧旦，早起；丕显，大而明亮，引申为国家大业。昧旦丕显，意为早早起来思考国家大业。

⑥ 日昃不遑：语出《尚书》“自朝至于日中昃，不遑暇食”。昃，太阳西斜。日昃不遑，意为日头西斜都顾不上吃饭。

公夜以继日、坐以待旦，盖无时不以勤劳自勉。《无逸》一篇，推之于勤则寿考，逸则夭亡，历历不爽。为一身计，则必操习技艺，磨炼筋骨，困知勉行，操心危虑，而后可以增智慧而长才识；为天下计，则必“己饥己溺”[①]“一夫不获，引为余辜”[②]。大禹之周乘四载[③]，过门不入，墨子之摩顶放踵，以利天下，皆极俭以奉身，而极勤以救民。故荀子好称大禹、墨翟之行，以其勤劳也。

军兴以来，每见人有一材一技、能耐艰苦者，无不见用于人，见称于时。其绝无材技、不惯作劳者，皆唾弃于时，饥冻就毙。故勤则寿，逸则夭。勤则有材而见用，逸则无能而见弃；勤则博济斯民而神祇钦仰，逸则无补于人而神鬼不歆。是以君子欲为人神所凭依，莫大于习劳也。

余衰年多病，目疾日深，万难挽回。汝及诸侄辈，身体强壮者少。古之君子，修己治家，必能心安身强而后有振兴之象，必使人悦神钦而后有骈集之祥。今书此四条，老年用自儆惕，以补昔岁之愆。并令二子各自勖勉，每夜以此四条相课，每月终以此四条相稽。仍寄诸侄共守，以期有成焉。

同治九年十一月初四日

---

① 己饥己溺：语出《孟子》中“禹思天下有溺者，由己溺之也；稷思天下有饥者，由己饥之也”一句。意为将天下溺水者、饥饿者的遭遇看成是自己造成的，将扶危济困看成自己的责任。

② 一夫不获，引为余辜：语出《群书治要·尚书》中“伊尹见一夫不得其所，则以为己罪也”一句。意思是见到他人没有居所，就认为是自己的罪过。

③ 四载：四种交通工具，意为不辞辛劳。

译文

一曰慎独则心安

自我修养之道，最难的就是养心。内心已经知道了有善恶，但是却不能真心实意地行善除恶，这就是所谓“自欺”。内心深处有没有自欺，是他人无法知道的，但是你自己知道。所以《大学》里面的“诚意”一章，两次说到了“慎独”。真能好做善事像喜好美人一样，厌恶恶行像厌恶难闻的气味一样，努力去除私欲，维护天理秩序，那么《大学》中所谓“自慊”，《中庸》中所谓“戒慎恐惧”，都能切实做到。就是曾子所谓“自反而缩”，孟子所谓“仰不愧”“俯不怍”“养心莫善于寡欲”，都是这个意思。

所以如果能够慎独，那自我反省的时候就会心无愧疚，可以与天地直视，与鬼神对质，断然没有努力不够、内心沮丧的时候。人不做内心愧疚的事，就能心安理得。内心能够常常保持快乐、满足、旷达、平静，是人生最重要的自强之道，最重要的寻乐方法，修身自守的第一要务。

二曰主敬则身强

“敬”这一个字，孔子一门坚持用以教人，春秋士大夫也常常谈起，到程子、朱子时就千言万语都离不开这个意思了。内心专一纯粹，外表整齐严肃，这都是“敬”字功夫；“出门像见最尊贵的宾客一样端正，役使人民像承担重大祭祀一样庄重”，这都是践行“敬”字应有的样子；不断自修可以提高治国安民的本事，坚持恭谨可以求得天下平安，这是“敬”字发挥作用的效果验证。程子所谓“上下都能保持恭敬，天地按照自己的轨道运行，万物按照自然规律生长，宇宙之内没有不和，四海之内国泰民安，聪明和睿智，都会在这种气象中涌现。这一切足以告慰神灵和祖先”，大概就是在说如果做到了“敬”，那所有美好都会具备。

要说“敬”字最直观的效果，尤其显现在紧固肌肤和筋骨方面。“庄重恭敬会让人日益强健，安逸放肆会让人日益怠惰”，说的就是这种自然的验证。即使年老多病，一旦遇到坛庙祭祀供奉的时候，战斗焦灼、形势危急的时候，也会不自觉地神情紧张、气势振奋，这就足以让人知道“敬”也能强身健体。如果可以做到不管人多人少、事大事小，都能时刻保持恭敬，不懈怠不轻慢，那身体的强健，还有什么可怀疑的？

三曰求仁则人悦

大凡人的出生，都是遵循自然规律而塑造天性，集聚天地能量而造化成形。我与民众、万物，从大的本源来说实际上同出一源。如果只知道自私自利，而不知道爱民爱物，那就是对世界万物同出一源这一道理的悖逆和背弃。如果你高官厚禄、位居人上，你就有救众生于水火的责任；读书学古，略知大义，你就有教育后知后觉者的责任。如果只知道照管自己而不知道教养民众，那我们对上天的厚待，就可谓太过辜负了。

孔子一门教育他人，最重要的一点是求仁，而其中最切近这一追求的，就要数“欲立立人，欲达达人”这几句话。立身于世的人依靠自己而不会感到忧惧，好比富人所有东西都有盈余，不需要求诸他人；事业通达的人不会遇到悖逆，好比贵人登高一呼，连四面的群山都有回应。谁不想要自立于世、事业通达？如果能够推己及人，让他人也立身于世、事业通达，那你就能做到与万物同春了。

后世讨论求仁之道的著述，最精练的要数张载的《西铭》了。他把万民万物视作自己的同类，广泛救助众生，把这都当成是侍奉上天者的分内之事。认为必须如此，才能称为人；不这样，就叫作悖德，叫作贼人。如果真像《西铭》里说的，即使帮助天下人都能立身于世，都能事业通达，也不会觉得有什么善行功劳值得多说，人还会有因此引发的不悦吗？

四曰习劳则神钦

大凡人的性情，无一不是好逸恶劳。无论贵贱、智愚、老少，都是贪图安逸忌惮辛劳，古今并无二致。人一天所穿的衣服、所吃的食粮，如果与一天所做的事情、所用的力气相称，那人们就会认同他，神明就会称许他，认为他是在自食其力。农夫织女，一年到头辛勤劳动，也就收获几石粮食、数尺布匹；但是富贵的家庭终年安逸享乐，不经营任何一门事业，却吃饭必有珍馐美食，穿衣必有绫罗绸缎，终日饱食酣眠，奴仆一呼百应，这是天底下最不公平的事情，鬼神也不会答应，难道能够长久吗？

古代的圣君贤相，比如商汤天不亮就起床思考国家大事，周文王忙碌到日头偏西都顾不上吃饭，周公夜以继日、坐以待旦，争分夺秒地辛勤工作，他们都是无时无刻不以勤劳自我勉励。《尚书·无逸》这一篇，推论出勤劳使人长寿，安逸使人早亡，从来没有例外。为自己考虑的话，那就必须操练技艺，磨炼筋骨，在克服困难中获取新知识，在努力践行中涵养好品德，居安思危，用心思考，而后可以增长智慧和才识。为天下考虑的话，那就必须将扶危济困看成是自己的责任，看到一人没有居所，都当作是自己的罪过。大禹变换各种交通工具巡视天下，三过家门而不入；墨子为了帮助天下人，从头到脚都因奔忙而磨伤。他们自己都极其俭朴，救助万民都极其勤奋。所以荀子喜欢称颂大禹、墨翟的行为，就是因为他们的勤劳。

自起兵以来，我见到的有才干或一技之长、能吃苦耐劳的人，无不为人所用，被时人称颂。那些没有任何才干和技能，不能勤劳苦干的人，都被时人唾弃，饥寒交迫而死。所以勤劳使人长寿，安逸使人早亡。勤劳就能怀才而知遇，安逸就会无能而被弃；勤劳就能兼济天下而神明垂青，安逸就会于世无用而鬼神见弃。因而君子想要人神共信赖，没有比得上惯习勤劳更重要的事了。

我年老多病，眼疾日渐严重，没有挽回的可能。你们和各位侄儿这一辈，身体健壮者少。古代的君子，修身治家，一定是内心安宁、身体强健而后有家族振兴的希望，一定是与人为善、神明敬重而后有祥瑞齐集的幸运。今天书写这四条，人到老年用以自我警惕，用以补救从前的过错。同时要求我的两个儿子各自勉励，每夜用这四条来相互检查，每月底用这四条来相互考核。也一并寄给各位侄儿共同遵守，以期将来能够有所成就。

同治九年十一月初四日

简评

“慎独”“主敬”“求仁”“习劳”是曾国藩对孩子的四项嘱托，“心安”“身强”“人悦”“神钦”是他对孩子的四项期望。曾国藩离世很突然，但是他在离世前几年已经做了周全的安排。他给孩子的几封临别书信集中体现了他一生教子的理论。我们仔细阅读会发现，这些嘱托和期望其实与儒家“修身、齐家、治国、平天下”的理念不谋而合。自我完善（“心安”“身强”）是他对孩子的较低要求，兼济天下（“人悦”“神钦”）是他对孩子的较高期望。此篇封笔遗书平静安和、娓娓道来，但却立论高远、释理透彻。或许是曾纪泽、曾纪鸿已经在修德、治学、修业、持家各个方面有所小成，他已经自觉无须赘言了。曾国藩生前并未写就成文成册的家训，但是他已经用几百篇教子书信展示了他自成体系的教子理论，几代儿孙也已经用自身的优秀验证了这一套理论的正确和伟大。这些书信就是实际上的“曾氏家训”，值得每一位为人父母者思考和省悟。